Angelika und Rollo Gebhard

WELLEN, WIND UND ABENTEUER

Angelika und
Rollo Gebhard

Wellen Wind und Abenteuer

Angelikas Tagebuch
einer Weltumseglung

Delius Klasing Verlag

Die Deutsche Bibliothek – CIP-Einheitsaufnahme

Wellen, Wind und Abenteuer : Angelikas Tagebuch einer
Weltumseglung / Angelika und Rollo Gebhard. – 2. Aufl. – Bielefeld :
Delius Klasing, 1996
ISBN 3-7688-0907-2
NE: Gebhard, Angelika; Gebhard, Rollo

2. Auflage
ISBN 3-7688-0907-2

© Copyright 1995 Delius, Klasing & Co., Bielefeld
Fotos: Rollo und Angelika Gebhard
Alle Autorenfotos aufgenommen mit Leica R5 und Leica-Objektiven
Umschlaggestaltung und Layout: Ekkehard Schonart
Satz: Utesch Satztechnik GmbH, Hamburg
Druck: Spiegel Buch GmbH, Ulm
Printed in Germany 1996

Alle Rechte vorbehalten. Ohne ausdrückliche Erlaubnis des Verlages darf das
Werk, auch nicht Teile daraus, weder reproduziert, übertragen noch kopiert
werden, wie z.B. manuell oder mit Hilfe elektronischer oder mechanischer
Systeme inklusive Fotokopieren, Bandaufzeichnung und Datenspeicherung.

Inhalt

Einführung von Rollo Gebhard 7

1 Zurück nach Tahiti 11
Familiendrama um EASTWIND *– Hektik im Paradies – Aus der Sicht des Skippers 1 – Abschied von Moorea*

2 Auf den Wellen des Pazifiks 33
Zwei neue Bordgenossen – Konflikte auf Samoa – Zu Gast im Fale

3 Revolte in Fidschi 58
Suva brennt! – Audienz für Ausbrecher

4 In den wilden Salomonen 84
Mein schönstes Südseedorf – Das Geisterfest – Ein harter Verlust

5 Allein in der Wildnis 99
Bedrohliche Besucher – Zyklon Charly – Eine Notoperation

6 Alaska-Fieber 120
Aus der Sicht des Skippers 2 – Eine navigatorische Herausforderung – Rätselhafter Halt

7 Wo die Freiheit grenzenlos scheint 159
Wasserwandern in Alaska – Können Bären schwimmen? – „Ladendiebe werden erschossen!"

8 Aufbruch 194
Der Todeswall – Strenge Sitten auf Tarawa – Ein gewagter Entschluß – Aus der Sicht des Skippers 3

9 Sechs Monate Wasser, Wind und Einsamkeit 218
Aus der Sicht des Skippers 4 – Hitze und Flaute – Wie Treibgut zwischen Wellenbergen

10 Durch Sturm und Kälte auf Heimatkurs 262
Aus der Sicht des Skippers 5 – Wieder den Tropen entgegen – Genieße den Südatlantik… – Bei Flaute über den Äquator – Grüße aus dem Heimathafen – Endlich: die Heimkehr

Nachwort von Rollo Gebhard 302

Einführung

von Rollo Gebhard

Alles war neu für uns. Wir standen an einem regnerischen Tag im Mai 1983 am Beginn einer Unternehmung, von deren weiterem Verlauf wir nicht die geringste Vorstellung hatten, als wir die Leinen der SOLVEIG IV loswarfen. Mit weichen Knien steuerte ich das neue Boot, das mir noch viel zu groß erschien, von der Pier in Travemünde in die Lübecker Bucht hinaus. Eine Weltumsegelung sollte es werden – doch wir fühlten uns beide noch unsicher.

Das Boot kam gerade von der Werft in Schweden, wir hatten es noch nie allein gesegelt, und bei einer Länge von 12,90 und einem Tiefgang von 2,40 Meter gehörte es einer Größenordnung an, mit der ich keinerlei Erfahrung besaß. Die SOLVEIG IV war eine vollständig ausgerüstete Hochseeyacht und ließ sich nicht mit leichter Hand bedienen, wie ich dies von meinen früheren Kleinstbooten her gewöhnt war. Mit ihnen hatte ich Ozeane überquert, aber ihre Handhabung war im Grunde so einfach gewesen, daß ich mir darüber nie Gedanken gemacht hatte.

Auch die Planung einer derart vielgestaltigen Unternehmung, wie es die mehrjährige Reise mit einer aktiven Partnerin sein würde, war für mich eine ungewohnt komplexe Aufgabe. Neue Ziele sollten angelaufen werden, die weit außerhalb der üblichen und bewährten Routen lagen und die über weite Strecken entgegen der vorherrschenden Windrichtung angesteuert werden mußten. Hierzu gehörte insbesondere die Überquerung des Atlantiks von Ost nach West, von Norwegen nach Neufundland in der Westwinddrift.

Irgendwie werde ich es schaffen, sagte ich mir und versuchte, meine Unruhe zu unterdrücken.

Doch wie sah es bei Angelika aus? Wir kannten uns, seit sie als Abiturientin mit ihrer Großmutter einen meiner Vorträge besucht hatte. Das war 1970 gewesen, in Gmund am Tegernsee. Bei uns beiden hatten die wenigen Augenblicke, in denen wir uns nach der Veranstaltung gegenüberstanden, einen tiefen Eindruck hinterlassen. Seitdem waren wir in Verbindung geblieben, wenn auch nur in sehr lockeren Abständen.

Als ich von Regensburg zu meiner zweiten Weltumsegelung aufbrach, hatte Angelika mir am letzten Abend vor der Ausfahrt ein Kästchen mit einem hell glitzernden Stein vor die Tür gelegt. Ich freute mich über den liebevoll ausgewählten Talisman, ahnte aber noch nicht, daß sie schon damals davon träumte, die Fahrt gemeinsam mit mir zu unternehmen. Vier Jahre dauerte meine zweite Alleinfahrt, wir schrieben uns, und bald nach meiner Rückkehr begann unser gemeinsamer Lebensweg. Wir arbeiteten an meinem ersten Buch, dann an einem neuen Film, und so gab es bald keine Zweifel mehr, daß wir die nächste Weltumsegelung gemeinsam unternehmen würden.

Noch nie war Angelika bisher gesegelt. Wenn sie auch ohne Schwierigkeit die Prüfung für den amtlichen Sportbootführerschein bestanden hatte, so war sie beim Loswerfen der Festmacher in Travemünde doch so aufgeregt, daß sie die Leinen kaum ordentlich handhaben konnte. In ihrer Angst und Unruhe sah ich allerdings die Gewähr dafür, daß sie die Anforderungen dieser Reise keinesfalls leichtfertig unterschätzte. Ich wußte: In ihr hatte ich nicht nur eine Bordfrau, sondern einen Freund gefunden, der mit mir und für die gemeinsame Sache durch dick und dünn gehen würde.

Leider kam es schon wenige Wochen nach dem Start zu einer sehr harten Prüfung ihres Durchhaltevermögens und ihrer Willenskraft, als wir mit unserem schönen Schiff in schwerem Sturm vor Grönland kenterten. Wir erkannten augenblicklich die Lebensgefahr, in die wir geraten waren, und ich litt unter dem Gedanken, daß ich sie, die sich bedenkenlos meiner Schiffsführung anvertraut hatte, schon nach so kurzer Zeit dieser Belastung ausgesetzt hatte. Daß mich dabei kein Verschulden traf, konnte den seelischen Druck, unter dem ich stand, kaum mildern.

Mit beschädigtem Boot und ebenso schadhaftem Selbstvertrauen erreichten wir nach einer Kältefahrt ohnegleichen, ohne Heizung und ohne automatische Steuerung, nach 16 Tagen auf weiterhin stürmischer See den rettenden Hafen von St. John's auf Neufundland.

Die notwendigen Reparaturen wurden ausgeführt, und vor allem war Angelika trotz der Beinahe-Katastrophe voll Enthusiasmus, die Fahrt in jedem Fall fortzusetzen. Trotzdem war unsere ursprüngliche Planung für eine schnelle Weltumsegelung ins Wanken geraten. Erst in der Südsee entschlossen wir uns endgültig, unsere Reise zu verlängern.

Hier war es allerdings nötig, die Fahrt in einem geeigneten Hafen zu unterbrechen und für einige Zeit nach Deutschland zurückzukehren, um unsere dort vor dem Start eingegangenen Verpflichtungen zu erfüllen. Für zwei Jahre mußten wir die SOLVEIG an einem sicheren Liegeplatz zurücklassen, ehe wir unsere Reise für weitere Jahre fortsetzen konnten. Nur in einer der gut geschützten Buchten von Moorea, der Nachbarinsel von Tahiti, schienen mir die Voraussetzungen dazu gegeben, unseren kostbaren Besitz einem Anker oder einer Muring anzuvertrauen. Trotzdem blieb es ein schwerer Entschluß.

Wochenlang waren wir im Frühjahr 1984 damit beschäftigt, alles Inventar zu sichten, Listen darüber zu erstellen und das für die Weiterreise Entbehrliche in großen Kartons der Post nach Deutschland zu übergeben. Nicht gering waren auch die Schwierigkeiten, eine behördliche (Zoll)Genehmigung zu erhalten, denn wir wollten das Boot ja ohne Besatzung zurücklassen. Die Beamten waren außerordentlich mißtrauisch, weil allzu oft Yachteigner abgereist und nie mehr zurückgekehrt waren. Die Hafenverwaltung von Tahiti hatte dann die Kosten für eine „Entsorgung" der verwaisten Schiffe zu übernehmen.

Selbst nach monatelangen Verhandlungen wäre es uns wahrscheinlich nicht gelungen, die schriftliche Genehmigung für den Verbleib der SOLVEIG IV und ihre spätere Wiederinbetriebnahme zu erhalten, hätten nicht unsere Freunde Anne und Helmuth Hörmann die Mitverantwortung gegenüber der Distriktsverwaltung übernommen. Ihre Wohnung – Anne war damals Managerin des

Hotels *Aimeo* – lag in unmittelbarer Nähe unseres Liegeplatzes, und so konnten sie ständig ein Auge auf die Yacht halten. Dieser unschätzbare Freundschaftsdienst bot uns überhaupt erst die Voraussetzung, daß wir eines Tages, müde und abgehetzt von hundert kleinen und größeren Arbeiten der letzten Stunde, in Papeete ins Flugzeug steigen und den Aufgaben entgegenfliegen konnten, die in München auf uns warteten.

Leider mußten die beiden Freunde nach einiger Zeit auch die Leitung eines anderen Hotels auf einer benachbarten Insel übernehmen, und von da an wuchsen unsere Unruhe und unsere Besorgnis, ob wir die SOLVEIG in einem Zustand wiederfinden würden, der eine Weiterreise zuließ. Zwar investierten wir alles verfügbare Geld in Ersatzteile und zusätzliche Ausrüstung und füllten damit einen halben Container, aber ob dieser rechtzeitig auf Tahiti eintreffen würde, ob uns der Zoll die Übernahme der wertvollen Stücke gebührenfrei gestatten würde, das waren kritische Fragen. Sie waren alle noch offen, als Angelika sich tapfer bereit erklärte, allein nach Tahiti vorauszufliegen und die zwei Jahre zuvor gerissenen Fäden wieder aufzunehmen.

Freude auf eine weitere große Pazifikreise mischte sich bei ihr mit all den Sorgen und Ängsten, die sie angesichts ihrer schwierigen Aufgabe erfüllten. Ihre Aufzeichnungen beginnen mit dem Tag, an dem sie sich innerlich auf den neuen Lebensabschnitt eingestellt hatte.

1 Zurück nach Tahiti

29. 10. 1986, in Deutschland
Ich sitze im Intercity München-Zürich und versuche mühsam, meine Gedanken zu ordnen. Für das Schweizer Fernsehen soll ich Film- und Fotomaterial unserer bisherigen Reise nach Zürich bringen, da Rollo morgen als Gast einer aktuellen Sendung eingeladen ist.
Aber nicht dieser überraschende Fernsehtermin hat mein Innenleben mit einem Mal auf den Kopf gestellt. Gestern nacht haben Rollo und ich einen folgenschweren Entschluß gefaßt: Ich werde allein zu unserem Boot nach Tahiti vorausfliegen! Rollo kommt erst zwei Monate später nachgereist.
Plötzlich ist die Fortsetzung unserer Reise für mich in greifbare Nähe gerückt. Freund Helmuth Hörmann, der während unserer Abwesenheit das Boot betreute, schrieb einen eindringlichen Brief, daß es eine Menge zu tun gäbe, um SOLVEIG wieder aus ihrem feucht-heißen Tropenschlaf zu erwecken. Ich werde also wochenlang beschäftigt sein, neben der Reinigung des gesamten Bootes eine ausführliche Liste der anstehenden Reparaturarbeiten zu erstellen. Rollo kann sich dann rechtzeitig in Deutschland um die notwendigen Ersatzteile kümmern.

70 Tage später, in Wattenscheid
Die Stadt im Ruhrgebiet ist für mich der Ort, an dem wir zum letzten Mal gemeinsam unseren Film vorführen. Es ist schon nach Mitternacht. Längst haben wir Leinwand, Projektor, Lautsprecher, Tonbandgerät, Projektionstisch und Kabeltrommel im Wohnmobil verstaut. Es war kein kleines Stück Arbeit, unsere 150 Kilogramm schwere Ausrüstung in der eisigen Kälte durch tiefen Schnee zu schleppen, um sie dann auf viereinhalb Quadratmeter Platz so wegzupacken, daß wir noch schlafen, essen und uns waschen können.

Aber ich mag dieses Zigeunerleben auf engstem Raum. Morgen fahre ich mit dem Zug nach München, um die letzten Vorbereitungen für meinen Rückflug in die Südsee zu treffen, während Rollo in Deutschland weiteren Vortragsverpflichtungen nachkommt. Durch meinen Einsatz als Vorhut gewinnen wir wertvolle Segelzeit, denn eine Reihe wichtiger, zeitraubender Arbeiten kann ich allein erledigen. Sobald Rollo an Bord ist, können wir dann gemeinsam die restlichen Reparaturen anpacken. Zum ersten Mal seit sechs Jahren Zusammenleben werden Rollo und ich zwei Monate lang getrennt sein.

4. 2. 1987

Wie schnell sind nun die letzten Tage in der Heimat vergangen! Ich weiß nicht, wie ich die endlosen Packereien ohne den unermüdlichen Einsatz von Ille, meiner Mutter, geschafft hätte. Über 40 Pakete sind es geworden, die im Container von Hamburg nach Tahiti verschifft werden sollen. Hoffentlich kommt alles heil an!

Inzwischen habe ich auch unser kleines Zimmer im großen Arabellahaus bis auf das Notwendigste ausgeräumt – es ist erstaunlich, wieviel Kram in 27 Quadratmeter Wohnfläche paßt! Nur gut, daß unser Keller zweimal so groß ist. Heute nacht noch werden meine Mutter und ich mit dem Zug nach Frankfurt fahren. Ille hat sich spontan entschlossen, mit mir zu fliegen. Bin sehr glücklich, daß sie noch einen Platz buchen konnte. So wird sie mir die ersten Wochen auf der SOLVEIG erleichtern.

6. 2. 1987

Um Billigfluglinien werde ich in Zukunft einen großen Bogen machen! Zunächst einmal ist es nicht möglich, unser schweres Gepäck bis Tahiti durchzuchecken. Statt dessen müssen wir die Koffer bei jedem Umsteigen erneut aufgeben. Damit wird unsere Umsteigezeit so knapp, daß wir in London beinahe die Maschine nach Houston verpassen. In Houston schließlich warten wir über eine Stunde in der Schlange wegen der Zoll- und Einreiseformalitäten. Natürlich gibt es keinerlei Kommunikation zwischen der Fluggesellschaft und der Paßkontrolle. So bleiben uns nur fünfzehn Minuten für

Transitformalitäten und Gepäckannahme, sowie für die erneute Gepäckaufgabe und den unbekannten Weg zum Abflugschalter. Als bei der Paßkontrolle endlich die Reihe an uns ist, stellt eine zerknitterte Beamtin fest, daß Ille kein Visum für die USA besitzt.

Ich erkläre der Dame, daß meine Mutter ja auch gar nicht in die Staaten einreisen will, sondern noch heute nach Tahiti weiterfliegt, daß sie deshalb den Transitbereich nicht verlassen wird und von ihrem Reisebüro schriftlich bestätigt bekam, daß in diesem Fall kein Visum erforderlich sei. Daraufhin erwidert die Beamtin trokken: „In Houston gibt es keinen Transitbereich. Wie kann ich wissen, ob Sie nicht illegal einwandern wollen?" Mir liegt so manches auf der Zunge, was ich aber vorsichtshalber herunterschlucke. Außerdem haben wir zu diesem Zeitpunkt schon unsere Anschlußmaschine nach Los Angeles verpaßt. „Geben Sie mir Ihr Ticket und Ihren Paß!" befiehlt die Dame meiner einigermaßen verwirrten Mutter.

„Welch ein reizender Empfang! Ihre Freundlichkeit ist wirklich beeindruckend", bemerke ich lächelnd und koche innerlich vor Wut. Doch es kommt noch schlimmer. Die Lady verschwindet mit ihrer Beute und läßt uns kommentarlos stehen. Nach zehn Minuten erscheint sie wieder – ohne die Dokumente. „Sie können Ihren Paß und das Ticket in Los Angeles, wenn Sie aus den USA ausreisen, wieder in Empfang nehmen. Der Nächste bitte!" Damit ist für sie der Fall erledigt.

„Aber ich brauche eine Quittung für Paß und Ticket! Wie kann meine Mutter sonst weiterfliegen?" Doch von nun an bin ich Luft für die Beamtin. Später erfahren wir, daß es noch zehn weiteren Passagieren ebenso ergangen ist.

Nun heißt es, unser Gepäck finden, die Seesäcke neu aufgeben und versuchen, ohne Ticket die nächste Maschine nach Los Angeles zu erreichen. Mit dem Gepäck geht es erstaunlich reibungslos, am Schalter aber treffen wir auf etwa fünfzig amerikanische Passagiere, die ihrer Wut über diese Fluggesellschaft lautstark Luft machen. Der Grund für ihren Ärger ist nur zu offensichtlich: Unsere Maschine ist rettungslos überbucht, von den Angestellten blickt keiner mehr durch. Und in diesem Chaos sollen ausgerechnet wir ohne Ticket noch einen Platz bekommen? Mein normalerweise vorhandener Optimismus beginnt zu schwinden, Tahiti und die SOLVEIG scheinen mir in unerreichbare Ferne gerückt.

Doch dann hilft uns gerade das heillose Durcheinander und unsere Verzweiflung. Ohne Bordkarte und ohne aufgehalten zu werden, gehen wir schnurstracks an den wartenden Passagieren und den verunsicherten Stewardessen vorbei in die Maschine und setzen uns auf die nächstbesten freien Plätze, als würden wir einen Omnibus besteigen. Niemand vertreibt uns, und eine halbe Stunde später startet das Flugzeug tatsächlich: fünf Stunden Entspannung bis Los Angeles.

Nach der Ankunft dort rechnen wir mit dem alten Spiel: Gepäck abholen und wieder aufgeben. Was aber nicht auf dem Förderband erscheint, das sind unsere Koffer. Keine Koffer, kein Ticket, kein Paß – der Boden beginnt unter mir zu schwanken, meine Knie werden weich. Auch Ille ist verdächtig still geworden. Noch eine knappe Stunde bleibt uns bis zum Weiterflug nach Tahiti.

Wir suchen das zuständige Büro. Dort meint man nach längerem Hin und Her, wahrscheinlich sei unser Gepäck bis Tahiti durchgecheckt worden. Aber sicher sei das nicht.

Langsam wird es grotesk. Wir wandern durch das endlose Flughafengebäude, bis wir vor dem Abflugschalter nach Tahiti stehen. Dort frage ich nach Paß und Ticket meiner Mutter. Ein großes Achselzucken ist die Antwort. Das Unterste wird nach oben gekehrt, wir sollen sehen, daß man sich Mühe gibt. Und dann ein freundlicher Blick in unsere gespannten Gesichter: „I'm sorry – tut mir leid!"

„Vielleicht sind die Dokumente aus Versehen bei einem anderen Schalter gelandet?" wage ich mich noch einmal vor.

Großes Erstaunen bei meinem Gegenüber. „Ein anderer Schalter? Ausgeschlossen!" Und damit ist das Thema für den Angestellten erledigt. Er fühlt sich nicht betroffen, er will ja auch nicht nach Tahiti.

In einer Viertelstunde geht unser Flug. Vor Jahren habe ich mit einer Freundin die Übernachtungsmöglichkeiten auf dem Los Angeles Airport kennengelernt – zwei Telefonzellen dienten uns damals als Quartier. Unwillkürlich beginnen meine Augen zu suchen und bleiben bei dem nahegelegenen Abflugschalter für Honolulu hängen. Ob die Papiere am Ende hier..? „Bin gleich wieder da", verspreche ich meiner Mutter und stürze davon. Zehn Minuten später stehe ich wieder vor ihr, in der Hand Paß und Ticket. Beides war fehlgeleitet worden – eben zu dem Schalter für Honolulu auf Hawaii.

Wie wir die Maschine nach Tahiti noch erreicht haben, weiß ich nicht mehr. Den Flug jedenfalls verschlafen wir völlig, und in Papeete finden wir unsere Gepäckstücke zwar beschädigt, aber immerhin vollständig auf dem Förderband wieder.

Und jetzt sind wir endlich – endlich angekommen! Wir sitzen in Moorea im Cockpit unserer geliebten SOLVEIG, nur mit Shorts bekleidet. Das Schiff hat allem Anschein nach dank Helmuths Pflege unsere lange Abwesenheit nicht ernstlich übel genommen. Abends feiern wir fröhliches Wiedersehen mit Helmuth und seiner Frau Anne im *Bali Hai CLub*.

Familiendrama um EASTWIND

7. 2. 1987
Meine Stimme klingt wie ein Reibeisen und bleibt zeitweilig ganz weg. Ich fürchte, mir macht der plötzliche Klimawechsel zu schaffen. Dreißig Grad Unterschied innerhalb von zwei Tagen ist ja auch eine ganze Menge. Ille scheint ihn besser zu verkraften. Vorerst essen wir noch an Land, bis wir SOLVEIGS Pantry wieder eingerichtet haben.

9. 2. 1987
Erster Morgenimbiß an Bord – ein wahres Fest! Und von unserem schönen Geschirr fehlt nicht ein Stück. Allerdings hatte ich die Teller und Tassen so gut versteckt, daß ich im ersten Augenblick selbst dachte, es sei alles verschwunden.

Nach zwei Jahren am Ankerplatz fehlt auch sonst nichts auf unserem Boot – nicht eine einzige Schraube. Meine Erleichterung ist grenzenlos.

12. 2. 1987
Bisher haben wir regelrechtes Traumwetter. Die SOLVEIG liegt wun-

derbar geschützt, die Nächte sind angenehm kühl – nur 25 Grad – und sternenklar. Dazu ein Mond wie gemalt. Er wirkt größer und mächtiger als in unseren Breiten. Und in seinem Licht erstrahlt die berühmte, unverwechselbare Bergsilhouette der Cook's Bay wie eine Märchenlandschaft. Moorea ist schon ein Paradies.

Bis auf ein paar Neubauten scheint die Zeit hier stehengeblieben zu sein. Dieselben Mädchen an der Bar im Hotel *Bali Hai*, das sich mit seinen wenigen strohgedeckten Bungalowhütten so wunderbar in die Landschaft einfügt. Dieselben alten Chinesen im Dorf Pao Pao in ihren kleinen, leicht angegammelten Läden. Und der Kräuterdoktor arbeitet noch in seiner muffig riechenden Praxis. Auch Anne und Helmuth sind jung geblieben.

23. 2. 1987
Morgen soll hier eine Yacht gehoben werden. An der Hotelbar gehen Gerüchte um, daß die Eigentümerin sie seinerzeit selbst versenkt habe. Ich lernte diese abenteuerliche Dame schon vor zwei Jahren kennen. Ihre langen, blondgrauen Haare trug sie hochgesteckt wie eine Krone, streng zu einem Knoten zusammengebunden.

Geheimnisvolle Ann, eine Frau mit abenteuerlicher Geschichte

Aufgefallen war sie mir durch ihre stets aufrechte Sitzhaltung. Wenn sie an Land pullte, saß sie immer kerzengerade auf der Holzbank ihres Dingis und tauchte die Riemen nie tiefer als unbedingt nötig ins Wasser. Jede Bewegung schien genau berechnet. Ihre steife, bis in die letzte Faser gepflegte britische Erscheinung verlieh selbst dem ramponierten Beiboot noch ein gewisses Maß von Würde. Ann, so hieß sie, mochte wohl Anfang Fünfzig sein.

Niemals sah ich sie zusammen mit Freunden. Während andere Segler im Klub an der Bar ihren Drink nahmen, saß Ann abseits an einem kleinen Tisch und strickte. Eben eine Einzelgängerin, dachte ich. Tatsächlich aber war Ann jahrelang in Hawaii verheiratet gewesen und hatte eine Tochter namens Georgina. Neben Mann und Tochter gab es damals noch einen gemeinsamen Freund namens Bob. Der hatte zunächst ein Auge auf Ann geworfen, was ihr zu gefallen schien. Doch dann sollte er einmal sechs Wochen lang auf ihre inzwischen herangereifte, sechzehnjährige Tochter aufpassen. Offensichtlich erfüllte er diese Aufgabe so gewissenhaft, daß sich Georgina unsterblich in ihn verliebte. Sie verließ ihre Eltern, um mit Bob über den Pazifik zu segeln.

In Raiatea – hundert Meilen von Tahiti entfernt – blieben die beiden hängen und lebten dort zusammen in einem kleinen Haus. Übrigens war Georgina nicht gerade eine Schönheit, es sei denn, man sah sie von hinten: Ihre Haare reichten bis zu den Oberschenkeln. Und der zwanzig Jahre ältere Bob? Er war einfach ein wohlbeleibter, gutmütig wirkender Amerikaner, nicht mehr und nicht weniger.

Ann gefiel die Flucht ihrer Tochter ganz und gar nicht. Sie beschaffte sich ihrerseits ein Boot, um die Ausreißerin zu verfolgen. Navigieren und Segeln konnte Ann allerdings noch nicht, deshalb suchte sie sich einen Partner, der das Boot führen konnte. Zusammen mit ihm beschloß sie, Hawaii und ihren Ehemann für immer zu verlassen. Eines Nachts setzten die beiden heimlich Segel, und EASTWIND, so nannten sie ihre alte Yacht, nahm Kurs auf Tahiti.

Daß Mutterliebe und Eifersucht ungewöhnliche Energien freisetzen können, ist ja bekannt. Als Motiv allerdings für eine mehrwöchige Ozeanüberquerung schien mir Anns Handlungsweise einmalig.

In Polynesien angekommen, hatte sie nichts Eiligeres zu tun, als die entflohene Tochter und den untreuen Liebhaber in ihrem Haus direkt an der Lagune von Raiatea aufzusuchen. Sie verankerte das Boot nur wenige Meter vom Hauseingang des verliebten Paares entfernt und versuchte von Stund' an eisern und unerbittlich, ihre Tochter umzustimmen. So kam es, wie es kommen mußte: Kräche, Streit und Auseinandersetzungen folgten einander. Schließlich erteilte Bob Ann Hausverbot und legalisierte seine Verbindung zu Georgina durch Heirat. Seither besuchte Ann ihre Tochter nur noch heimlich, wenn Bob geschäftlich unterwegs war. Anns Partner übrigens, der das Boot gesteuert hatte, verließ sie nach einem halben Jahr. Ann segelte EASTWIND allein nach Moorea und lebte nun seit etwa drei Jahren auf ihrem Boot.

Es ist für mich schwer vorstellbar, daß Ann ihr Heim eigenhändig versenkt haben soll. Man sagt, sie könne oder wolle den inzwischen fällig gewordenen Zoll nicht bezahlen. Die offizielle Version heißt, das Boot habe während eines schweren Gewitters durch Blitzschlag ein Leck bekommen und sei deshalb gesunken. Ann war zu dem Zeitpunkt verreist.

Ein gewisser Alex hat nun das am Grund der Bucht liegende Wrack für tausend Dollar gekauft. Ann selbst hat sich nach dem „Unfall" auf dem Hausboot eines jungen Chinesen wohnlich eingerichtet, nur wenige Meter von der SOLVEIG entfernt. Aber im Augenblick ist sie wieder einmal auf Reisen. Ich bin jedenfalls gespannt auf das Spektakel.

25. 2. 1987
Um zehn Uhr nähert sich ein kleines weißes Motorboot mit zwei Tauchern an Bord. Immer wieder dreht es Kreise um die Stelle, wo man das Boot vermutet. Am Strand vor dem *Bali Hai Club* stehen Helmuth und Alex, beide mit einem Fernglas bewaffnet, inmitten einer Schar Neugieriger.

Schließlich springen die beiden Taucher ins Wasser. Eine geraume Zeit geschieht nichts. „Wahrscheinlich haben sie noch nicht die richtige Stelle gefunden, was mich bei dem trüben Wasser hier nicht wundern würde", überlege ich laut.

Aussteiger Alex ist der neue Besitzer der EASTWIND.

„Aber Helmuth war doch so sicher", erinnert sich Ille. „Letzte Woche hat sogar das Kreuzfahrtschiff, das den Anker verloren hatte, nur mit seiner Hilfe das Eisen wiederfinden können."

Die Taucher klettern in ihr Boot zurück. An Land Handzeichen von Helmuth. „Weiter nach rechts", gestikuliert er.

Das Boot setzt sich in Bewegung. Zehn Meter – zwanzig – noch ein paar Meter. Helmuths rechte Hand hebt sich: „Okay, hier muß es sein!" Und tatsächlich, er hat wieder einmal richtig gepeilt.

Mit großen aufblasbaren Schwimmkörpern machen sich die Taucher an die Arbeit. Eine Stunde etwa vergeht, und dann – ganz langsam, Zentimeter um Zentimeter – erscheint der Holzmast der

Segelyacht über der Wasserfläche. Gespannt verfolgten Ille und ich mit dem Fernglas, wie der Mast länger und länger wird, bis das Wrack schließlich mit Hilfe der Luftkissen fast aufschwimmt. Die Männer befestigen unter Wasser eine Leine an seinem Bug und schleppen es langsam zum nahen Kai, an dem schon ein Kran bereitsteht. Ille und ich besteigen unser Dingi und pullen an Land, um das Schauspiel aus nächster Nähe zu beobachten. Inzwischen haben sich etwa zwei Dutzend Schaulustige eingefunden. Alex, der neue Besitzer der Yacht, sitzt mit versteinerter Miene auf einem Stoß schwarzer Autoreifen.

Wird hier tatsächlich ein Schiff zum Vorschein kommen? Was ist von der einst so schmucken Yacht noch übrig geblieben? Das sind bange Fragen für den neuen Besitzer von EASTWIND. Abends an der Bar war Alex noch voller Vorfreude und sprach von großen Reisen,

Ob aus dem gehobenen Wrack der EASTWIND jemals wieder ein seetüchtiges Schiff wird?

die er unternehmen will. Die tausend Dollar Kaufpreis sind viel Geld für ihn. Dazu werden die Bergungs- und Reparaturkosten kommen. Alex übt keinen Beruf aus, er hilft mal hier, mal dort, und gelegentlich unterstützen ihn auch die Einheimischen.

Die Leinen vom Kran sind inzwischen befestigt, die Knoten wieder und wieder überprüft. Der Kranführer drückt auf den Hebel – ob die Leinen stark genug sind? „Ich möchte jetzt nicht in der Haut von Alex stecken", murmele ich, zu Ille gewandt.

Der neue Eigner sitzt noch immer auf den Reifen, ohne sich eine Regung anmerken zu lassen, während Helmuth für ihn die Aufsicht übernommen hat. „Langsam, langsam", ruft er dem Kranführer auf französisch zu, der ihn bei dem Lärm natürlich nicht versteht. Doch jetzt kommt eine weiße Fläche zum Vorschein – das Dach des Deckshauses! Dann der Holzaufbau mit den Luken und die Reling. „Schau mal", rufe ich,„ sogar das Relingskleid ist noch heil!" Irgendwie gibt mir dieser blau-weiße Stoff das Gefühl, daß Alex aus dem Wrack doch noch eines Tages ein Schiff machen wird.

Der Kran hat seine Arbeit beendet, und EASTWIND schwimmt. Zwar vorerst noch mit Hilfe der Aufhängung, aber jetzt machen sich die Männer eilig daran, das Wasser mit Eimern und Pumpen aus dem Boot zu befördern. „Braucht ihr noch Hilfe?" rufe ich Helmuth zu. Er winkt ab.„ Danke – wir sind genug. Mehr Leute passen nicht ins Schiff!" Wir sind nicht gerade unglücklich über Helmuths Ablehnung, denn auch uns mangelt es ja nicht an Arbeit...

Hektik im Paradies

5. 3. 1987

Zehn Tage sind vergangen, ohne daß ich Tagebuch schreiben konnte, so sehr war die Zeit ausgefüllt mit Reinigungs- und Räumarbeiten. Daneben sind immer wieder neue Listen zu erstellen für kleine und große Ersatzteile, die Rollo mitbringen muß. Morgen fliegt Ille zurück nach Deutschland, im Gepäck einen dicken, langen Brief an Rollo.

Das gehobene Boot ist inzwischen flott und schwimmt an einer roten Boje. Täglich sehe ich Alex voll Eifer an seiner Neuerwerbung hämmern, klopfen und pinseln. Eigentlich sollte das Wrack, denn mehr ist EASTWIND noch nicht, erst einmal vollständig austrocknen. Aber hier in Moorea gibt es an Land keinen Platz dafür, und einen Werftaufenthalt in Tahiti kann Alex sich nicht leisten. Er hat noch niemals ein Boot besessen oder einen Segeltörn unternommen. Aber dieser Romantiker träumt davon, eines Tages mit EASTWIND auf große Fahrt zu gehen.

9./10. 3. 1987
Recht still ist es in „meiner" Bucht geworden. Helmuth ist mit einem Freund auf Charterfahrt, und ein französisches Pärchen, das bis jetzt neben der SOLVEIG ankerte, lief gestern nach Tahiti aus.

Heute nacht hat es so geblasen, daß ich im strömenden Regen die Cockpit-Persenning bergen mußte. Weiße Schaumkämme und eine steile, aufgewühlte See lassen SOLVEIG kräftig an ihrer Muringleine ziehen. Nervös vergleiche ich immer wieder die Peilungen zum Land und stelle fest, daß sie sich nicht verändern. In Gedanken streichele ich Helmuth, der uns die kräftige Muring beschafft hat.

SOLVEIGS Motor wurde schon vor einigen Wochen ausgebaut, da sie eine neue Maschine erhalten soll. Deshalb ist das schwere Schiff für mich nicht manövrierbar. Ein entsetzlicher Gedanke, daß es sich bei Sturm plötzlich losreißen könnte! Bis zum Riff sind es nur fünfzig Meter.

In etwa drei Wochen müßte der Container mit unserem Ersatzmotor und weiteren Ausrüstungsteilen von Hamburg eintreffen. Wieder eine Woche später soll Rollo kommen, und dann gehen wir mit SOLVEIG in die Werft auf den Slip.

Ich fühle mich nach dieser schlaflosen Nacht ziemlich deprimiert. Die Zeit schleicht dahin wie eine müde Schnecke – alle Kraft scheint aus meinem Körper gewichen. Ich habe nicht einmal Lust, im *Bali Hai* einen Drink zu nehmen oder mit Francis, dem lustigen Barkeeper, zu flirten. Andere Menschen um mich verstärken nur noch mein inneres Alleinsein.

Früher empfand ich vorübergehende Trennungen vom Partner als reizvolle Abwechslung. Ich hatte das Gefühl, endlich wieder eine

Zeitlang ich selbst sein und das tun zu können, wonach mir zumute war. So schöpfte ich neue Kraft für das Zusammenleben, das aus einer ganzen Menge von Kompromissen bestand.

Mit Rollo ist das anders. Wir müssen keine Kompromisse eingehen, zumindest empfinde ich es nicht so. Wir geben uns gegenseitig Energie zum Leben – allein schon durch die körperliche Anwesenheit des anderen. Jetzt beginnt mir diese Kraft zu fehlen. Ich muß mich zu jeder Arbeit zwingen, und dabei gibt es so viel zu tun. Wenn ich eine Arbeit abgeschlossen habe, kann ich mich nicht einmal darüber freuen. Am liebsten würde ich mich wie ein Igel einrollen und so lange schlafen, bis mich Rollo weckt. Dabei liege ich mit SOLVEIG in der schönsten Bucht der Welt, unter tiefblauem Himmel, mit einem Strand, an dem sich sanft die Palmen wiegen. In Deutschland herrscht noch eisige Kälte, und eine Menge Menschen würden viel darum geben, mit mir auch nur eine Woche lang zu tauschen. Bin ich eigentlich noch zu retten?

16. 3. 1987
Es geht mir schon wieder viel besser. Post- und Telefonverbindung mit Rollo funktionieren ausgezeichnet. Er hat nun seinen letzten Vortrag hinter sich und muß vor dem Abflug noch eine Menge organisieren: unser Zimmer vermieten, Schränke ausräumen, Film- und Fotokameras überprüfen lassen, Arzttermine und, und, und... Jedesmal, wenn wir miteinander telefonieren, bin ich wie verwandelt.

Ich rudere sofort zur SOLVEIG zurück, um nicht von anderen Menschen angesprochen zu werden, und fühle mich Rollo ganz nahe. Ich lese seine vielen Briefe und packe dann mit neuem Schwung die nächste Arbeit an. Heute werde ich sämtliche Luken und Oberlichter säubern und die Gummidichtungen neu einfetten. Übermorgen will ich das Boot zusammen mit Helmuth nach Tahiti überführen, weil es in ein paar Tagen auf den Slip in Papeete kommt, für die großen Überholungsarbeiten und den Einbau des neuen Motors.

18. 3. 1987
Vorerst nehme ich Abschied von der geliebten Cook's Bay auf Moorea. Leider herrscht vollständige Flaute, so daß wir nicht segeln können. Uns bleibt nichts anderes übrig, als die SOLVEIG mit Hel-

muths Boot in Schlepp zu nehmen. Ein gewagtes Unterfangen und ein echter Liebesdienst, denn sein KLEINER BÄR ist bedeutend leichter als SOLVEIG. Bei der Aktion hat mich die Sonne ziemlich verbrannt, mein Gesicht gleicht einer rot angemalten Glühbirne. Dabei dachte ich, meine Haut hätte sich inzwischen an die Tropensonne gewöhnt.

Beide Boote liegen nun einträchtig nebeneinander im Hafen von Papeete. Leider nicht in der Stadt, sondern im wenig attraktiven Industriegebiet vor der Werft. Moskitos scheinen sich hier äußerst wohl zu fühlen. Das kann ja in den kommenden Wochen noch heiter werden! Abends essen Helmuth und ich Pizza in einer kleinen italienischen Kneipe.

20. 3. 1987
Der Container ist angekommen!

Mich trifft fast der Schlag beim Anblick der vielen großen, aufgestapelten Sperrholzkisten auf dem Werftgelände. Auch Helmuth, der sonst nicht gerade auf den Mund gefallen ist, verschlägt es erst einmal die Sprache. Als er sie schließlich wiederfindet, meint er kopfschüttelnd: „Ja, Mädele, wo soll denn das alles hineinpassen?"

„Die größte Kiste ist natürlich der Motor", beruhige ich ihn und mich. „Außerdem ist eine ganze Menge Verpackung dabei."

Sehr überzeugend muß das wohl nicht geklungen haben, denn er beginnt nun, die Kisten zu zählen. „Vierundzwanzig!" stöhnt er. Ich sage ihm nicht, daß sich in einer der Kisten weitere vierzig Pakete aus München befinden müßten.

28. 3. 1987
Einen Tag vor Rollos Ankunft können wir schon auf den Slip. Für sechzehn Tage habe ich gebucht, das sollte für die notwendigsten Überholungsarbeiten reichen. Vor allem für Rollo werden diese Tage Streß bedeuten. Gleich nach seiner Ankunft wird es für ihn heißen: Ärmel hochkrempeln und schuften! Doch nur so können wir unseren Segelzeitplan einhalten. Schließlich wollen wir in diesem Jahr noch bis in die Salomo-Inseln segeln und uns dort längere Zeit aufhalten.

29. 3. 1987
Helmuth und ich fahren mit dem Frühbus zum zehn Kilometer entfernten Flughafen, wo um halb sechs Rollos Maschine ankommen soll. Wir sind pünktlich, und Rollo ist es auch. Draußen auf der Besucherterrasse haben wir uns einen Platz gesucht, um die aussteigenden Passagiere beobachten zu können. Plötzlich höre ich Helmuth in seiner trockenen Art sagen: „Da is' er!" Warm angezogen mit Cordhose und Lederjacke, Film- und Fotokameras über den Schultern hängend, in beiden Händen Koffer tragend – so sehen wir ihn über das Rollfeld stapfen.

Ein durchdringender Pfiff von Helmuth – Rollo stutzt, schaut und hat uns auch schon entdeckt. Eine halbe Stunde später halten wir uns fest in den Armen. Ganz habe ich noch nicht begriffen, daß er endlich wieder da ist, daß wir über alles sprechen und gemeinsam entscheiden können. Er hat stark abgenommen – ich übrigens auch. Die Trennung ist unserem Appetit offensichtlich nicht gut bekommen. Zur Begrüßung habe ich an Bord alle Signalflaggen gesetzt, und in der blitzblank geputzten Kajüte trinken wir zusammen mit Helmuth einen eisgekühlten Rumpunsch zum Willkomm. Die Eisstücke dazu hat Helmuth noch per Fahrrad aus der Stadt besorgt.

Aus der Sicht des Skippers 1

Es war, als ob sich mir eine Wand entgegenstellte, so schlug mir die feuchte Hitze ins Gesicht, als ich in Tahiti aus dem Flugzeug stieg. Wie sollte ich mich in diesem Treibhaus bewegen oder gar arbeiten? Schleppenden Schritts näherte ich mich dem Abfertigungsgebäude, beladen mit Kameras und Taschen voll Filmmaterial und Ersatzteilen für das Boot.

Doch wo war Angelika? Ich suchte mit den Augen die ganze Front des Gebäudes ab. Hatte da oben jemand gepfiffen? Richtig – dort stand sie, auf der Dachterrasse, und neben ihr Freund Helmuth. Wir winkten uns zu, umarmten uns in Gedanken, aber noch waren wir getrennt durch die Zollschranken. Eine schnelle Paßkontrolle, dann langes Warten auf das große Gepäck. Ich hörte die wunderbar einschmeichelnde tahitianische Musik von einer Band, die für eine Gruppe Prominenter aufspielte. Es wäre ein schöner Empfang auch für mich gewesen, aber ich wollte Angelika endlich bei mir haben. Die Minuten zogen sich hin, bis wir uns umschlungen hielten, bis ich auch Helmuth an mich drücken konnte.

Er nahm mir die schwersten Gepäckstücke ab, und draußen auf dem Parkplatz stand ein Mietwagen. Endlos schien mir der Weg, meine Füße wollten mich nicht mehr tragen. Wir fuhren direkt zur Werft, wo die SOLVEIG auf dem Slipwagen wartete. Aufgeregt und hastig berichtete Angelika über die Vorbereitungen, die sie mit Helmuth zusammen schon getroffen hatte.

Ein Wunder hatte sich ereignet. Viel später erst erfuhren wir, daß es ein Versehen war: Der Zoll hatte unsere gesamte Ausrüstung, die im Container aus Deutschland gekommen war, ohne Kontrolle freigegeben, und der Spediteur hatte die Kisten alle in die Werft gebracht!

An Bord wurde ich von Angelika wie ein kleiner König empfangen. Der Salon, die ganze Kajüte blitzten vor Sauberkeit, und das in der nicht gerade reinen Luft des Industrieviertels, in dem die Werft lag. Ich hatte teilweise schon wieder vergessen, was wir alles an Geräten bestellt hatten, und war nun selbst erschrocken über die Berge von Kisten, die sich bis zum Dach der Werft stapelten. Das alles mußte in wenigen Tagen eingebaut, angepaßt und eingeräumt werden. Der Gedanke an die bevorstehende jahrelange Fahrt über die Ozeane überfiel mich. Bald würde unser Boot wieder auf dem blauen Wasser der Lagune schwimmen, und ich würde es steuern.

Alles vorher Berechenbare hatten wir für die gründliche Überholung und Ausrüstung des Schiffes erledigt. Aber von nun an würde auch das Schicksal über den weiteren Verlauf der Reise entscheiden. Nachdenklich und glücklich sah ich in Angelikas glänzende Augen. Sie war begeistert, jubelte innerlich bei der Aussicht auf einen jahrelangen Aufenthalt in der Südsee. Und sie war erleichtert, daß sie die ihr übertragene Aufgabe, das Boot wieder bewohnbar zu machen und in die Werft zu bringen, so großartig bewältigt hatte.

In Tahiti war noch Regenzeit, der feuchte Tropensommer noch nicht vorbei. Dennoch schien die Sonne brütend heiß und ohne Gnade von einem wolkenlosen Himmel. Im Werftgebäude war die

Hitze kaum auszuhalten. Tahiti kennt wohl auch Stürme und schwere Regenfälle von Dezember bis April, aber es gibt keine Orkane – besser gesagt, es gab keine, denn gerade im Jahr vor unserer Abfahrt war zum ersten Mal seit vielen Jahrzehnten ein tropischer Wirbelsturm über die Insel gebraust und hatte schwere Schäden angerichtet. Grund dafür war eine Verschiebung der Gesamtwetterlage im Pazifik, verursacht durch eine warme Meeresströmung, die ihren Lauf geändert hatte. So war man also auch auf dem allseits gepriesenen Inselparadies Tahiti nicht mehr gänzlich sicher vor schweren Stürmen.

Unsere Arbeiten in den folgenden Tagen gestalteten sich anstrengend und mühevoll. Hoch stand das Boot auf dem Slipwagen, und für jeden Gang in die Werfträume und unter das Boot mußten wir eine fünf Meter lange Leiter hinunterklettern. Eine Yacht auf dem Trockenen ist nur eingeschränkt bewohnbar. Wasserabfluß und Sanitäreinrichtungen können nicht benutzt werden. Doch die diesbezüglichen Einrichtungen in der Werft spotteten jeder Beschreibung.

Auch im Schiff erlebten wir Überraschungen. Mit ernster Miene zeigte mir Helmuth zwei Kühlwasser-Auslässe, deren Seeventile durch Korrosion und Elektrolyse nach leichter Berührung zu Staub zerfallen waren. Wenn das vor dem Werftaufenthalt passiert wäre, hätte SOLVEIG jetzt auf dem Grund der Cook's Bay gelegen.

Bei den Arbeiten wurde wohl die Isolierung zweier Kabel beschädigt, jedenfalls sahen wir plötzlich dichten Rauch aufsteigen. Flammen schlugen im Motorraum hoch, und es stank fürchterlich nach Plastik und Gummi. Ursache war ein Kabelbrand, bei dem ein dickes Bündel Leitungen verschmort war. Nichts ging mehr, kein Licht, keine Pumpe, kein Anzeigegerät. Das hatte uns noch gefehlt!

Drei Tage dauerte es, bis ein Elektriker gefunden war, der mit Booten Bescheid wußte, der die Kabel neu legen oder die alten mit Löten wieder verbinden konnte. Dennoch hielten wir die festgesetzte Zeit in der Werft ein. Wir mußten es, denn die nächste Yacht wartete schon auf den Slip, und wir waren den Aufenthalt in der stickigen Halle gründlich leid. Es war ein erhebendes Gefühl und für mich der eigentliche Beginn der neuen Reise, als unser Schiff langsam ins Wasser glitt, ich dann den neuen Motor startete und die SOLVEIG zu ihrem Liegeplatz am Kai in Papeete steuern durfte ...

Abschied von Moorea

9. 4. 1987
Endlich sind wir vom Slip erlöst! Es war eine verdammt harte und anstrengende Zeit. Zwischen den vielen anderen Yachten finden wir nun für die restlichen Arbeiten einen guten Platz am Boulevard Pomare, der langen Prachtstraße, die sich in Papeete am Hafen entlangzieht. Übrigens haben wir unsere Containerladung vollständig verstauen können, was bedeutet, daß Helmuth um fünf Flaschen Rotwein ärmer wird, um die wir gewettet haben. Außerdem ist immer noch genug Platz für unseren Proviantvorrat. Es ist schon beachtlich, was man in einem so großen Schiff unterbringen kann. Rollo arbeitet wie ein Besessener in, an und auf dem Boot, wir wollen ja möglichst bald nach Moorea zurücksegeln, um uns von den Strapazen der Werftzeit zu erholen.

Zwischen diesen Inseln finden wir immer wieder einen Grund, unsere Weiterfahrt zu verschieben.

22. 4. 1987
Moorea. Zum ersten Mal seit unserem Wiedersehen ankern Rollo und ich wieder in der Cook's Bay, unserer Lieblingsbucht, die uns zur zweiten Heimat geworden ist.

Nachdem es die vergangenen Tage ununterbrochen schüttete, zeigt sich heute wieder ganz kurz die Sonne. Und so tuckern wir mit unserem kleinen Mofa auf der hinreißend schönen Uferstraße um die halbe Insel. Es ist zwar nur für eine Person vorgesehen, aber wofür gibt es schließlich Gepäckträger?

Unser Ziel ist ein Freilichtmuseum. Ein französischer Idealist und Abenteurer hat es zunächst mit Unterstützung der Regierung aufgebaut, doch inzwischen hat das Interesse seitens der Behörden nachgelassen, und er kämpft jetzt um den Fortbestand seiner Sammlung.

Mit viel Liebe und Sorgfalt wurden Hütten in der traditionellen Bauweise – ohne Nagel und Wellblech – errichtet, und in diesem „Musterdorf" arbeiten etwa zwanzig einheimische Männer und Frauen. Aber nur von neun bis sechzehn Uhr, solange das Dorf für die Besucher geöffnet hat. Anschließend ist Feierabend, am Wochenende natürlich ganz frei, und dann zieht man sich in sein wirkliches Heim – aus Wellblech gebaut – zurück. Während der Schauzeiten wird dem interessierten Besucher einiges geboten: Er kann lernen, einen Kranz aus Blüten oder einen Korb aus einem einzigen Palmblatt zu flechten. In einer weiteren Hütte kann man einen Künstler beim Schnitzen beobachten. Sobald man allerdings weitergeht, legt er sein Werkzeug beiseite und verschwindet.

Natürlich darf auch eine Tanzvorführung nicht fehlen, und erstmals erlebe ich in Moorea eine Darbietung mit Verstärkeranlage und elektrischer Gitarre. Es macht mich traurig, denn von den mitreißenden Rhythmen und den einschmeichelnden Melodien, die den unverwechselbaren Zauber polynesischer Musik ausmachen, ist kaum mehr etwas zu hören. Aber so wollen es die amerikanischen Touristen. Finanziert wird das ganze Unternehmen ausschließlich aus den Eintrittsgeldern der Besucher. Doch die lassen oft auf sich warten, wie denn der gesamte Tourismus wegen der hohen Preise stark rückläufig ist. Jean-Pierre, der Initiator des Museumsdorfes, erzählt, daß er bald nicht mehr weiß, wie er das Futter für sein Pferd herbeischaffen soll. Von den Gehältern gar nicht zu reden. Für das kommende Jahr plant er eine Tournee durch Europa mit seiner Tanzgruppe – ich fürchte, damit wird er noch mehr Geld verlieren als mit seinem Museum.

30. 4. 1987
Heute nacht wäre beinahe von der SOLVEIG nicht mehr viel übrig geblieben. Uns steckt der Schreck noch in den Knochen.

Es ist Mitternacht. Mit einem Mal bricht ein Unwetter los, wie ich es in der Cook's Bay noch nicht erlebt habe. Plötzlich lassen harte Stöße das Boot erzittern, krachend schlägt etwas gegen die Bordwand. „Das Riff!" durchfährt es mich. „Wir sind auf das Riff getrieben!" Splitternackt springen wir an Deck. Um uns pechschwarze Nacht, peitschender Regen und eine vom Sturm aufgewühlte See. „Ich starte den Motor!" schreit Rollo, als ich mich gegen den harten Wind nach vorn arbeite, um zu sehen, was mit der Muringleine passiert ist. Doch das Tau scheint fest und in Ordnung.

Meine Augen haben sich inzwischen an die Dunkelheit gewöhnt, und mit einem Mal erkenne ich, daß die Peilungen nicht mehr stimmen. Wir sind doch abgetrieben! Immer mehr geraten wir in die Nähe eines großen Motorschiffes, das ursprünglich zweihundert Meter von uns entfernt geankert hat. „Die Muring hält nicht mehr! Wir treiben!" Aber ich hätte genausogut flüstern können. Rollo versteht in dem Wind und bei laufender Maschine kein Wort.

Zurück zum Ruder – und da passiert es. Das Motorboot schlägt hart gegen die Bordwand. Ich höre Holz splittern – krampfhaft zieht sich mein Magen zusammen. „Verdammt noch mal", ruft Rollo, „nicht wir treiben, sondern der Dampfer!"

Verzweifelt versuchen wir unter Aufbietung aller Kräfte, das schwere Schiff mit unseren Händen wegzudrücken und gleichzeitig durch Rufen dessen Kapitän zu wecken. Doch der schaut gerne mal tief ins Glas und schläft jetzt offensichtlich fest. „Wir müssen unsere Muringleine loswerfen und wegfahren, sonst macht das Boot Kleinholz aus der SOLVEIG!" ruft Rollo.

So ein Wahnsinn! In der Dunkelheit und bei dem Sturm neu ankern, obwohl wir gut und fest an einer Muring hängen könnten! Ich kann kaum mehr.

Plötzlich fällt ein Lichtkegel vom Motorschiff auf uns. Der Eigner ist endlich aufgewacht und erscheint an Deck. Doch was er zu sehen bekommt, läßt ihn wohl eher an einen Traum glauben: Zwei splitternackte Gestalten auf einem Segelboot versuchen, sein großes Fahrzeug wegzudrücken. „What are you doing?" fragt er denn auch geistreich.

Das ist Rollo zuviel. Auf englisch schreit er zurück: „Dein verdammtes Schiff treibt und ist dabei, unser Boot zu versenken! Du kannst uns ein neues Schiff bezahlen!"

Das scheint ihn vollends geweckt zu haben, denn jetzt stürzt er zum Steuerstand und startet seine Maschine. „Hoffentlich verwechselt er nicht rechts und links!" sage ich, spüre aber schon, wie der Druck langsam nachläßt und sich der Abstand allmählich vergrößert.

Rollo stellt unseren Motor ab, und schnatternd vor Kälte suchen wir in der Kajüte Schutz. Es ist drei Uhr nachts und an Schlaf nicht mehr zu denken.

„Ob der Schaden groß sein wird?" überlege ich.

Rollo zuckt mit den Achseln. „Jedenfalls kostet uns die Reparatur Segelzeit und Freizeit", erwidert er traurig.

Morgens begutachten wir den Schaden. Den größten Teil hat das Schanzkleid an Backbord abbekommen. Die Bordwand selbst ist voller Farbstreifen und Kratzer. Die Streifen werde ich wohl selbst behandeln können.

Als wir Helmuth von unserem nächtlichen Abenteuer berichten, sagt er: „Der Typ mit seinem Motorschiff ist hier bekannt wie ein bunter Hund. Ihr seid nicht die ersten, die er gerammt hat." Aber das ist uns nur ein schwacher Trost.

19. 6. 1987
Bora-Bora. Sechs Wochen sind vergangen wie im Flug, davon drei Wochen herrlichster Urlaub zwischen den Inseln. Wir warfen Anker, wo es uns gefiel, schwammen, schnorchelten, machten Ausflüge mit dem Mofa. Kurzum: Wir haben unsere Weiterfahrt um einen ganzen Monat verschoben. Wer diese Eilande mit ihren einzigartigen Lagunen kennt, die jeden Tag in neuen Blau- und Grünfarben leuchten – vom intensiven Türkis über Pastelltöne bis zum tiefen

Tintenblau – oder mit ihren schroffen, teils bizarren Bergformationen – mit Hügeln und Tälern voll blühender Hibiskusbüsche und den Bäumen mit süßlich duftenden Tiareblüten – mit liebenswerten Menschen und einer Musik, die all das ausdrückt, was man sich unter der Südsee vorstellt –, der wird verstehen, daß wir nur ungern Abschied nehmen.

Polynesien ist mir in einer Weise ans Herz gewachsen, daß sich Abschiedsschmerz und Vorfreude auf den nächsten Abschnitt unserer Reise fast die Waage halten. Aber ich fühle mich fit und gekräftigt für die erste große Überfahrt in diesem Segeljahr. Jeder freie Raum an Bord ist mit Konserven vollgestaut, denn was Qualität anbelangt, ist Französisch Polynesien der einzige Platz im Südpazifik, wo man gut einkaufen kann. Auch ein paar Extraflaschen Rotwein brachte ich noch unter. Mit den knusprigen Baguettes aber wird für lange Zeit Schluß sein. Ich habe noch einmal zehn Stangen auf Vorrat besorgt. Damit sie nicht verschimmeln, lasse ich sie erst etwas antrocknen und wickle sie dann in Papier, bevor ich eine Plastiktüte darüberziehe.

Morgen wollen wir starten, zunächst zu dem fast unbekannten Atoll Maupihaa und dann weiter nach Samoa. Das sind etwa tausend Meilen. Ob ich am Anfang wieder seekrank werde? Jedenfalls esse ich heute abend lieber ganz wenig.

2 Auf den Wellen des Pazifiks

20. 6. 1987
Bora-Bora ade ... Der Pazifik empfängt uns mit sechs Windstärken, und bereits nach einer Stunde zeigt das Meßgerät volle sieben. Dazu wilde Dünung, die kreuz und quer durcheinanderläuft. Mir ist hundeelend. Ich bin wohl gar nichts mehr gewöhnt! Wir müssen bald reffen, in der Nacht bergen wir sogar die Fock. Aber immer noch pflügt das Boot mit fünf Knoten Geschwindigkeit auf Maupihaa zu, das von Bora-Bora 130 Seemeilen entfernt liegt.

Vor Maupihaa hatte Graf Luckner während des Ersten Weltkriegs seinen berühmten Dreimaster SEEADLER, einen Hilfskreuzer der kaiserlichen Marine, durch Strandung verloren. Mit seinen 70 „Jungs" brachte er die gesamte bewegliche Habe an Land und lebte danach mehrere Monate auf dem Atoll. Rollo konnte in Deutschland ein altes Buch auftreiben, in dem Luckner über die Strandung und seinen Zwangsaufenthalt auf Maupihaa berichtet. Ob wir noch Überreste aus dieser Zeit finden werden? Angeblich soll sogar seine Schiffskasse dort vergraben sein ...

21. 6. 1987
09.00 Uhr: Wir sichten die ersten Palmwipfel des Atolls über der Kimm.

11.00 Uhr: Vor der Einfahrt in die Lagune! Ob wir durch den schmalen Paß überhaupt hineinkommen? Laut Seehandbuch erwarten uns bis zu acht Knoten Gegenströmung, und SOLVEIGS Maschine schafft gerade sechs bis sieben Knoten!

Vergeblich suchen wir irgendeine Markierung, wenigstens eine kleine Holzstange, an der wir uns orientieren können. Statt dessen Korallenbänke, wohin man sieht. Die Sonne steht hoch, ich klettere auf den Besan, um die Untiefen besser zu erkennen.

„Da ist ein schmaler, hell- bis dunkelblauer Streifen", rufe ich von oben. „Das Wasser sprudelt und kocht in dem Kanal wie in einem Krater. Nach fünfzig Metern ist alles flach. Niemals kommen wir da durch!"

Rollo vergleicht mit der Karte und bestätigt, was ich gesehen habe: „Stimmt – am Ende des Passes ist alles gespickt mit Korallenköpfen. Ich muß versuchen, genau den in der Karte angegebenen Kurs von 120 Grad zu steuern. Der führt mitten durch die Riffe, aber du mußt zum Bug gehen und mich mit Handzeichen lotsen."

Uns beiden ist klar, dies ist eine Einbahnstraße, es gibt kein Zurück, kein Umkehren im Paß. Wir müssen mit Höchstgeschwindigkeit gegen den Strom angehen, sonst wird das Boot von den Strudeln erfaßt und auf die Riffe gedrückt.

„Wollen wir das wirklich riskieren?" frage ich voller Sorge.

Rollo antwortet nicht sofort. Ich spüre, wie die verschiedensten Gedanken gleichzeitig durch seinen Kopf gehen. Unser Boot hat 2,50 Meter Tiefgang, doch am Ende des Passes warten Untiefen mit zum Teil weniger als 1,50 Meter! Und wie wird sich die SOLVEIG in den starken Strudeln verhalten? Ist die Maschine kräftig genug, um dagegen anzukommen? Werden wir die flachen Korallenköpfe am Ende der Fahrrinne rechtzeitig erkennen, um ihnen auszuweichen?

Nachdenklich kratzt sich Rollo den Kopf. „Siehst du die Strudel da vorne, noch vor dem eigentlichen Paß? Dort ist tiefes Wasser. Ich sollte erst einmal versuchen, da mittendurch zu steuern, um zu sehen, wie sich das Boot benimmt."

Die Segel sind bereits geborgen und provisorisch aufgetucht. Ich stelle mich hinter den Steuerstand aufs Achterschiff, um über Rollos Kopf hinweg das Fahrwasser sehen zu können. Als er die Strudel erreicht hat, drückt er den Gashebel tief nach unten. Die Tourenzahl steigt auf 2800 Umdrehungen, und SOLVEIGS Bug schiebt sich langsam durch die Wellen. „Das Boot läßt sich gut steuern", stellt er fest. „Wir können den Paß riskieren." Was hätte ich jetzt darum gegeben, an einem Wunschring drehen zu können, der mich augenblicklich um eine Stunde weiter zaubert! „Du gehst zum Bug und gibst mir Handzeichen", fährt Rollo fort.

„Okay", murmele ich und bewege mich langsam nach vorne, in der Hoffnung, daß Rollo seinen Entschluß vielleicht doch noch rückgängig macht. Niemand kann uns helfen, wenn wir auf ein Riff laufen. Der Gedanke, als Schiffbrüchige auf dieser gottverlassenen Insel zu vegetieren, hat absolut nichts Verlockendes für mich. In unserem Beiboot könnten wir gerade noch ein paar Habseligkeiten bergen, wenn wir Glück haben. Die starke Strömung würde es uns aber sicher unmöglich machen, mit dem Dingi zu manövrieren und das Ufer zu erreichen.

Angespannt starre ich auf die dunkelblaue Fahrrinne, in die Rollo das Boot jetzt steuert. Wenn er nicht schnell genug auf meine Zeichen reagieren kann? „Jetzt nur keine falsche Handbewegung", beschwöre ich mich selbst. „Hör auf zu denken, paß lieber auf!" höre ich eine andere Stimme sagen. Meine Zunge ist trocken, alle Körperfunktionen scheinen ausgeschaltet. Wasser schießt am Bug vorbei. Ich muß mich auf die Fahrrinne konzentrieren, darf nicht zur Seite blicken, ob wir noch Fahrt voraus machen. Aber ich spüre die starken Schlangenbewegungen, die SOLVEIG vollführt. Wir geraten zu weit nach Backbord! Ob Rollo mich nicht richtig sehen kann? Ich darf mich nicht nach ihm umdrehen! Gehorcht das Boot der Steuerung nicht mehr? Doch – jetzt sind wir wieder in der blauen Fahrrinne.

Stunden scheinen zu vergehen. Hört denn dieser Paß niemals auf?

Der Paß endet, und zwar schneller als mir lieb ist. Was jetzt kommt, würde wohl jedes Taucherherz höher schlagen lassen. Auch meines rast – aber vor Entsetzen. Vor mir breitet sich ein einziges Labyrinth von Riffen aller Farbschattierungen aus, durch das glasklare Wasser bestens zu sehen.

Verzweifelt suche ich mit den Augen nach einem Stück tieferen Wassers. Irgendwo muß doch wenigstens ein kleiner hellblauer Streifen zu sehen sein! Unwillkürlich halte ich mich am Bugkorb noch fester, um bei einem Aufprall nicht verletzt zu werden. Als ob ein paar blaue Flecken noch etwas ausmachen, wenn SOLVEIG auf ein Riff läuft! „Kannst du den Kurs von der Karte steuern?" rufe ich. „Ich erkenne keinen Paß! Vielleicht ist es an Steuerbord besser. Aber ich bin nicht sicher."

„Ich glaube, wir sind durch", kommt endlich die Antwort. „Das Echolot zeigt über sechs Meter."

Noch immer umklammern meine Hände die Reling, nur langsam löst sich meine Verkrampfung. Eine halbe Stunde später fällt der Anker etwa zweihundert Meter vor einem unendlich langen, weiß leuchtenden Sandstrand.

Wir sehen uns an. Keiner von uns hat über seine Gefühle gesprochen. Rollo ist trotz seiner Bräune weiß im Gesicht. Jetzt gesteht er: „Es ist lange her, seit ich soviel Angst hatte. Wenn ich geahnt hätte, wie gefährlich der Paß wirklich ist, wäre ich nicht durchgefahren."

22. 6. 1987

Das hätte ich nicht zu träumen gewagt: Maupihaa ist unbewohnt! Oder doch beinahe.

Nur ein polynesischer Einsiedler hat sich seit drei Jahren hierher zurückgezogen. Er heißt Michele. Obwohl er höchstens 45 Jahre alt ist, besitzt er nur noch ganze drei Zähne, und auch die wirken nicht gerade vertrauenerweckend.

Offensichtlich freut er sich über den unerwarteten Besuch, trotzdem habe ich nicht das Gefühl, daß ihm fremde Hilfe wichtig ist. Wer soll auch kommen? Als Rollo ihn fragt, was er braucht, überlegt er eine ganze Weile, schüttelt dann aber den Kopf. „Ich hab' eigentlich alles", meint er.

Dieses „Alles" ist nicht mehr als eine kleine Holzhütte, die er sich gebaut hat, dazu ein Kanu, ein Hund und ein paar Hühner. Die Hütte steht auf Stelzen, hat nur einen einzigen Raum. Und der ist leer. Lediglich am Boden liegt eine Matte zum Schlafen. Sonst nichts, absolut nichts. Kein Stuhl, kein Tisch, kein Bild an der Holzwand, kein Buch, kein Radio. Michele hat auch keine Funkverbindung nach Bora-Bora.

Unter der Hütte, zwischen den Stelzen, hat er sein Kochgerät untergebracht: einen Topf, eine schwarze Pfanne, einen verbogenen Blechteller, ein selbstgemachtes Sieb und eine Reibe. Beides, Sieb und Reibe, hat er aus alten Aluminiumstücken angefertigt, in die er mit dem Schraubenzieher Löcher geschlagen hat. Besteck sehe ich keines, abgesehen von zwei scharfen Messern. In einem alten Holzregal stehen zwei angestaubte Flaschen mit einer bräunlichen Brühe.

Michele erklärt mir ernst: „Das ist meine Medizin. Zum Trinken die rechte Flasche, zum Einreiben die linke." Und dann beginnt er all die Pflanzen und Kräuter aufzuzählen, die in seiner selbstgebrauten Medizin enthalten sind. Ich denke an unseren übervollen Medizinkasten an Bord und frage mich, welches Medikament wohl im Ernstfall besser helfen würde. Sicher ist nur, daß Michele von unserer Arznei nichts nehmen würde.

Er stammt übrigens von Raiatea und war früher Musiker. Nach Maupihaa ist er gegangen, weil er von der Regierung das Angebot bekam, sich hier um die verlassenen Kokosplantagen zu kümmern. So verdient er das wenige Geld, das er allenfalls braucht, mit Kopra, die er aus Kokosnüssen gewinnt. Alle paar Monate kommt ein Schiff und holt die Säcke mit dem sorgfältig getrockneten Fleisch der Nüsse ab.

Der Einsiedler Michele lebt seit drei Jahren allein auf dem Atoll Maupihaa.

Micheles kleine Holzhütte hat nur einen einzigen Raum.

Eine Quelle gibt es auf der niedrigen Koralleninsel nicht. Aber Michele kann so viel Regen auffangen, daß er meistens genügend Wasser für sich und seinen kleinen Hund hat.

Ich glaube, für Michele bedeutet sein Dasein auf dem verlassenen Fleckchen Land mitten im weiten Ozean kein Aussteigen aus der Hektik des modernen Lebens. Schließlich hat er als Polynesier seit seiner Kindheit in und mit der Natur gelebt. Und er hat schon als Junge gelernt, für sein Essen selbst zu sorgen. Für ihn war das Übersiedeln nach Maupihaa eine willkommene Gelegenheit, sich völlig unabhängig zu machen, denn auch in Raiatea verdiente er sein Geld mit der Bereitung von Kopra. Doch dort war die Konkurrenz groß, und Michele ist kein Typ, der um Kunden kämpft.

Auf seiner Insel ist er für sich. Niemand sagt ihm, wann und wieviel er arbeiten muß. Keine Kollegen sind neidisch, wenn er einmal mehr oder zu höherem Preis verkaufen kann. Dies ist sein Reich. Ich bewundere ihn, gerade weil er mir so einfache Gründe für seine Zufriedenheit nennt. Ohne jahrelang studiert und ohne jemals ein Buch gelesen zu haben, ist er dem Sinn des Lebens vielleicht näher als wir „Gebildeten". Für ihn bedeutet Leben einfach Überleben. Dabei würde er niemals von sich sagen, daß es einer besonderen Kunst oder Fähigkeit bedarf, allein auf einer kleinen Insel sein Dasein zu fristen. Dazu ist er viel zu bescheiden. Er hat geschafft, wovon viele Menschen träumen: Er ist mit seinem Leben vollauf zufrieden.

26. 2. 1987
Rollo und ich genießen unser Robinsonleben auf Zeit. Wir beobachten die Vögel beim Füttern ihrer Kleinen; ein „Halbstarker" nähert sich sogar der SOLVEIG und setzt sich nach ein paar Erkundungsrunden auf die Reling am Bug, um das Boot und uns genauer betrachten zu können. Er fliegt nicht einmal weg, als Rollo ihn filmt.

Zur Zeit ankern wir am anderen Ende der Lagune, etwa vier Meilen von Micheles Hütte entfernt, vor einem noch schöneren und breiteren Sandstrand. Ich finde farbenprächtige Muscheln, nehme aber nur die mit, deren Gehäuse unbewohnt sind. Es käme mir gemein vor, lebende Muscheln zu fangen und dann die Tierchen auszukochen.

Niemals vorher habe ich so klares Wasser gesehen. Sogar ohne Taucherbrille können wir die bunten Fische und die farbigen Korallenstöcke deutlich erkennen. Woher soll hier auch der Schmutz kommen? Wie vielfältig und wunderschön ist die Natur, solange wir Menschen sie nicht mit unserer Technik und Chemie verunstalten.

Zwei neue Bordgenossen

28. 6. 1987
Mit einem Schlag holen mich die grausamen Realitäten des Lebens ein. Und ich bin immer noch so erschüttert und betroffen, daß es mir schwerfällt, meinen Kummer niederzuschreiben.

Gestern ankerte ein Fischerboot in der Lagune. Als ich mit Rollo am späten Vormittag an Land ging, traute ich meinen Augen nicht: Unter einer Palme lagen sechs Riesenschildkröten gefesselt auf dem Rücken. Geschützte Schildkröten – das darf doch einfach nicht wahr sein!

Wir fragen Michele, was mit den Tieren geschehen wird. „Jede Woche", gibt er zur Antwort, „in der guten Jahreszeit sogar häufiger, kommen Fischerboote von Papeete, um hier illegal Schildkröten zu fangen. Die Tiere werden dann nach Tahiti geschafft und dort für tausend Dollar pro Stück verkauft."

„Und die Polizei in Papeete? Was sagt die dazu?"

„Die Polizei? Die merkt das nicht. Um nicht gesehen zu werden, ankern die Boote in Tahiti immer nachts in einer entlegenen Bucht", erklärt er.

„Aber wer kauft die Tiere?"

„Nicht die Tahitianer", erwidert er. „Wir mögen das Fleisch nicht, und außerdem verbietet es uns die Tradition. Polynesier essen keine Schildkröten."

„Also die Franzosen!" Ich wechsele einen Blick mit Rollo. Er denkt das gleiche wie ich. Haben wir denn nicht genug zu essen, muß es auch noch Schildkrötenfleisch oder -suppe sein? Warum denken wir nur an unseren augenblicklichen Vorteil und leben auf Kosten der Natur? Warum stiften wir Tahitianer an, Tiere zu fangen und zu töten, die für sie früher tabu waren? Weil wir ihnen mit Hilfe unserer Religion beigebracht haben, daß ihr alter Naturglaube nichts taugt und daß es nur eine Wahrheit gibt: die das Christentum zu kennen glaubt.

Als wir am Spätnachmittag zurückkehren, habe ich nur noch einen Wunsch: zusammen mit Rollo die Tiere in der kommenden Nacht zu befreien. Doch als ich ihm meinen Plan unterbreite, lehnt er ab. „Die Männer sind bewaffnet und in der Überzahl", argumentiert er. „Tausend Dollar pro Tier ist viel Geld. Dafür knallen sie uns sogar ab, wenn wir ihnen die Beute nehmen. Wir können ja nicht einmal in der Nacht heimlich verschwinden. Du weißt selbst am besten, daß wir für die schmale Durchfahrt beste Sichtverhältnisse brauchen."

„Aber wir können doch nicht einfach zusehen und nichts tun! Wozu segeln wir überhaupt um die Welt und drehen Filme, wenn wir in Wirklichkeit nichts, aber auch gar nichts bewirken? Dann können mir die Filme und die Segelei gestohlen bleiben!" schluchze ich verzweifelt.

Es geht einfach über meine Kräfte, einem Verbrechen an Tieren zusehen zu müssen, ohne sofort darauf zu reagieren. Als Kind war ich ausgesprochen schüchtern. Aber wenn ich sah, wie ein Junge etwa seinen Hund quälte, sprang ich ohne nachzudenken auf ihn los, schlug und kratzte so lange auf ihn ein, bis er von dem Tier abließ.

„Ist das wirklich deine Meinung?" fragt Rollo verdächtig ruhig.

„Ja!" schnaube ich.

Das ist Rollo zuviel. „Wär' ich doch nur allein geblieben!" stöhnt er.

„Wenn das dein heißester Wunsch ist, den kann ich dir erfüllen", gebe ich zurück. „Dann steige ich im nächsten Hafen aus."

Rollo schweigt, und ich verkrieche mich nach hinten in die Achterkajüte. Am liebsten würde ich weit weg laufen, ich habe das Gefühl, keine Luft mehr zu kriegen ...

Heute morgen, beim Frühstück, haben wir uns ausgesprochen, nachdem keiner schlafen konnte. Wir beschließen, dem WWF zu schreiben und die Fotos, die wir gestern heimlich aufnahmen, mitzuschicken. Ich sehe ein, daß unsere Möglichkeiten im Augenblick begrenzt sind. Wir besitzen keine Waffen und keinen Kurzwellenfunk. Erst in Samoa können wir wieder Kontakt mit der Außenwelt aufnehmen, und von dort aus wollen wir auch die Polizei in Papeete verständigen.

Etwas hat Rollo doch noch erreicht: Er hat den räuberischen Fischern zwei Schildkrötenbabies abgekauft. Nun sind die beiden kleinen Strampler bei uns an Bord und wissen gar nicht, wie ihnen geschieht. Weit, weit weg werden wir mit ihnen segeln und ihnen irgendwo bei einer unbewohnten Insel die Freiheit wiedergeben.

29. 6. 1987
09.00 Uhr: Anker auf. Wir wollen weiter, unser nächstes Ziel sind die Samoa-Inseln. Aber heute liegt erst einmal die Alptraum-Passage vor uns. Dieses Mal fahren wir nicht gegen die Strömung, sondern mit ihr. Das geht zwar sehr schnell, ist aber nicht weniger gefährlich.

15.00 Uhr: Geschafft! SOLVEIG und ihre vier(!) Besatzungsmitglieder schwimmen auf freiem Wasser. Die See ist ruhig, so kann ich mich erst einmal um unsere beiden Gäste kümmern. Plisch und Plum hat Rollo sie getauft, frei nach Wilhelm Busch. Sie sind so

Plisch, das kleinere unserer beiden Schildkrötenbabies, frißt mir aus der Hand.

zutraulich, vor allem Plisch, der Kleinere, daß sie mir aus der Hand fressen. Na ja, das ist ja auch kein Wunder bei den Leckerbissen, die ich ihnen anbiete: Reis und Krabbenreste vom Tisch des Hauses bzw. Bootes. Nur ihre Unterbringung gefällt mir noch nicht. Eimer und Schüssel sind einfach zu klein für die lebhaften Tierchen.

30. 6. 1987
Rollo hatte die rettende Idee: Der große Plastikbehälter unserer Waschmaschine wurde zum Aquarium umgewandelt. Das gab ein Fest! Nach anfänglichem Erkunden des Randes tauchten die zwei in der Tiefe nach Futter. Offensichtlich genießen sie ihr großes Schwimmbecken.

1. 7. 1987
23.00 Uhr: Der Wind schläft fast völlig ein. Die Segel schlagen hart, das Boot rollt unangenehm. Wir haben fünfmal alle drei Segel (Fock, Groß, Besan) gesetzt und wieder geborgen, so narrt uns der Wind. Schlaf natürlich gleich null. Rollo fühlt sich schlecht, außerdem hat er sich wohl beim Genießen des spektakulären roten Sonnenuntergangs erkältet. Er wickelt sich in warme Decken, und ich gebe ihm heißen Kamillentee. 02.00 Uhr: Hat geholfen.

2. 7. 1987
R. ist wieder fit. Heute wird eine Großreinigung des Schwimmbeckens fällig. Plisch hat etwas am Auge. Es muß eine kleine Verletzung sein, denn ein bißchen Haut hängt herunter.

Später hole ich Schlaf von der Nacht nach und kann drei Stunden lang durchschlafen. Ein herrliches Gefühl! SOLVEIG gleitet jetzt mit ruhigen Bewegungen über das Wasser, da die Dünung stark nachgelassen hat. Den Zeiger der Borduhr haben wir um eine Stunde vorgerückt. So haben wir jetzt schon Samoa-Ortszeit und müssen uns nach der Ankunft nicht mehr umstellen.

Rollo hat einen Bärenhunger. Ich koche Rindsgeschnetzeltes, Kartoffelbrei, Bohnen: alles andere als ein Tropenessen.

15.00 Uhr: Wind von Stärke fünf. Wir laufen sechs Knoten. Und wieder ein tiefroter Sonnenuntergang als Gutwetterbote. Plisch und Plum scheinen uns Glück zu bringen.

20.00 Uhr: Rollo hat unsere Musikanlage fertig montiert. Wir freuen uns beide so darüber, daß wir eine Kassette nach der anderen einlegen. Am Schluß setzen wir uns ins Cockpit bei Mondschein und sternklarem Himmel und hören Mozarts A-Dur-Violinkonzert unter Karajan mit Anne-Sophie Mutter als Solistin.

3. 7. 1987
Seit nun vier Tagen Traumwetter, problemloses Segeln im Passat mit ausgebaumter Fock. Lange sitze ich an Deck, blicke in das tintenblaue Wasser und denke nach. Auch über unsere zwei Kleinen. Wir wollen sie bei einer Samoa vorgelagerten, unbewohnten Insel in die Freiheit entlassen, in der sie hoffentlich ein von Menschen ungestörtes langes Schildkrötenleben führen werden.

Tagesetmal 140 Meilen! Noch 550 Meilen bis Samoa. Plisch und Plum sind unglaublich zahm geworden. Beide fressen jetzt auch Rollo aus der Hand. Plisch bettelt mit seinen Flossen, sobald er nur meinen Kopf am Beckenrand sieht. Er läßt sich streicheln, wenn ich ihn aus dem Wasser nehme, das ich zweimal am Tag wechsele. Zur Zeit füttere ich zerkleinertes Fischfleisch aus der Dose, Brot und kleine Stücke von inzwischen reif gewordenen Tomaten aus Bora-Bora.

4. 7. 1987
Wind fünf von achtern. Endlich einmal eine Nacht fast durchgeschlafen, da der Wind stabil blieb. Auch Rollo tut der Schlaf gut. Das Boot rollt wieder stark durch aufkommende Dünung von Süden. Dennoch Frühstück: Spiegeleier, die eine Weile in der Pfanne herumrutschen, bevor sie fest werden.

Vormittags hat Rollo Plisch und Plum gefilmt beim Wasserwechseln, Füttern usw. Die zwei sind überhaupt nicht scheu. Ich fühle, wie sie mir mehr und mehr ans Herz wachsen. Wir sprechen lange darüber, was wäre, wenn unsere Schützlinge bei uns blieben. Aber am Ende sind wir uns einig: Wir würden Plisch und Plum damit einen schlechten Dienst erweisen. Meerestiere gehören nicht in ein Aquarium, um von Menschen gefüttert und beobachtet zu werden. Sie sind von der Natur für ein Leben im Meer ausgerüstet, und genau dorthin sollen sie zurück. Auf der Karte hat Rollo ein Korallenatoll entdeckt, das laut Seehandbuch sogar Naturschutzgebiet ist: der richtige Platz für unsere Schildkrötenbabies. Etwa 200 Meilen sind es bis dorthin.

6. 7. 1987
Plötzlich hat das Wetter umgeschlagen! Zeitweise sieben Windstärken. Wir können das Atoll – Rose Island – nicht ansteuern, da wir bei der vorherrschenden Windrichtung keinen geschützten Ankerplatz finden würden. So wollen wir es mit einer anderen Insel versuchen, die wir normalerweise bis morgen Nachmittag erreichen sollten.

19.00 Uhr: Seit Stunden stehen wir abwechselnd am Ruder, weil die automatische Steuerung den Kurs zur Insel nicht mehr halten kann. Der Wasserwechsel für Plisch und Plum ist äußerst schwierig bei diesen Brechern.

7. 7. 1987
Rollos Geburtstag. Immer noch Starkwind (sieben). Aber unser Entschluß steht fest: Wir halten auf die Insel Ofu zu, um dort falls möglich zu ankern und Plisch und Plum freizulassen. Beide scheinen ziemlich genervt, denn sie sind in ihrem Becken ordentlich gebeutelt worden. Noch zwanzig Meilen bis Ofu.

13.00 Uhr: R. am Ruder. SOLVEIG zischt durch die aufgewühlte See.

15.30 Uhr: Unser Anker fällt vor der kleinen Insel. Die Bucht ist ziemlich offen, doch jetzt im Windschatten gelegen. Auf uns macht das Eiland einen trostlosen Eindruck: zu Hunderten umgestürzte Bäume, etwa acht offenbar verlassene Hütten, auf der Kirche fehlt das Dach. Hier muß vor nicht allzu langer Zeit ein Orkan gewütet haben. Für unsere beiden Schützlinge ist es aber sicher nicht der schlechteste Platz: Sandstrand, Riffe, sauberes Wasser und das Wichtigste: keine Menschen, die sie einfangen werden – hoffentlich!

Nach einem ausgiebigen Abschiedsmahl wird es ernst. Vorsichtig nehme ich Plisch und Plum aus ihrem Planschbecken, rede ihnen nochmals gut zu, setze einen nach dem anderen vorsichtig ins Wasser – und weg sind sie! Nicht einmal umgedreht haben sie sich ... Wir sehen uns an. Plötzlich sind wir wieder allein.

Später gönnen wir uns zum Trost ein fürstliches Geburtstagsessen. Heute nacht wollen wir weitersegeln, nicht zu früh, damit wir uns nicht in der Dunkelheit der Küste von Samoa nähern. Bis Pago Pago sind es noch 60 Meilen. Wir schlagen jetzt schon die kleine Fock an und binden ein zweites Reff ins Groß. Auf dem einigermaßen geschützten Ankerplatz ist das alles ein Kinderspiel.
24.00 Uhr: Anker auf. Dank unserer Reffvorsorge liegt das Boot gut im Wind, und die Selbststeuerung kann den Kurs halten. Auf Pago Pago bin ich gespannt. Es soll ja ein ziemlich farbloses Nest sein, dafür aber günstige Einkaufsmöglichkeiten bieten. Der Ort liegt auf Tutuila, der Hauptinsel von Amerikanisch-Samoa. Im Gegensatz zu West-Samoa gehört dieser Teil der Inselgruppe zu den USA. Wir werden nur ein paar Vorräte – darunter auch Rum für mein Holzfaß – ergänzen und danach so schnell wie möglich weitersegeln.

Konflikte auf Samoa

8. 7. 1987
Bereits im Morgengrauen können wir die Umrisse von Tutuila erkennen, und bei Sonnenschein motoren wir gegen zehn Uhr in den völlig geschützten Hafen. Pago Pago ist sicherlich einer der großartigsten Naturhäfen der Südsee, daher das Interesse der Amerikaner an dieser Flottenbasis. Zum Einklarieren müssen wir an den Kai, also legen wir Festmacher und Fender bereit und machen längsseits einer amerikanischen Yacht fest. Über tausend Meilen liegen jetzt hinter uns – die erste große Überfahrt in diesem Jahr. Grund genug für ein Riesenfrühstück: Spiegeleier, Ölsardinen, Marmelade, Honig, Pumpernickel, französische Butter aus Tahiti (die letzte) und dazu eine edle Teemischung (Nr. 666 – *Tea für Lovers*), die uns ein lieber Freund zum Abschied geschenkt hat.

10. 7. 1987
Pago Pago ist tatsächlich ein unschöner Ort. Deshalb haben wir nicht geankert, sondern sind nach der Einklarierung gleich am Kai

liegengeblieben. Bereits übermorgen wollen wir nach West-Samoa weitersegeln, etwa achtzig Meilen.

Alkohol ist hier preiswert, ebenso Reis, Butter, Obst und Fischkonserven. Wir entdecken gut schmeckendes Apfelmus und bevorraten uns mit Erdnußbutter, dem amerikanischen Nationalaufstrich.

Mein Rumfaß leckt an zwei Stellen – zu lange mußte es auf Nachfüllung warten! Rollo verspricht, sich darum zu kümmern. Zwei Wochen Wässern, meint er, und dann ist es wieder dicht.

11. 7. 1987
Im Augenblick lese ich das Büchlein *Papalagi* als Einstimmung für unseren Aufenthalt in West Samoa. Papalagi (gesprochen: Papalangi) heißt wörtlich übersetzt „der Himmelsdurchbrecher". Die Einheimischen glaubten damals, daß der weiße Mann durch den Himmel zu ihnen kam, weil der erste Missionar Samoa mit einem großen Segelschiff erreichte. Die Menschen der Inseln hielten das Segel, als sie es in der Ferne leuchten sahen, für ein Loch im Himmel. Und so blieb der Name Papalagi für die Weißen bis heute in der Sprache der Samoaner erhalten.

Der Autor ist Erich Scheurmann, ein Deutscher, der lange Zeit in einer Dorfgemeinde Samoas lebte. Er erzählt in seinem Büchlein von den Erlebnissen eines samoanischen Häuptlings während seines Aufenthalts in Europa. So werden die Errungenschaften der Zivilisation um 1920 durch die samoanische Brille betrachtet. Über das Geld der Europäer sagte der Häuptling: „Das runde Metall und das weiße Papier, das sie Geld nennen, das ist die wahre Gottheit der Weißen. Sprich einem Europäer vom Gott der Liebe – er verzieht sein Gesicht und lächelt. Lächelt über die Einfalt deines Denkens. Reiche ihm aber ein blankes, rundes Stück Metall oder ein großes, schweres Papier – alsogleich leuchten seine Augen, und viel Speichel tritt auf seine Lippen ..."

Der Häuptling beklagt auch, daß der Weiße nie Zeit hat: „Der Papalagi liebt vor allem das, was sich nicht greifen läßt und das doch da ist – die Zeit. Er macht viel Wesens und alberne Rederei darum. Obwohl nie mehr davon vorhanden ist, als zwischen Sonnenaufgang und -untergang hineingeht, ist es ihm doch nie genug. Der Papalagi ist immer unzufrieden mit seiner Zeit, und er klagt den großen Geist dafür an, daß er nicht mehr gegeben hat. Ja, er lästert Gott und seine große Weisheit, indem er jeden Tag nach einem gewissen Plane teilt und zerteilt. Er zerschneidet ihn geradeso, als führe man kreuzweise mit einem Buschmesser durch eine weiche Kokosnuß. Alle Teile haben ihren Namen: Sekunde, Minute, Stunde. Die Sekunde ist kleiner als die Minute, diese kleiner als die Stunde: alle zusammen machen die Stunden, und man muß sechzig Minuten und noch viel mehr Sekunden haben, ehe man so viel hat wie eine Stunde ..."

Wieviel von diesem Denken auf Samoa wohl noch gegenwärtig ist? In Pago Pago jedenfalls hat die amerikanische Lebensweise weitgehend Einzug gehalten. Ein Großteil der einheimischen Bevölkerung arbeitet in den Konservenfabriken der Amerikaner. Fisch- und Tierfutterkonserven machen 99 Prozent des Exports aus. In West-Samoa dagegen sollen alte Traditionen laut Handbuch noch so lebendig sein wie nirgendwo sonst in der Südsee. Die heutigen Zustände auf den Inseln sind stark geprägt von ihrer Kolonialgeschichte, die im vorigen Jahrhundert schlimme Auseinandersetzungen zwischen den Großmächten USA, Deutschland und England brachte. Ein blutiger Bürgerkrieg der Samoaner verstärkte noch die Spannungen, die schließlich zu einer Aufteilung der Inseln zwischen den Vereinigten Staaten und dem deutschen Kaiserreich führten.

Den Amerikanern war hauptsächlich an dem riesigen Naturhafen Pago Pago auf der östlichen Insel gelegen, während die deutschen Kaufleute und Pflanzer auf den beiden großen Inseln West-Samoas, Upolu und Savaii, Handelshäuser und Niederlassungen gründeten. Obwohl die deutsche Zeit West-Samoas, des heutigen Samoa Sisifo, nur 14 Jahre dauerte, geht doch die Errichtung aller wichtigen Bauten und Straßen auf diese kurze Periode zurück.

14. 7. 1987
Rollo wollte nicht an einem Dreizehnten in Apia, der Hauptstadt von West-Samoa und der ehemaligen deutschen Kolonie, einklarieren. Deshalb verzogen wir uns nach nur eintägiger Überfahrt in eine kleine Bucht, etwa zwanzig Meilen von Apia entfernt.

Noch bevor wir ankern, wird SOLVEIG von Dutzenden Kanus umringt. Eifrig zeigen uns die Jungen, wo nach ihrer Meinung der beste Ankerplatz ist, und dort lassen wir das Eisen fallen. Die Bucht gefällt uns nicht besonders, denn in nächster Nähe drohen ausgedehnte Rifformationen. Aber da die Dämmerung bereits hereinbricht und es außerdem völlig windstill ist, begeben wir uns nicht mehr auf die Suche nach einem besseren Platz. Was wir beide dabei vergessen: Der Dreizehnte endet erst um Mitternacht!

Um halb zwölf geht es los. Fallwinde bis zu 35 Knoten schießen von den Bergen herab und bringen dicke, schwarz-graue Wolkenballen mit, die Unmengen von Regen entladen. Das Boot reißt an der Kette und schwojt in großen Kreisen. Ein Höllenlärm beginnt.

Selten sind wir so schnell in unser Ölzeug gesprungen. Bewaffnet mit zwei Taschenlampen, stürzen wir an Deck. Das Echolot zeigt Phantasietiefen an – wohl wegen der im Schaum der Brecher eingeschlossenen Luftblasen – und hilft uns im Augenblick wenig. Was wir draußen sehen, reicht uns auch völlig, um sofort den Motor zu starten. In dem nur drei Meter weit reichenden Lichtkegel der Taschenlampen erkennen wir bereits die Brandung auf dem Riff! Wie sollen wir in der Dunkelheit und dem dichten Regen, der uns völlig die Sicht nimmt, also gewissermaßen blind den Weg aus der Bucht finden, die mit einem Mal für uns zu einer lebensgefährlichen Falle geworden ist?

Rollos Ruhe gibt mir Zuversicht. Mit seinem beneidenswerten Gespür und buchstäblich eingebauten Orientierungsvermögen wird er uns schon hinausbringen. Triefnaß und frierend stehe ich am Bug, den Fuß fest auf den Schalter der Winsch gedrückt. Quälend langsam läuft die Kette über die Rolle – wann, um Himmels willen, ist sie zu Ende? Wie relativ wird doch das Zeitempfinden in Augenblicken der Gefahr! Schließlich ist der Anker oben – wir sind frei. Rollo steuert die SOLVEIG vorsichtig aus ihrem Riffgefängnis: eine tolle Leistung!

Sieben lange Nachtstunden schlagen wir uns vor der Küste um die Ohren, bis wir endlich beim ersten Tageslicht in den Hafen von Apia segeln können.

Erschöpft machen wir neben einem alten, rostigen Fischdampfer am Hauptkai des Containerhafens fest. Heiß brennt die Sonne vom tiefblauen Himmel. Nichts erinnert mehr an die stürmische Regennacht. Entlang der Uferpromenade stehen eine Ansammlung von Handelshäusern im Kolonialstil und Kirchen. „Die stammen alle noch aus der deutschen Zeit vor dem Ersten Weltkrieg", erklärt Rollo.

West-Samoa besteht aus vier bewohnten Eilanden. Die Hauptstadt Apia liegt auf Upolu, der am dichtesten besiedelten Insel. Etwa 35 000 Menschen leben allein in der Hauptstadt. Die Samoaner sind Polynesier wie die Tahitianer. R.L. Stevenson, der seine letzten Lebensjahre hier verbrachte, sagte von ihnen, daß sie das glücklichste Volk der Welt seien. Ich bin jedenfalls gespannt und neugierig auf unseren Aufenthalt.

15. 7. 1987

„Papalagi" ist noch sehr aktuell! Wie heißt es doch so schön bei Scheurmann: „Der Papalagi macht viel Wesens um die Zeit ..." Seit gestern morgen liegen wir am Kai und warten auf die Behördenvertreter von Zoll und Immigration – unsere Geduld geht langsam zu Ende.

Ich fürchte, ich muß gewaltig umlernen zum Thema Zeit. Aber kleine Fortschritte habe ich schon gemacht. Gestern blickte ich ungeduldig alle Stunden auf meine Armbanduhr und fragte mich, wann wir denn nun endlich von der Warterei erlöst würden. Heute habe ich bereits die Uhr abgenommen und mich an Deck in die Sonne gelegt. Was soll's? Wir sind im glücklichen Samoa, wo es weder Streß noch Hetze noch Leistungsdruck zu geben scheint.

Schließlich gehe ich ohne Erlaubnis an Land und schlendere in aller Ruhe in Richtung Behörde, um auf die Anwesenheit von SOLVEIG aufmerksam zu machen. Die Einheimischen, die dort in den Ämtern sitzen – ich wage nicht zu schreiben „arbeiten" –, machen jedenfalls einen äußerst entspannten Eindruck. Ein paar halten auf ihrem Stuhl ein Nickerchen, andere lachen über etwas, und der junge Mann, mit dem ich spreche, interessiert sich viel mehr für unsere Reiseroute, die Familienverhältnisse (wie viele Kinder wir haben) und Deutschland als für die Einklarierungspapiere.

„Ich komme später mit den Kollegen vom Zoll und der Quaratäne vorbei, bleibt so lange am Kai liegen", verabschiedet er mich.

Doch dieses „Später" ist eben auch relativ und hat von Land zu Land, von Mensch zu Mensch durchaus unterschiedliche Bedeutung. In unserem Fall heißt es, daß wir 48 Stunden am heißen Kai des staubigen Containerhafens ausharren müssen, bis wir endlich erlöst werden. Vier strahlende, gutaussehende Uniformträger erscheinen endlich auf der SOLVEIG und lassen sich für den Rest des Tages an Bord nieder. Es gibt ja so viel zu fragen und zu erzählen! Die Formalitäten erledigen sie nebenbei in zehn Minuten. Ich glaube, Samoa wäre ein Paradies für urlaubsreife deutsche Beamte.

17. 7. 1987
Heute haben wir unser Mofa „Schnauferl" an Land gebracht und zu zweit eine erste Einkaufsfahrt unternommen. Ich hocke – wie meistens – auf dem Gepäckträger und halte mich an Rollos Schultern fest. Die Einheimischen bleiben überrascht stehen und lachen schallend. Wenn das so weitergeht, sind wir bald stadtbekannt.

Allerdings müssen wir „Schnauferl" sehr gut abschließen, denn wie wir wissen, gibt es für den Samoaner keinen ausgeprägten Eigentumsbegriff. Scheurmann schreibt in seinem Buch *Samoa gestern*: „Es gibt wohl kaum mehr ein Naturvolk auf Erden, das so wenig am Besitze hängt wie die Samoaner. Sie leben in der Anschauung: alles gehört allen ... "

Dieses lockere Verhältnis zu irdischen Gütern hat im modernen Apia – vorsichtig ausgedrückt – zu einigen Verwirrungen geführt. So erfahren wir heute in dem neu erbauten Postgebäude von einer hübschen Angestellten, daß die alte Post abgebrannt sei. Als wir nach dem Grund fragen, lächelt sie verschmitzt und sagt: „Wir haben damals so viele Briefmarken an unsere Freunde verschenkt und auch für uns behalten, daß die Kasse nicht mehr stimmte. So mußten wir das Haus abbrennen, damit es bei einer Kontrolle nicht herauskommt!"

Übrigens munkelt man, daß ein ähnliches Schicksal demnächst das Regierungsgebäude ereilen soll ...

Erst am Abend fahren wir – unser Dingi ist bis oben vollgepackt mit frischen Lebensmitteln – zur SOLVEIG zurück. Nach der Einklarierung haben wir sie in die Hafenbucht verlegt. Hier sind wir vor Moskitos geschützt, und eine leichte Brise bringt etwas Kühlung.

19. 7. 1987
Der erste Sonntag in Samoa! Die Stadt liegt da wie ausgestorben, dafür sind die zahlreichen Kirchen überfüllt. Auf unserem Spaziergang hören wir die wunderschönen Gesänge der hochmusikalischen und strenggläubigen Samoaner. Missionare und Sektenführer hatten und haben leichtes Spiel mit den Einheimischen, denn diese lieben Zeremonien und strenge Regeln. In jedem Dorf – und sei es noch so klein – stehen mindestens ein halbes Dutzend Kirchen, von den Bewohnern aus eigenen Mitteln erbaut. Auch das Gehalt der Geistlichen wird von der Gemeinde getragen.

Die meisten Mitglieder zählt übrigens die Kongregationskirche. Ein Viertel ist katholisch, der Rest verteilt sich – abgesehen von kleineren Sekten – auf Methodisten und Mormonen. In jüngster Zeit verzeichnen die Mormonen den stärksten Zulauf, vielleicht weil sie die größte und funkelndste Kirche gebaut haben. Dafür gehören die teuren Grundstücke an der Wasserfront der katholischen Kirche. Die Missionare hatten sie damals den Häuptlingen für Glasperlen und rostige Nägel „abgekauft". Als sich später Händler auf Samoa niederließen, rieten die Missionare den Einheimischen, lieber Geld oder Kleidung für ihr Land zu verlangen statt Glasperlen und Tabak. Offensichtlich hatte die Kirche vergessen, auf welche Weise sie selbst das Land erworben hatte.

Im Gegensatz zu den Samoanern scheinen auch heute noch manche Kirchenväter am Geld zu hängen, denn Filisi (samoanisch für „Fritz"), ein junger Krankenpfleger, den wir in einem Laden kennenlernen, erzählt uns folgende Geschichte:

Ein etwa sechzig Jahre alter Samoaner schleppte sich nach einem Unfall schwerverletzt ins Missionskrankenhaus. Sein rechter Arm blutete stark und mußte dringend behandelt werden. Bereits beim Empfang verlangte man von ihm fünf Tala (die samoanische Wärung), aber der Mann hatte kein Geld dabei. Daraufhin weigerte man sich, ihn aufzunehmen. Ein anderer Patient, der den Vorfall beobachtet hatte, lieh ihm die fünf Tala. Erst danach konnte das Unfallopfer versorgt und sein Arm vor der drohenden Amputation gerettet werden. Bleibt noch hinzuzufügen, daß dieser Samoaner jeden Sonntag in die Kirche ging und jedesmal – wie es vom Pfarrer erwartet wurde – einen Tala in den Klingelbeutel spendete.

Zu Gast im Fale

25. 7. 1987
Heute sind wir von Filisi ins Haus seines über neunzig Jahre alten Großvaters eingeladen.

Wir verabreden uns unter einem breitästigem Schattenbaum. Filisi ist pünktlich, und gemeinsam warten wir auf den Bus. Ein großer Omnibus nach dem anderen fährt vorbei, alle in die gewünschte Richtung, aber Filisi rührt sich nicht. Jedesmal, wenn ich winken will, sagt er: „Das ist nicht der richtige."

Nach eineinhalb Stunden springt er plötzlich auf, zeigt in die Ferne und ruft: „Da kommt mein Bus!"

Unser Freund Filisi, ein junger samoanischer Krankenpfleger, zeigt uns, wie man ein Palmblatt in einen umweltfreundlichen Korb verwandelt.

Als wir glücklich in dem bunt bemalten Fahrzeug sitzen, kann ich es mir nicht verkneifen, ihn zu fragen, warum er nicht einen früheren Bus genommen hat. Schließlich fahren sie doch alle durch sein Dorf.

Da sieht er mich groß an und sagt: „Niemals würde ein Samoaner seinen Bus wechseln! Wenn ich das täte, nähme mich mein Fahrer beim nächsten Mal nicht mehr mit. Dafür wartet er auch morgens auf mich, wenn ich verschlafen habe oder unterwegs noch etwas einkaufen will."

Glückliches Samoa. Die Treue zum Busfahrer ist wichtiger als ein schnelles Heimkommen. Man hat eben Zeit.

Unterwegs fällt mir auf, wie sehr die Samoaner an der traditionellen Bauweise ihrer Häuser festhalten. Diese Fales passen in die tropische Landschaft und sehen aus wie runde Bienenkörbe. Hohe, kräftige Firstpfeiler, die aus der Mitte des Hauses aufragen, tragen die Hauptlast des Daches. Das wirklich Einmalige aber an den Fales ist, daß sie nach allen Seiten hin völlig offen sind. Es fehlt die überall sonst selbstverständliche Mauer. Von der Straße her kann jeder sehen, womit sich die Familie gerade beschäftigt. Auf jeden Fall bleibt es innen schön kühl – und das ohne umweltschädigende und teure Klimaanlagen. Nachts oder wenn es regnet, werden aus Blättern geflochtene Jalousien zwischen den Pfosten heruntergelassen. Man braucht keine Stühle, sondern sitzt auf Matten.

Wie bei unseren Wohnungen die Zimmer werden die Fales unterschiedlich genützt. Das größte Fale – und deshalb leicht zu erkennen – ist das Versammlungshaus. Dort trifft man sich nur, wenn es etwas zu besprechen gibt. Die übrige Zeit steht es leer. Andere Fales wieder dürfen nur von Männern betreten werden. Für die Frauen gibt es eigene Hütten, in denen sie bestimmte Arbeiten verrichten, zum Beispiel weben oder Kränze flechten.

Filisi lebt heute gern in seinem Dorf. „Drei Jahre habe ich in Australien gearbeitet", berichtet er nicht ohne Stolz. „Dort habe ich mich als Krankenpfleger ausbilden lassen. Aber es war eine harte Zeit. Ich hatte nur ein kleines Zimmer, zusammen mit drei Kollegen. Dafür mußte ich Miete zahlen, und jede Kokosnuß, jede Papaya oder Brotfrucht mußte ich kaufen. Hier in meinem Dorf, bei meiner Familie, brauche ich kein Geld. Wir haben unser Land, wo Früchte und Gemüse im Überfluß wachsen, und ich habe mein Fale, in dem ich wohne. Jeder von meiner Familie ist für den anderen da: mein Großvater, meine Eltern, meine vier Schwestern und meine fünf Brüder."

„Und wenn deine Geschwister heiraten?" will ich wissen.

„Einer muß unverheiratet bleiben, das ist Tradition. Bei uns ist es meine jüngste Schwester Lepa. Sie darf nicht heiraten und muß statt dessen für Eltern und Großvater sorgen", erwidert er.

Diese Gepflogenheit ist in allen Familien üblich. Es gibt zwar ein Altersheim der Mission, doch darin leben nur zwanzig Menschen. Sie sind so schwach und krank, daß sie nicht mehr bei ihren Familien bleiben konnten. Wenn man bedenkt, daß West-Samoa 160 000 Einwohner hat, ist diese geringe Zahl von Heimbewohnern sensationell.

Filisi macht es ganz offensichtlich Freude, uns herumzuführen. Ich sehe auch ein festes Steinhaus direkt neben dem traditionellen Fale seiner Familie. Erstaunt frage ich ihn, warum sie es gebaut haben. Er schmunzelt: „Weißt du, das Haus brauchen wir zur Repräsentation. Niemand wohnt darin." Tatsächlich steht der einzige Raum völlig leer. Man will also den Nachbarn zeigen, daß man sich auch ein festes Haus leisten kann.

Das wirkliche Leben aber spielt sich im alten Fale ab. Seine Einrichtung ist eine originelle Mischung aus europäischen Zivilisationsgütern und Resten samoanischer Kultur. Auf der einen Seite stehen ein richtiges Bett mit großen Kissen, daneben ein Geschirrschrank, Holzstühle (aber nur als Dekorationsstücke) und – ein Videogerät! Auf der anderen Seite sehe ich den traditionellen Erdofen und geflochtene Matten, auf denen Eltern und Großeltern immer noch schlafen, mit einem Kopfschemel aus Bambusrohr als „Kissen". Auf dem Boden liegen schön polierte halbe Kokosnußschalen und die Kawaschüssel, das Gefäß für das Nationalgetränk Kawa. Die enge Verzahnung samoanischer Lebensweise mit europäischen Einflüssen hat fast schon Tradition.

Als Samoa noch deutsche Kolonie war, wurden viele Ehen mit Weißen geschlossen, galten doch die Samoaner als schönstes Volk unter den Bewohnern der Pazifikinseln. Und wenn ich Stiche aus dieser Zeit betrachte, kann ich das nur bestätigen. Mir fallen dabei besonders ältere, gutaussehende Häuptlinge auf, hier und da auch hübsche, junge Männer mit harmonischem Körperbau, warmbrauner Haut und schwarzen Haaren. Bei den Frauen und Mädchen allerdings finde ich die Tahitianerinnen weitaus attraktiver.

Auch Filisis Großvater, mit dem wir uns in seinem Fale lange unterhalten, ist immer noch eine stattliche Erscheinung. Und ich staune nicht wenig, als er uns auf deutsch begrüßt. „Als Samoa deutsche Kolonie war, ging ich zur Schule, und da habe ich Deutsch gelernt", erklärt er.

Wir erfahren von ihm auch, daß es auf Samoa keine gesetzliche Schulpflicht gibt. Je nach Veranlagung der Kinder und Notwendigkeit werden sie zur Schule geschickt, oder sie bleiben daheim und arbeiten auf den Feldern. Beim Bau einer Schule helfen natürlich alle Familien mit.

Am Spätnachmittag brechen wir auf. Da wir den Weg nun kennen, begleitet Filisi uns ein Stück die Straße entlang und geht dann zurück in sein Dorf. Als ein Bus vorbeifährt, winken wir, er hält, und mit etwas schlechtem Gewissen, denn es ist nicht Filisis Bus, fahren wir zum Hafen.

30. 7. 1987
Inzwischen fühlen wir uns heimisch in Apia. Die Verkäuferinnen in den Läden kennen uns, und das Mofa ist um seinen Rückspiegel und Tankdeckel erleichtert worden.

Heute besucht uns die hübsche, 25 Jahre alte Ave. Hinter ihrem linken Ohr steckt eine Tiareblüte; das bedeutet, zumindest in Tahiti: „Ich bin noch zu haben." Ave arbeitet als Kellnerin in dem einzigen deutschen Restaurant auf Samoa. Ein paarmal haben wir dort gegessen, was bei Rollo schon an ein Wunder grenzt, denn normalerweise ißt er lieber an Bord eine Dose Sardinen, als daß er sich dem Risiko einer fremden Küche aussetzt. Als ich Ave bei Tee und Eis arglos frage, ob sie einen Freund hat, wird sie trotz ihrer 25 Jahre tief rot und flüstert: „Ja, aber er ist gerade in Tahiti. Außerdem darf es niemand wissen."

„Na hör mal", lache ich, „du bist doch alt genug!"

Doch sie erwidert sehr ernst: „Bei uns sind Freundschaften zwischen Jungen und Mädchen tabu. Du wirst sie niemals auf der

Straße zusammen sehen. Erst wenn du verheiratet bist, darfst du dich mit deinem Mann zeigen."

„Aber wo triffst du dich dann mit deinem Freund?" frage ich weiter.

Sie rutscht ein wenig hin und her, lächelt verlegen. Rollo bemerkt trocken: „Na, wo schon – im Busch natürlich, wenn es dunkel ist."

„Woher weißt du das?" platzt sie erschrocken heraus.

Rollo lupft mit dem Zeigefinger seine Kappe und sagt: „Ich glaube, das ist auf der ganzen Welt gleich."

Aves Gesichtszüge entspannen sich. Der Gedanke, daß es auch anderswo heimliche Liebespaare gibt, hat offensichtlich etwas Beruhigendes für sie.

Aufklärung ist hier unbekannt. Weder in der Schule noch zu Hause werden solche Themen angesprochen. Auch die Pille ist tabu. Das hat zur Folge, daß ein großer Prozentsatz unehelicher Kinder auf die Welt kommt. Die Mütter sind meist zwischen zwölf(!) und sechzehn Jahre alt. Ave, die ja nun längst kein Kind mehr ist, wagt nicht, ins kirchlich geleitete Krankenhaus zu gehen, um sich die Pille verschreiben zu lassen. „Die Schwestern würden mich sofort in meinem Dorf anschwärzen und schlecht machen. Da riskiere ich lieber ein uneheliches Baby", erzählt sie bedrückt. Kinder, ob ehelich oder unehelich, sind immer willkommen. Nach wie vor gehört es zum Ansehen der Familie, möglichst viele Kinder zu haben. Sie sind nicht nur die Altersversicherung der Eltern, sie verdienen auch das Geld, das die Familie zusätzlich braucht. Nach dem Schulabschluß suchen sie sich für ein paar Jahre einen Job als Fabrikarbeiter in Neuseeland oder Australien, und da wird dann jede Mark für die Familie zurückgelegt. An die 60 Prozent des gesamten Volkseinkommens werden so erarbeitet.

Was mich bei den Gesprächen mit Ave oder Filisi am meisten bedrückt, ist der unlösbare Konflikt zwischen den alten Traditionen ihrer Familien und der neuen, freien Lebensweise, die die jungen Leute im Ausland oder auf Video kennenlernen. Samoa hat deshalb die höchste Jugendselbstmordrate der Welt. Das allein zeigt, wie erschütternd tief der Graben zwischen den Generationen geworden ist.

4. 8. 1987
Wir haben Filisi in der Stadt getroffen. Er fragt uns erstaunt: „Ihr habt immer noch euer Mofa?"
Um ehrlich zu sein, so richtig können wir darüber nicht lachen.

5. 8. 1987
Bei Filmarbeiten im Krankenhaus, das übrigens auch noch aus der deutschen Zeit stammt, drehen wir Aufnahmen in der dentistischen Abteilung. Fröhlich winken Helferinnen aus den Fenstern. Kurz darauf kommt uns mit schmerzverzerrtem Gesicht ein deutscher Segler entgegen und flucht: „Sch ... laden! Singen und tanzen – das können sie. Aber wehe, du wirst krank. Dann bist du verloren!"
Ich schreibe lieber nicht, was er uns noch alles über seine Behandlung berichtet, vielleicht hat er ja nur einen ungünstigen Tag erwischt.

14. 8. 1987
Heute fühle ich mich miserabel – Durchfall, Schweißausbrüche. Ich muß irgend etwas Schlechtes gegessen haben. Abends Fieber.

15. 8. 1987
Jetzt hat es auch Rollo erwischt. Zwar nicht mit der Verdauung wie bei mir, dafür mit seinem rechten Zeh. Nachdem er die Filter am Motor gewechselt hatte, ging er sofort daran, vom Schlauchboot aus den Bewuchs von SOLVEIGS Außenhaut abzukratzen. Dabei muß er sich so ungüstig mit dem Fuß abgestützt haben, daß nun sein Zeh geschwollen ist. Offensichtlich eine Nervenentzündung. Mir geht es inzwischen wieder besser.
Morgen wollen wir weitersegeln. Der Wetterbericht ist durchwachsen: Wind über sechs Beaufort, See rauh bis sehr rauh, aber so exakt sind hier die Vorhersagen nicht. Wir werden zunächst Fidschi ansteuern, wegen einiger wichtiger Reparaturen, die wir in Samoa nicht ausführen konnten. Daß wir dort mehr Glück haben werden, bezweifle ich allerdings. Auf Fidschi gibt es politische Unruhen, und die Inseln werden zur Zeit von den großen Fluggesellschaften nicht angeflogen. Man hört, daß die Inder, die über die Hälfte der Bevölkerung ausmachen, in Scharen auswandern.

3 Revolte in Fidschi

16. 8. 1987
Leider müssen wir unsere Weiterfahrt zu den Fidschi-Inseln verschieben. Rollos Fuß hat sich wieder verschlechtert, er ist entzündet, dick angeschwollen und schmerzt. Auch meine Darminfektion wird nicht besser, im Gegenteil. Ich habe Fieber und fühle mich schlecht.

Andererseits nervt uns die Warterei im Hafen. Seit nunmehr vier Tagen haben wir offiziell schon ausklariert. Nur gut, daß es die Behörden mit der Kontrolle nicht so genau nehmen. Ein Gutes hat die Verzögerung jedenfalls: Der Wetterbericht meldet nach wie vor stürmischen Wind an der Westkante eines breiten Tiefs. Viel versäumen wir da draußen also nicht.

18. 8. 1987
Mit einer Woche Verspätung starten wir endlich bei strahlendem Sonnenschein zu unserer Überfahrt. Vor der Küste von Samoa verabschieden uns etwa 50 Delphine, die mit eleganten Sprüngen auf die SOLVEIG zuschießen. Nach fünf Minuten drehen sie ab, wir sind ihnen wohl zu langsam.

Die bevorstehenden 640 Meilen hoffen wir, in etwa einer Woche zu bewältigen. Der Beginn aber ist wieder schlimm für mich. Kaum haben wir nach vier Stunden den Windschutz der Insel Upolu verlassen, erfaßt riesiger, aufgewühlter Seegang das Boot. Wegen meines immer noch angeschlagenen Zustands wird mir sterbenselend. Obwohl ich fast nichts gegessen habe, gebe ich alles von mir – eigentlich mehr als alles. Keinen Satz kann ich zu Ende sprechen, schon muß ich mich wieder übergeben.

16.00 Uhr: Der Wind nimmt zu, und leider bekommen wir immer mehr Probleme mit der elektronischen Selbststeuerung; sie ist praktisch wertlos geworden.

20 00 Uhr: Für die Nacht binde ich ein zweites Reff ins Groß. R. gelingt es tatsächlich, das Boot nur mit festgestelltem Ruder und ohne die Automatik auf Kurs zu halten. Trotz der beiden Reffs und der kleinen Fock laufen wir immer noch sieben Knoten. Der Bug setzt so hart in die Wellen ein, daß SOLVEIG wilde Sprünge vollführt.

Rollos Fuß geht es denkbar schlecht, dieses pausenlose Gehüpfe fördert die Heilung nicht gerade. Unser Essen reduzieren wir auf Kekse und Tee, wir sind zu schwach zum Kochen. Ich frage mich, wie wir ohne funktionierende Automatiksteuerung nach Fidschi kommen wollen. Den jetzigen Kurs hoch am Wind dürfen wir höchstens 36 Stunden halten, sonst geraten wir zu weit nach Süden.

20. 8. 1987
Keiner von uns kann auch nur eine Stunde schlafen. Der Wind hat Stärke acht erreicht. Die provisorische Steuerung versagt, deshalb müssen wir selbst am Ruder stehen. Bei R. helfen selbst starke Schmerzmittel nicht. Welch ein Wahnsinn von uns, daß wir in diesem angeschlagenen Zustand überhaupt losgesegelt sind! Aber im ruhigen Hafen unterschätzt man wohl leicht die Gewalten von Wind und See. Auf jeden Fall ist uns das eine Lehre. Zwei Personen sind schon wenig genug für die Bedienung eines 13 Meter langen Bootes, aber zwei Kranke – das ist schlichtweg Leichtsinn!

Mein Kopf schmerzt zum Zerspringen bei dem ständigen und wiederholten Übergeben, ohne daß ich etwas essen kann.

21. 8. 1987
Wir wechseln uns beim Steuern ab und drehen mittags bei, damit ich Rollo Essen herrichten kann. Später berge ich die Fock, so daß das Boot mit festgestelltem Ruder nach Süden segelt. Das ist zwar nicht gerade der ideale Kurs, aber wenigstens können wir etwas ausruhen.

23.00 Uhr: Das Boot wird von seitlichen Brechern so hart getroffen und herumgeworfen, daß der gesamte Inhalt meines Rumfasses ausläuft. Irgendetwas muß gegen den Pfropfen geschlagen sein, er fiel heraus, und zehn Liter Rum haben sich nun in der Pantry und in der Bilge verteilt. Die SOLVEIG riecht wie in eine riesige Rumflasche.

Nach wie vor weht es mit Stärke sieben bis acht. Stunden um Stunden steuern wir von Hand. Wir sind zum Umfallen müde und zerschlagen.

22. 8. 1987
Wir entschließen uns, trotz der rauhen See die alte Windfahnensteuerung am Heck zu montieren. Im Vertrauen auf die Elektronik haben wir das schwere Ruder für die Windfahne weit vorn im Bugraum verstaut. Aber plötzlich steht Rollo mit dem Ding vor mir. Weiß der Himmel, wie er es geschafft hat, da heranzukommen! Das Schwierigste aber liegt noch vor uns: das Ruder am Heck in die Halterung einzusetzen. Zunächst verlangsamen wir die Fahrt. Beigedreht mit Fock back, machen wir gerade noch zweieinhalb Knoten. Vorsichtig und langsam schleppen wir dann das über fünfzehn Kilo schwere Ruder nach achtern.

Rollo legt sich auf den Bauch. Sein Oberkörper reicht weit über das Heck. „Jetzt das Ruder!" ruft er.

„Ganz ruhig bleiben und tief durchatmen, dann kann nichts passieren", rede ich mir zu. Das Ruder halte ich fest in beiden Händen, gleichzeitig beobachte ich den Seegang. Ich darf das kostbare Stück auf keinen Fall im verkehrten Augenblick herunterreichen. Eine falsche Bewegung, und wir fallen beide über Bord.

„Kannst du es greifen?" Ich bin ganz nah an das Süll herangekommen, um das Teil mit einer Hand noch an der Sicherungsleine festhalten zu können.

Rollo packt es mit beiden Armen. „Laß dir Zeit, die Wellen sind okay, und ich habe die Leine in der Hand", beruhige ich uns beide. Mit meinem freien Arm umklammere ich die Reling.

„Kannst du mich halten? Ich komme so nicht an die Halterung heran. Ich muß noch ein Stück weiter runter." Mit dem ganzen Oberkörper hängt Rollo schon in der Luft. Ich befestige das Ende der Sicherungsleine an der Reling, und mit der ganzen Kraft meines Körpers stütze ich ihn an den Schenkeln ab, so fest ich nur kann.

„Verdammt, das Ruder rutscht immer aus der Halterung!" höre ich ihn stöhnen.

„Ich muß sofort die Sicherungsleine anziehen, damit du den Pin hineinstecken kannst", rufe ich nervös.

„Okay", kommt es von unten, „aber mach' schnell. Lange kann ich es nicht mehr halten!"

Ich lege mich neben ihn auf den Bauch, meine Beine über den seinen als Gegengewicht. Mit der rechten Hand greife ich nach der Leine. „Jetzt!" Ich ziehe an, fest entschlossen, das Ende nie wieder loszulassen.

„Okay!" Rollo schiebt sich Stück für Stück zurück an Deck und bleibt erschöpft liegen. Immer noch halte ich den Tampen. „Du kannst loslassen, das Ruder steckt fest in der Halterung."

Wir sehen uns an und haben nur einen Gedanken: „Das ist geschafft!" Eine Arbeit, die man normalerweise im Hafen und nicht bei sieben Windstärken auf dem Ozean vornehmen sollte, ist erfolgreich zu Ende gebracht. Drei Stunden später folgt die Belohnung: Die Windfahne arbeitet, SOLVEIG steuert sich selbst, gerade noch rechtzeitig vor einer langen, schwarzen Nacht. Ich könnte Rollo vergolden! Dafür, daß er trotz seines angeschlagenen Zustands diese Energie aufbrachte und damit uns beiden endlich das überfällige Ausruhen ermöglichte. Wir lassen uns auf die Kojen fallen und schlafen drei Stunden tief und fest. Anschließend halten wir abwechselnd Wache – glücklich, nicht in dem heulenden Wind draußen steuern zu müssen.

23. 8. 1987
Der Wind hat etwas nachgelassen, und ich fühle mich wieder wohl. Ich bekomme einen Bärenhunger und bereite für das Frühstück Spiegeleier – die erste Mahlzeit seit der Abfahrt! Zum Mittagessen versuche ich es mit Spaghetti, muß aber abbrechen, da die Bewegungen zu wild sind.

17.00 Uhr: Was ist nur mit unserer Selbststeuerung los? Auch die Windfahne hält das Boot nicht mehr richtig auf Kurs. Langsam glaube ich, die ist nur für den Starnberger See konstruiert. Jetzt darf ich die ganze Nacht von Hand steuern. O Graus...

24. 8. 1987
Seit 19 Uhr am Ruder draußen. Rollo hilft mit seinem wehen Fuß, so gut er kann. Bin wie gerädert. Aber die Anstrengung hat sich gelohnt. Um zehn Uhr vormittags sehen wir die ersten Riffe und

Inseln der Fidschi-Gruppe. Nachdem wir die äußeren Riffe durchsegelt haben, kommen wir auf ruhigeres Wasser, und dann schafft es die Windfahne wieder. Es wird auch Zeit!

13.00 Uhr: Auch mein zweiter Spaghettiversuch ist gescheitert. Trotz kardanischer Aufhängung des Herds schwappt das Wasser in weitem Bogen über, beinahe hätte ich mich verbrüht. Das Meer ist auch hinter den schützenden Riffen noch zu aufgewühlt – wie die Ostsee bei sechs bis sieben Windstärken.

25./26. 8. 1987

Wir haben den 180. Breitengrad passiert, unsere Uhren um eine Stunde zurückgestellt und das Datum um einen Tag vorgerückt. Ein aufregendes Gefühl. Wo ist der übersprungene Tag geblieben?

Nach einer weiteren langen Nacht am Ruder segeln wir um zwölf Uhr mittags in den Hafen von Suva. Im Augenblick herrscht hier Wasserknappheit, wochenlang hat es nicht geregnet. Im Radio hören wir ständig Hinweise an die Bevölkerung, keine Autos zu waschen, die Blumen nicht zu gießen und ähnliches. Wir brauchen den ganzen Nachmittag für die Einklarierungsformalitäten.

Abends endlich koche ich die überfälligen Spaghetti, und um 20 Uhr fallen wir beide in tiefen Schlaf, aus dem wir erst heute um neun Uhr wieder erwachen. Der erste Schlaf im gesicherten Hafen nach einer Überfahrt ist ein kaum zu beschreibender Genuß. Es gibt absolut nichts, was ich dagegen eintauschen würde.

27. 8. 1987

Rollos Fuß ist noch nicht gesund genug, um eine Stadterkundung auszuhalten. So stiefele ich allein los. Mein erster Weg führt zur Immigration, deren Beamte konnten gestern nicht zu uns an Bord kommen. Und jetzt wird mir auch klar, warum: Im Vorraum wartet eine nicht endenwollende Schlange von Indern auf ihren Paß. Wegen des drohenden Bürgerkrieges scheinen sich viele Inder entschlossen zu haben, aus dem Land zu fliehen.

Als Fidschi noch englische Kolonie war, holten die Engländer Inder als Gastarbeiter, um mit ihrer Hilfe die Inseln wirtschaftlich zu entwickeln. Inzwischen aber machen die Inder über 50 Prozent der Gesamtbevölkerung Fidschis aus, und aus den letzten Wahlen ging eine indische Partei als Sieger hervor. Sie bestand darauf, das Staatsoberhaupt zu stellen. Man stelle sich vor, Deutschland hätte einen türkischen Bundeskanzler oder einen spanischen! Die Freude der Inder über ihren Sieg währte denn auch nicht lange. Kurze Zeit später kam es zu einem Staatsstreich, und die Regierung wurde von den Fidschianern abgesetzt. Im Augenblick kümmert sich ein Hochkommissar um die Geschicke Fidschis, bis eine Lösung gefunden ist. Die Frage ist nur, wie diese Lösung aussehen soll. Die Inseln sollen demokratisch bleiben, aber gleichzeitig will man verfassungsmäßig absichern, daß niemals ein Inder die Macht im Lande übernehmen kann.

In der Einwanderungsbehörde fallen mir die betroffenen Gesichter der Inder auf. Das einheimische Mädchen hinter dem Schalter blickt die indischen Antragsteller nicht einmal an. Aus Gesprächen erfahre ich, daß sie schon seit Wochen nach ihrem Paß fragen und die Behörde auswanderungswillige Inder offensichtlich gerne schmoren läßt. So jedenfalls empfinden es die Wartenden.

Nach drei Stunden erhalte ich unsere Einklarierungspapiere zurück – vier verschiedene, eng bedruckte Formulare, jeweils mit fünf Durchschlägen. Ich besorge noch frisches Gemüse vom Markt, sowie das unvermeidlich pappige Weißbrot, und zurück geht es per Bus zum Boot, wo Rollo schon ungeduldig auf meinen Bericht wartet.

30. 8. 1987

Unser Liegeplatz ist einfach ideal: fünfzehn Busminuten von Suva entfernt, dafür inmitten einer Wasserfläche, die von drei kleinen Inseln umgeben ist – jede ein Vogelschutzgebiet. Das Wasser ist so ruhig, daß ich vergesse, auf einem Schiff zu sein. Und das Wichtigste: Rollos Fuß wird stündlich besser.

Suva brennt!

3. 9. 1987

Eine Woche Fidschi ist vorüber. Die politische Lage spitzt sich leider zu. Die Kassen der provisorischen Regierung sind leer, und alle Angestellten haben bereits bis zu 30 Prozent weniger Lohn erhalten. Große Firmen sind geschlossen und Importe gestrichen worden. Air New Zealand weigert sich, die Inseln anzufliegen. Das bedeutet, Touristen bleiben aus – die wichtigste Devisenquelle für das Land. Zwischen Indern und Fidschianern hat sich die Stimmung weiter verschlechtert. Ich weiß nicht, wann ich zuletzt jemanden lächeln gesehen habe. Nächtliche Überfälle auf Taxifahrer und Geschäfte gehören inzwischen zum Alltagsgeschehen. In den Nachrichten aber vermeidet man mitzuteilen, wer den Raub begangen hat, um die Gefühle nicht weiter aufzuheizen. Zu allem Überfluß spielt auch das Wetter verrückt. Noch immer ist kein Regentropfen gefallen, so daß es jetzt täglich zu Wasserabsperrungen kommt.

Inzwischen haben wir mit der zuständigen deutschen Firma wegen unserer defekten Selbststeuerung telefoniert und warten jetzt auf die Ersatzteile, die mit einem Kurierdienst kommen sollen. Allem Anschein nach liegt der Fehler am Kompaß, der wohl von Anfang an defekt war, denn wir hatten seit Tahiti Schwierigkeiten mit der Steuerung. Abgesehen davon ist unsere Arbeitsliste schon wieder ganz schön angewachsen. Auch unser neues Großsegel muß nachgenäht und mit zwei neuen Latten versehen werden. Die Kraftstoffpumpe vom Motor ist undicht, der Salzwasserhahn korrodiert – um nur einiges zu nennen. Ich frage mich, ob wir auf unserer Reise schon einmal einen Tag erlebt haben, an dem wir sagen konnten: Alles ist in Ordnung, es gibt nichts zu reparieren.

4. 9. 1987

Deprimierende Entdeckung in einem Souvenirladen: Schildkrötenpanzer zu Billigpreisen! Leider dürfen hier noch immer Schildkröten gefangen werden. Selbstständige Inselstaaten wie Fidschi zeigen oft wenig Verständnis für Tierschutz. Man will verkaufen und Devisen einnehmen, will auch alte Gepflogenheiten nicht verbieten.

1 Blick von Tahiti auf die Nachbarinsel Moorea

2 SOLVEIG IV in der berühmten Oponohu Bay von Moorea

3 Südseefreuden auf Bora-Bora
4 Seltener Anblick: ein Käpt'n, der mal nicht arbeitet.
5 Der Pazifik empfängt uns zu Beginn der Überfahrt nach Maupihaa mit achterlichem Wind.

6/7 Nach der langen Werftzeit auf Tahiti erleben wir unvergeßliche Tage in der Lagune von Bora-Bora.

8 Stolz zeigt uns der Samoaner seinen Besitz; die Wäsche ist ein Zeichen des Wohlstands.

9 Die Samoaner stecken sich täglich Blüten ins Haar.

10 Samoanische Hütten haben keine Wände.

11 Auf dem Markt in Apia: Die Busse sind ebenso farbig „gekleidet" wie die Menschen.

12 Felsformation in den Fidschi-Inseln

13 Plisch und Plum in ihrem Schwimmbecken an Bord

14 Immergrünes Samoa: Reichhaltige Niederschläge sorgen für üppige Vegetation.

15 Faszinierende Wolkenspiele, Vorboten des kommenden Wetters

16 Traditionelle Lebensweisen der Fidschianer, dargestellt in einem Zeremonienspiel

17 Strände, von denen Urlauber träumen ...

18 Ein kleiner Einsiedlerkrebs

16

17

18

19 Das Fidschi von gestern, heute vorgeführt im Freilichtmuseum

20 Baumgerippe am Strand einer kleinen Insel

12. 9. 1987
Mein Geburtstag. In der Fischabteilung des Supermarkts sehen wir staunend und erfreut die herrlichsten Lobsterschwänze liegen. „Sicher sind sie sehr teuer", überlege ich laut. „Aber Fragen kostet ja nichts."

Der indische Verkäufer greift nach den größten, legt sie auf die Waage, rechnet und meint dann: „Zwei Dollar fünfundneunzig." Wir glauben, uns verhört zu haben, und fragen nochmals, mit dem gleichen Ergebnis. Schließlich ziehen wir mit sieben Langusten wieder ab. Jetzt nichts wie heim zum Boot.

Für drei Dollar leisten wir uns ein Taxi, um unsere Beute schneller in den Kühlschrank zu bringen. Es ist zwei Uhr, noch ein ganzer Nachmittag bis zum Festessen. Voll Eifer und Vorfreude räume ich die Schapps in der Pantry aus, um den Schimmel wegzuwaschen, der sich durch die Feuchtigkeit immer wieder bildet. Eine Arbeit,

Blick über Suva, die Hauptstadt der Fidschi-Inseln

die ich schon lange vor mir herschiebe. Aber um sechs Uhr machen wir Feierabend. Endlich!

Rollo gönnt sich eine warme Dusche, während ich Wasser in meinem größten Topf zum Kochen bringe. Aus dem „Weinkeller" in der Bilge hole ich einen Chablis, den ich seit Tahiti hüte. Nach zehn Minuten breitet sich in der Kajüte ein eigenartiger Schwefelgeruch aus. Vielleicht ist das ganz normal, beruhigen wir uns. Noch fünf Minuten, und unsere Mahlzeit kann beginnen. Ausgerüstet mit zwei Kombizangen, machen wir uns hungrig daran, die harten Schalen der Krustentiere aufzuzwicken. Rollo ist schneller als ich und nimmt mutig den ersten Bissen. Gespannt beobachte ich sein Gesicht, aber es bleibt unverändert. Er kaut mit Genuß und sagt strahlend: „Das ist ganz hervorragend! Schenk' mir auch ein bißchen Wein ein – deinen Geburtstag wollen wir richtig feiern!"

Sechs Exemplare liegen noch auf dem Tisch. Wir prosten uns zu, Rollo legt eine Kassette in den Rekorder, und mit Händels Wassermusik beginnen wir unser Dinner. Beim nächsten Bissen jedoch strahlt Rollo nicht mehr – statt dessen stolpert er eiligst die Stufen ins Cockpit hinauf, um alles den Fischen zu übergeben. Auch mir wird plötzlich übel, ich habe nur noch einen Wunsch: schnell raus an die frische Luft! Wir sehen uns an und müssen trotz unseres Hungers lachen über unseren „biligen" Einkauf. Tja, Reis mit Cocktailsauce und Salat ist auch nicht zu verachten.

13. 9. 1987

Suva brennt! Die Tankstelle am Ortseingang steht in Flammen, Radio Fidschi berichtet in Sondersendungen über Geschäfte, die mit Benzinbomben angezündet wurden, und vom unermüdlichen Einsatz der Feuerwehr und des Militärs. Hinter den Anschlägen steht eine politisch extreme Gruppe, die sich zum Ziel gesetzt hat, alle Inder zu vertreiben. Es ist furchtbar, wie der Haß im Lauf der Jahrzehnte gewachsen ist.

14. 9. 1987

Das Militär hat Straßensperren errichtet. Jedes Auto, jeder Bus wird von vorn bis hinten gefilzt. So etwas habe ich noch nie erlebt. Es ist gespenstisch. Die Stadt wirkt wie ausgestorben. Wir sehen zertrümmerte Geschäfte, davor sind Soldaten postiert. Und die Inder machen traurige, ernste Gesichter. Wie sich das Blatt plötzlich gewendet hat! Früher waren es die Inder, die in Suva den Ton angaben und oft ziemlich aufdringlich ihre Waren feilboten. Manch einer zog die Touristen damals sogar am Ärmel in den Laden, um etwas zu verkaufen, und schimpfte dann hinterher, wenn sie ablehnten.

Unser Weg führt zum Kurierdienst, wo wir hoffen, die Ersatzteile für die Selbststeuerung in Empfang zu nehmen. Wir treffen Bobby, den indischen Geschäftsführer, und zusammen mit ihm fahren bzw. klappern wir – jede Minute warte ich darauf, daß sein Auto auseinanderbricht – ans Ende der Stadt zu einem Agenten beim Flughafen. Bobby zeigt ihm die Papiere.

Nach einigem Stirnrunzeln erklärt er dieses und jenes und vor allem, daß wir zunächst zur Zollbehörde in die Stadt zurück müssen, denn ohne Zollstempel geht gar nichts. Rollo und ich wechseln nur einen kurzen Blick, der soviel besagt wie: „Wir machen drei Kreuze, wenn wir das Päckchen noch heute erhalten."

Im Zentrum von Suva: Geschäfte, die mit
Benzinbomben angezündet wurden.

Also zurück in die Stadt, erneute Kontrolle durch die mit Maschinengewehren bewaffneten Soldaten – so habe ich mir die Südsee eigentlich nicht vorgestellt – und hinein ins nächste Zollbüro. Aber der Schalterbeamte im Erdgeschoß deutet nach oben. Über eine morsche Holztreppe gelangen wir in den zweiten Stock. „Der zuständige Kollege ist nicht da", hören wir. „Ihr könnt es ja in dem Gebäude auf der linken Seite probieren."

Auf dem Weg nach unten begegnen wir einem anderen Offiziellen, den Bobby zu kennen scheint. „Okay, kommt mit mir", sagt er freundlich. Ist das der erste Schritt, der uns weiterbringt? In seinem Büro läßt sich der Zolloffizier von Rollo sämtliche Einklarierungspapiere vorlegen und fragt nach dem Inhalt der Sendung. „Das ist nicht zollpflichtig", verstehe ich und glaube, nun ist alles erledigt. Aber weit gefehlt! Noch eine Stunde vergeht, bis der Herr seine kostbaren Stempel auf die Rückseite der Formulare drückt und Bobby etwas in Hindi erklärt.

Auf dem Weg zurück zum Flughafen sagt Bobby: „Wir dürfen das Päckchen abholen, müssen aber noch zu einer anderen Zollbehörde. Ein Beamter kommt dann mit uns, um zu überwachen, daß wir die Sendung ordnungsgemäß an Bord bringen."

„Du machst doch Spaß?" lache ich, doch als ich in sein Gesicht sehe, begreife ich: Bobby ist weit davon entfernt zu scherzen. Die folgenden zwei Stunden verbringen wir in seinem Auto und im Flughafengebäude. Schließlich hält Bobby unsere sehnlich erwartete Sendung in Händen, aber in welchem Zustand! Wie oft sie geöffnet wurde, können wir nicht mehr feststellen. Das Militär hat sie – wie ich an den Aufschriften ersehe – gründlich unter die Lupe genommen. Die Angst ist groß, daß illegal Waffen eingeschmuggelt werden.

Wieder hinein ins heiße Auto. Inzwischen ist es Mittag geworden. Eine halbe Stunde später steht Bobby vor dem großen Drahtgittertor des Zollgeländes. Sechs Soldaten bewachen schwerbewaffnet den Eingang. Mißtrauisch blicken sie durch die geöffnete Fensterscheibe ins Wageninnere und entdecken das Päckchen. „Wir müssen damit zum Zoll", beginnt Bobby zu erklären. Heftiges Kopfschütteln ist die Antwort. Mit wahrer Engelsgeduld versucht Bobby, den Soldaten das Warum und Wieso zu erklären, aber es hilft nichts.

Erst als Rollo seinen Paß und etwa ein halbes Pfund gestempelter und ungestempelter Papiere aus seiner Tasche zieht, lassen sie uns passieren. Jeder hat in dieser Bürgerkriegssituation Angst vor jedem.

Im Zollgebäude dann ein ähnliches Spiel wie am Vormittag: von Schalter A zu Schalter B und so weiter. Beim letzten Schalter schließlich werden wir fündig. Dort thront eine Art indischer Marlon Brando, und der nimmt seinen Job nicht leicht. „Ich kann das Päckchen nicht an Bord Ihres Schiffes bringen", erklärt er ernst.

Daraufhin schlagen wir vor, er solle den Inhalt gleich an Ort und Stelle in Augenschein nehmen. Immerhin überlegt er eine Weile, schüttelt aber dann den Kopf. „Sie müssen mit Ihrem Boot zum Zollhafen kommen", lautet sein Beschluß. „Und dann werden wir sehen."

Rollos, Bobbys und mein Adrenalinspiegel steigen in bedenkliche Höhen, aber was sollen wir machen? Vor unseren Augen schließt dieser Marlon Brando das Päckchen in einer Kammer ein – weg sind unsere Ersatzteile! Bobby fährt mit uns aus dem Zollgelände – erneute Kontrolle am großen Tor – und setzt uns am Marktplatz ab. Von dort nehmen wir den Bus zu unserem Liegeplatz und lichten eine halbe Stunde später den Anker. Wenn wir heute nicht zu unseren Ersatzteilen kommen, schaffen wir es bei diesen Unruhen nie mehr. Wir sind jetzt wirklich nervös geworden.

Um halb vier steuern wir in den Zollhafen. Zwei riesige Containerfrachter beanspruchen die Pier, also läßt Rollo das Boot treiben. Ich steige ins Dingi, werfe den Außenborder an und fahre die wenigen Meter zum großen Kai.

Über die rostigen, schiefen Stufen einer Leiter klettere ich einige Meter nach oben und lande nach kurzer Zeit dort, wo ich heute schon zweimal gewesen bin: bei dem vom Militär bewachten Eingangstor. Sie sehen mich an wie einen Geist, lassen mich aber passieren. Unser Marlon Brando blickt verwundert von seiner Zeitung hoch – so schnell hat er wohl nicht mit meiner erneuten Ankunft gerechnet – und fragt nach dem Boot.

„Der Käpt'n läßt es im Hafen treiben, weil die Pier belegt ist", erkläre ich betont höflich. „Aber ich kann Sie im Beiboot hinüberfahren, so daß wir das Päckchen gemeinsam an Bord bringen können."

Diese Aussicht scheint ihm wohl wenig verlockend, denn nach einigem Zögern schließt er endlich die Abstellkammer auf, legt das Päckchen auf den Schreibtisch, kramt nach weiteren Formularen und breitet ein Papier vor mir aus. Ich unterschreibe, daß ich die Ware aus seiner Hand an Bord der SOLVEIG erhalten habe. Stempel, Datum – fertig.

Um halb fünf packen wir im Cockpit unseren Schatz aus. Wir haben siebeneinhalb Stunden gebraucht, um dieses Päckchen entgegenzunehmen. Ich bin sicher, das ist ein neuer Rekord selbst für Suva. Aber wer weiß, vielleicht hätte es ohne Bürgerkrieg noch länger gedauert?

18. 9. 1987
Um 14 Uhr wieder Feueralarm. Wir erkundigen uns gerade nach dem Preis eines Batterieladegeräts, als es losgeht: Rauchwolken überall. Inder, die in Panik ihre Geschäfte mit Brettern vernageln, aufheulende Sirenen der Feuerwehr. Durchsagen des Militärs, die Stadt umgehend zu verlassen. Eine Stunde später sind die Zufahrtstraßen nach Suva von Militärposten völlig gesperrt. Eiligst heben wir unser Dingi ins Wasser und fahren zu unserem zumindest im Augenblick noch sicheren schwimmenden Heim. Wir haben vor der Stadt geankert, da wir uns ursprünglich mit Getränken und frischen Lebensmitteln versorgen wollten. Daran ist nun nicht mehr zu denken. Auch die Fernsprech- und Telexverbindungen nach Übersee sind abgebrochen.

19. 9. 1987
Wir riskieren einen Gang in die Stadt und finden dort ein einziges Chaos: ausgebrannte und geplünderte Läden, eingeworfene Scheiben, Berge von Glassplittern auf der Straße, zusammengekehrte Asche. Die von Anschlägen verschonten Geschäfte sind geschlossen und mit zusammengenagelten Holzbrettern oder Eisengittern verrammelt. Nur wenige haben offen, das heißt, wir sehen ein kleines Guckloch hinter der Barrikade, aus dem der Besitzer ängstlich blickt. Auf den Straßen Gruppen von Indern und – mit einigem Abstand – Fidschianern. In ihren Gesichtern spiegeln sich Wut, Haß und Betroffenheit.

Als Rollo ein paar Aufnahmen macht, sind wir sofort umringt. Zunächst von Indern, die uns eher anfeuern, alles genau zu fotografieren — für ausländische Journalisten herrscht nämlich Einreiseverbot —, doch dann baut sich auf einmal ein gewaltiger Fidschianer vor Rollo auf und will ihm die Kamera entreißen. Der hat sie aber blitzschnell im Einkaufsbeutel verschwinden lassen.

Die Augen des Burschen blitzen wutentbrannt. „Sie dürfen keine Fotos machen!" schreit er. „Her mit der Kamera!" Er ist etwa 25 Jahre alt, mit schwarzem, krausem Haar, und einen Kopf größer als Rollo.

„Es gibt kein Gesetz, das uns das Fotografieren verbietet!" ruft Rollo.

Nach einem heftigen Wortwechsel — inzwischen sind wir von Menschen umringt — droht der Kerl böse: „Sie werden schon sehen!" Und verschwindet in der Menge.

Mein Griff um die Handtasche wird fester, ich streife meine Armbanduhr ab, um sie unauffällig in die Tasche zu schieben. Einheimische Freunde haben uns wiederholt gewarnt: „Laßt alle Wertsachen wie Uhren, Ketten, Kameras zu Hause, die Überfälle passieren am hellichten Tag." Gestern nachmittag, als die Brandbomben explodierten, zwangen Halbstarke, mit Messern bewaffnet, den Kassierer einer großen Bank, 20 000 Dollar herauszugeben.

Bewußt langsam schlendern wir weiter, um nicht den Eindruck von Angst zu erwecken. Aber ich spüre, wie sich mir langsam die Kehle zuschnürt. Viel würde ich jetzt darum gegeben, auf dem Boot zu sein ... „Glaubst du, der Typ hat noch etwas vor mit uns?" frage ich Rollo.

Bevor er antworten kann, werde ich am Ärmel gezogen. „Ihr wartet hier!" Der Riese ist plötzlich neben mir aufgetaucht.

Zögernd bleiben wir stehen. Mit großen Schritten geht er auf einen Soldaten zu, den er zu kennen scheint. Heftig gestikulierend redet er auf ihn ein, deutet auf uns. „Ob er uns den Film abnimmt?" denke ich laut.

„Weiß der Himmel, was er dem Soldaten erzählt. Im Augenblick schützt uns hier kein Gesetz", erwidert Rollo. Ihm ist längst klargeworden, daß man in Krisengebieten der Willkür Einzelner ausgeliefert ist.

Neugierig, aber in gemessenem Abstand warten Schaulustige auf das, was nun weiter mit uns geschehen wird. Der Soldat näherte sich, wiederholt den Befehl des Riesen: „Sie warten hier!" Zehn Minuten vergehen, dann erscheint ein offensichtlich hochrangiger Offizier, zusammen mit dem aufgeregten Fidschianer. Der Offizier faßt mich am Arm. „Sie kommen mit!" befiehlt er streng.

Etwa fünf Minuten laufen wir schweigend neben ihm her, bis er in einer stillen Seitengasse anhält und fragt, was geschehen ist. Am Ende von Rollos Bericht schüttelt er besorgt den Kopf und sagt: „Der Vorfall tut mir leid, doch im Augenblick ist die Lage hier sehr schwierig. Sie dürfen gehen, aber passen Sie gut auf." Damit dreht er sich auf dem Absatz um und verschwindet.

„Was machen wir jetzt?" fragt Rollo verdutzt.

„Jedenfalls keine weiteren Fotos!" erwidere ich schnell. Der Schreck steckt mir in den Knochen. Wir besorgen im nächstgelegenen Supermarkt noch Lebensmittel, und eine Stunde später entspannen sich unsere strapazierten Nerven bei einer Tasse heißem Tee an Bord.

Audienz für Ausbrecher

22. 9. 1987
Alle Geschäfte, Büros, öffentlichen Gebäude und Banken in Suva sind jetzt mit Holzlatten vernagelt – wie bei einem drohenden Orkan. Die Furcht vor einer weiteren Eskalation ist groß.

Da unsere offiziell genehmigte Aufenthaltsdauer abgelaufen ist, muß ich zum Immigrationsbüro in die Stadt, um eine Verlängerung zu beantragen. Der Bus ist fast leer, und als ich später am Marktplatz aussteige, sehe ich nur Soldaten, Polizei und Sicherheitsbeamte, die alle geschlossenen Geschäfte bewachen. Glücklicherweise arbeitet die Behörde, und nachdem ich zwei Formulare ausgefüllt und mit Hilfe einiger Reiseschecks nachgewiesen habe, daß wir über Zahlungsmittel verfügen, erhalte ich schließlich die Verlängerungsstempel für unsere Pässe.

Einsam verläuft auch mein Rückweg. Selbst im sonst übervollen, großen Supermarkt bleibe ich nahezu die einzige Kundin. Wohl ist mir nicht in meiner Haut. Ich besorge lediglich etwas Brot, frisches Gemüse und Mineralwasser und fahre schleunigst zurück.

23. 9. 1987
Heute nacht heulten zweimal die Sirenen, aber wir konnten von Bord aus nichts Ungewöhnliches erkennen. Um acht Uhr dann die Nachrichten im Radio: 114 Gefangene sind mit Spaten, Messern und Heugabeln bewaffnet aus dem Gefängnis ausgebrochen und immer noch auf freiem Fuß.
   09.00 Uhr: 52 Ausbrecher ergeben sich freiwillig unter der Bedingung, daß sie zum Generalgouverneur vorgelassen werden.
   09.15 Uhr: Laut Radio Fidschi marschieren die 52 Gefangenen jetzt auf der Hauptstraße Richtung Regierungsgebäude ... Wir machen uns auf den Weg in die Stadt, um zu sehen, was los ist. Eine große Menschenmenge drängt zum Palast des Gouverneurs. Man erzählt sich, daß die Gefangenen tatsächlich vorgelassen wurden und sich immer noch beim Gouverneur befinden. Kein einziger Inder ist zu sehen. Statt dessen wächst die Zahl der Fidschianer, die alle wie gebannt auf das Regierungsgebäude starren. Eine halbe Stunde lang geschieht nichts. Dann plötzlich springen die Soldaten auf ihre Lastwagen und fahren in die kleine Seitenstraße hinter dem Gebäude. Automatisch setzt sich die Menge – und wir mitten drin – in Bewegung. Wenige Minuten später rumpeln zwei halboffene Laster, auf denen die Gefangenen hocken, an uns vorbei. Die Sträflinge zeigen lachend das V-Zeichen und lassen sich nun – nach ihrer Audienz beim Gouverneur – ins Gefängnis zurückfahren. So etwas ist wohl nur in der Südsee möglich.

25. 9. 1987
Inzwischen beschränken wir unsere Stadtgänge auf die notwendigsten Einkäufe. Jeden Augenblick kann eine Schießerei beginnen. Als wir heute auf unser Boot zurückkamen, drehten wir wie gewohnt das Radio an. Es war 16 Uhr, das zweite Programm begann mit den Nachrichten. Doch dann – mitten im ersten Satz – plötzlich Stille. Fünf Minuten später fuhr ein Motorboot mit an Deck montiertem Maschinengewehr an uns vorbei.

Wir schalten um auf das erste Programm, da läuft Musik. Als die Moderatorin den nächsten Titel ansagt, klingt ihre Stimme merkwürdig belegt. Zu diesem Zeitpunkt wissen wir noch nicht, daß hinter ihr bewaffnete Soldaten stehen. Um Viertel vor vier bricht die Musik ab, die Ansagerin meldet sich erneut: „Wir unterbrechen das Programm für eine wichtige Ankündigung." Und jetzt hören wir, daß Oberst Rabuka in einem zweiten Staatsstreich den Gouverneur abgesetzt hat. Als Begründung gibt er an, daß keine seiner Forderungen, die er beim ersten Coup vor zwei Monaten gestellt hat, erfüllt worden sei. Im Interesse der Sicherheit, so heißt es weiter, finden ab sofort keine Veranstaltungen mehr statt, nach 20 Uhr herrscht totale Ausgangssperre, es gibt verstärkte Straßenkontrollen und keine Telefonverbindungen nach Übersee. Das zweite Programm darf nicht mehr senden, und beide Zeitungen müssen ab sofort ihr Erscheinen einstellen.

Oberst Rabuka, Anführer der Revolutionsarmee auf Fidschi

Rollos Appetit aufs Abendessen ist verflogen. Statt dessen kriecht er in den Motorrraum, um kleinere Reparaturen auszuführen. Von jetzt an müssen wir jederzeit in der Lage sein, sofort weiterzusegeln.

26. 9. 1987
Im überfüllten Supermarkt laden die Kunden hektisch ihre Einkaufswagen voll mit Reissäcken, Mehl und Zucker. Um zehn Uhr sind sämtliche Grundnahrungsmittel ausverkauft.

Wir laufen am geschlossenen Postamt vorbei zu FINTEL, um eine Nachricht nach Deutschland zu übermitteln. Auch hier ist alles zu. Doch plötzlich wird die Tür von innen geöffnet, ein Soldat postiert sich vor uns, das Gewehr im Anschlag. „Was wollen Sie?" herrscht er den verdutzten Rollo an.

„Telefonieren!" antwortet der ebenso kurz.
„Wo kommen Sie her?"
„Aus Deutschland."
„Wo wohnen Sie?"
„Auf einem Segelboot."
„Wo liegt das Boot?"

Rollos Geduld ist erschöpft. Er fragt nun seinerseits, wann das Büro wieder geöffnet wird, erhält aber lediglich ein Achselzucken zur Antwort. So verabschieden wir uns und verkrümeln uns schleunigst.

28. 9. 1987
Alle Banken sind geschlossen – bis auf weiteres, heißt es in den zensierten Nachrichten. Hoffentlich können wir bald weitersegeln. Aber im Augenblick scheint sich ein Kobold in der SOLVEIG eingenistet zu haben. Trotz wiederholter Reparaturen bekommt Rollo die Süßwasserpumpe nicht dicht; bei der Salzwasserpumpe springt immer wieder die Sicherung heraus; unser Batterieladegerät hat einen Defekt ... Ich habe das Gefühl, wir drehen uns mit den Reparaturen im Kreis. Ich bewundere Rollos Geduld. Inzwischen hat er das Ding bestimmt zwanzigmal in seine Bestandteile zerlegt, Ersatzteile eingesetzt, Dichtungsmasse hineingeschmiert, alles wieder zugeschraubt und im Motorraum installiert. Vom Know-how einmal abgesehen, hätte ich nicht diese Ausdauer.

4 In den wilden Salomonen

Jeder Abschied von einer Insel, auf der ich längere Zeit geblieben bin und Menschen kennenlernte, deren Schicksale mich berühren, macht mich traurig. In Fidschi empfinde ich es besonders stark, weil keiner weiß, welcher Zukunft die Eilande entgegengehen. Ich ahne nicht, daß es die Fidschianer am Ende tatsächlich fertigbringen, eine unblutige Revolution durchzuführen.

Früher verteilten die Inder noch 90 Prozent aller Ämter unter sich, außerdem befand sich das gesamte Wirtschaftsleben in ihrer Hand. Hätten diese nun die Regierung gestellt, so wären über kurz oder lang die Einheimischen Gäste auf ihren eigenen Inseln geworden, die sie seit Jahrhunderten bewohnt und kultiviert haben.

Auf der anderen Seite hatten auch die Inder schon seit mehreren Generationen in Fidschi gelebt und empfanden nun das Land ebenfalls als ihre Heimat: genug politischer Sprengstoff also, möchte man meinen, für einen Bürgerkrieg. Aber eben nicht in der Südsee. Die Menschen dort sind anders. Jeder, der das Glück hatte, die Südsee zu bereisen, wird das bestätigen. Dauerhafter Haß und Aggression sind den Insulanern fremd, Toleranz gegenüber Andersdenkenden ist eine Selbstverständlichkeit.

Nirgendwo sonst auf der Welt habe ich zum Beispiel Kirchen der verschiedensten Glaubensrichtungen innerlich und äußerlich so nahe beieinander gesehen. Auch habe ich noch in keiner europäischen Zeitung gelesen, daß Gefangene ausbrechen, um von einem Politiker empfangen zu werden, und danach freiwillig wieder in ihre Zellen zurückkehren. Diese Verhaltensweise ist so wunderbar frei von Vorteils- oder Machtstreben.

So nehmen wir trotz aller Unruhen nur schweren Herzens Abschied von Suva. Doch unsere Überfahrt zu den 800 Seemeilen entfernten Salomonen ist vom Glück begünstigt. Mit einer achterlichen Brise wird SOLVEIG vom Passatwind förmlich über die Wellen getragen. Zum ersten Mal seit Tahiti genießen wir eine gut funktionierende Selbststeuerung, nachdem Rollo den fehlerhaften Kompaß ausgewechselt hat. Welch eine Erleichterung! Ich fühle mich als Gast auf dem eigenen Boot, so sehr genieße ich das Segeln. Stunden um Stunden sitze ich an Deck, beobachte die weißen Passatwolken und lasse die Gedanken spielen. Meine Neugierde auf die Salomo-Inseln wächst mit jeder Meile, die wir zurücklegen. Die Angaben in den Seekarten sind für diese abgelegene Inselgruppe leider ungenau, deshalb werden wir später vor allem nach Sicht navigieren müssen: keine beruhigende Aussicht für meine geplagten Riffnerven. Maupihaa ist mir noch in lebhafter Erinnerung!

Ganz spezielle Erfahrungen in den Salomonen hat wohl seinerzeit Jack London gemacht. Jedenfalls lautet die Überschrift einer seiner Kurzgeschichten: *Die furchtbaren Salomoinseln.* Und dann geht es gleich richtig los: „Es ist wahr, daß Fieber und Ruhr ständig dort umgehen, daß Überfluß an ekelhaften Hautkrankheiten herrscht, daß die Luft von einem Gifte gesättigt ist, das sich in jede Pore, jeden Hautriß einfrißt und bösartige Geschwüre verursacht, und daß viele starke Männer, selbst wenn sie dem Tode dort entgangen sind, als Invaliden in die Heimat zurückkehren. Es ist ferner wahr, daß die Eingeborenen der Salomoinseln eine wilde Horde mit herzhaftem Appetit auf Menschenfleisch und einer Liebhaberei für das Sammeln von Menschenköpfen sind."

Soweit Jack London. Auch die Missionare hatten dort bislang nicht den gleichen Erfolg wie auf den anderen Pazifikinseln. Gewiß hat sich inzwischen vieles geändert. Doch in abgelegenen Gebieten muß man auch heute noch auf Überraschungen gefaßt sein. Zu wissen, daß man ein Boot hat, mit dem man sich – fast jederzeit – aus dem Staub machen kann, ist auf jeden Fall ein gutes Gefühl.

Auf der anderen Seite schwärmt Rollo von unberührten und vor allem unbewohnten Buchten, in denen man noch frei fliegende Papageien findet. Ich bin ein Vogelnarr, und die Aussicht, Papageien aus nächster Nähe in ihrer ureigensten Umgebung beobachten zu können, läßt mein Herz höher schlagen.

Die Insel Vanikoro in der Santa-Cruz-Gruppe im östlichen Teil der Salomonen wollen wir zuerst besuchen. Mein Tagebuch beginnt noch auf See.

Mein schönstes Südseedorf

16. 10. 1987
Heute nehmen wir zum ersten Mal Malariatabletten. Eine Woche vor der geplanten Ankunft soll man damit beginnen. Bekanntlich reicht der Schutz der Tabletten allein nicht mehr aus, die Erreger sind zum Teil resistent geworden. Wir müssen deshalb nach Möglichkeit verhindern, gestochen zu werden. Das bedeutet, auch bei der größten Hitze von Kopf bis Fuß bekleidet an Land zu gehen, lange Hosen und Strümpfe zu tragen und zusätzlich Hände und Gesicht einzusprühen. Und das für mindestens vier Monate! So lange wollen wir auf jeden Fall in der Inselgruppe bleiben. Aber auch das Paradies (wenn es denn eines ist) hat eben seinen Preis.

20. 10. 1987
Nach acht Tagen auf See sehen wir im Morgengrauen die Insel Vanikoro vor uns. Mächtige Berge, die bis 1000 Meter aufragen, bilden eine imposante Kulisse. Schwarze Regenschauer verdecken leider die Sicht. Es beginnt ein Wettlauf mit den dunklen Wolken, die langsam näher kommem. Wenn sie uns einholen, müssen wir beidrehen, im Regen können wir Riffe und Untiefen nicht orten, die nur durch die Verfärbung des Wassers erkennbar sind.

Verstohlen blicken wir in die immer dichter werdenden Wolkenmassen. Insgeheim schickt jeder Stoßgebete zum Himmel und zu Neptun, daß sie ein Einsehen haben. Und sie haben! Gerade im richtigen Augenblick, als wir kurz vor der vermuteten Position des Passes stehen, lugt die Sonne hervor.

Ich klettere auf meinen Stammplatz oben im Besanmast und lotse SOLVEIG zwischen Untiefen hindurch auf einen märchenhaften Ankerplatz ganz am Ende einer zwei Meilen tiefen Bucht, die von dichtem Tropenwald umwuchert ist. Ringsum Berge und Hügel, wohin wir blicken, ein Fluß mündet nur wenige Meter von uns entfernt. Auf der anderen Seite liegt eine kleine Insel mit felsiger

Kuppe, auf der Scharen von Vögeln leben. In den Bäumen hängen fliegende Hunde, fledermausartige Geschöpfe, nur viel größer. Hier sollen auch Krokodile leben. Allerdings werden sie nur nachts erst richtig munter. So nahe bei Krokodilen zu nächtigen, wird mir sicher ein völlig neues Schlaf- und Traumgefühl vermitteln.

Die Stille dieses verwunschenen Orts ist fast beängstigend. Keine Grille zirpt, kein Vogel zwitschert, keine Brandung rauscht, kein Fisch springt aus dem Wasser. Rollos Bewegungen, die ich vorher nie als Geräusch wahrgenommen habe, klingen mit einem Mal so laut wie aus einem Verstärker. Und wenn ich meine Haare kämme, staune ich über den fürchterlichen Lärm, den ich dabei mache. Also einfach still sitzen und nichts tun – doch selbst mein Atem ist noch laut genug, um den Frieden dieses Fleckchens zu stören. Als ich schließlich den Petroleumherd für den ersten Tee anzünde und später die Pumpe betätige, hält sich Rollo erschrocken die Ohren zu. Dann aber frühstücken wir mindestens zwei Stunden lang, verschlingen voller Lust die Spiegeleier mit altem Toastbrot, das ich schon in Fidschi vorbereitet habe. Geröstet hält sich das leicht verderbliche Weißbrot um Wochen länger.

Wir sitzen noch immer im Cockpit, als sich mit leisem Paddelschlag ein Kanu nähert. Ein schwarzer, krausköpfiger Junge hockt darin splitternackt, neben sich seinen Vater. Wir helfen den beiden an Bord. „Ich bin Leonard", stellt sich der Vater vor und lacht breit. Seine Vorderzähne sind rot gefärbt.

„Das kommt vom Betelkauen", erklärt Rollo. „Es ist zwar ungesund, aber alle tun es in Melanesien." Gekaut wird das Innere der grünen Betelnuß und zwar gemischt mit Korallenmehl: der Kaugummi der Südsee.

„Wo wohnst du?" will ich wissen, denn bis jetzt haben wir noch keine Hütte entdeckt. Er deutet zur Öffnung der Bucht. „Auf der rechten Seite bei der Einfahrt liegt mein Dorf. Es heißt Buma."

Wir verabreden uns für morgen, nachdem Leonard Papayas, Ananas, Kokosnüsse und Mangos gegen Seife, Reis und Waschpulver eingetauscht hat.

21. 10. 1987
Irgendwann am Vormittag fällt unser Anker vor dem malerischen Dorf. Am weißen Sandstrand schieben Männer hastig ihre Kanus ins Wasser, und mit kräftigen Paddelschlägen – einmal links, einmal rechts – erreichen sie bald unser Boot. Trotz ihrer T-Shirts und Shorts sehen sie doch einigermaßen wild aus, besonders wenn sie beim Lachen ihre rotverfärbten Zähne zeigen.

Wir laden sie ein, an Bord zu kommen. Und innerhalb weniger Minuten sitzen, stehen, knieen und liegen etwa fünfzehn Burschen an Deck der SOLVEIG. Ich rechne damit, daß sie uns bald nach Tauschwaren fragen, aber weit gefehlt. Statt dessen setzt sich ihr Anführer Chris neben mich und erkundigt sich in einer Mischung aus Pidgin und Englisch, woher wir kommen und wie die politischen Verhältnisse auf Fidschi sind. Dabei kaut er unentwegt den roten Brei im Mund.

„Woher weißt du von Fidschi?" frage ich erstaunt.

„Mein Freund Leonard hat ein Radio", klärt er mich auf. „Aber jetzt sind die Batterien leer."

„Und woher bekommst du neue Batterien?"

„Das ist sehr schwierig." Er kratzt sich an der Stirn. „Das Schiff von der Regierung verkehrt nur unregelmäßig. Sein letzter Besuch ist vier Monate her. Ihr seid das erste Boot seitdem."

Chris' Freude über unseren Besuch ist nicht zu überhören. Er ist kleiner als ich, eher zierlich, Haut und krause Haare sind fast schwarz. Seine Augen blicken verschmitzt, und trotz eines kräftigen Vollbarts wirkt sein Gesicht doch gutmütig. Seine Dorfgenossen hält er unter strenger Aufsicht und sorgt dafür, daß nichts angefaßt oder beschädigt wird.

Nach etwa einer Stunde brechen wir alle auf zum Dorf. Vorsichtig pullen wir mit unserem Dingi über das flache Wasser, vermeiden jeden Korallenkopf, bis wir das Schlauchboot auf den Strand ziehen können.

Ich übertreibe bestimmt nicht, wenn ich schreibe, daß dies das schönste Südseedorf ist, welches ich bis jetzt gesehen habe. Alle Hütten – etwa zwanzig – sind nach traditioneller Weise aus Naturmaterial erbaut, also auch ohne einen einzigen Nagel. Statt dessen wurden verschiedene Lianenarten verwendet, um Dach- und Sei-

Wilde Salomo-Inseln: Noch heute verwenden die Melanesier traditionelle Werkzeuge.

tenstützen festzubinden. Im Gegensatz zu den offenen Fales in Samoa besitzen die Hütten hier Wände oder Wandverkleidungen aus geflochtenen Palmblättern. Sie haben alle ein Giebeldach, ihr Grundriß ist rechteckig. Wohn-, Schlaf-, und Kochhütten stehen voneinander getrennt.

Vor Leonards Hütte kauert eine junge Frau. Um ihr Knie ist ein schmutziger Stoffetzen gewickelt, der wohl als Verband dienen soll. „Das ist meine Frau Pamela", sagt Leonard nicht ohne Stolz.

„Was ist mit ihrem Knie?" will Rollo wissen.

„Es ist geschwollen, und sie kann es nicht bewegen", erwidert Leonard besorgt. „Vor drei Wochen ist sie beim Fischen auf dem Riff ausgerutscht, seitdem hat sie Schmerzen und kann nicht mehr auftreten."

„Soll ich es mir einmal ansehen?" bietet Rollo an.

Nach einer kurzen Besprechung mit seiner Frau nickt Leonard. Inzwischen hat sich um uns ein Kreis gebildet. Neugierig starren alle auf den weißen Mann, der jetzt vorsichtig den Fetzen von Pamelas Knie entfernt. Es sieht nicht gut aus, ist dick geschwollen. Als Rollo schließlich das Bein bis zum Oberschenkel abtastet, fangen die Frauen an zu kichern. Verstohlen blicken sie sich an, Pamela schaut verlegen zur Seite. Fast alle Frauen sind barbusig, doch ihre Beine

In Buma: Soeben wurde dieser Teil eines neuen Hausdachs fertig.

haben sie schamhaft unter einem langen Rock verhüllt. Daß Leonard einem fremden Mann erlaubt, das Bein seiner Frau zu entblößen und anzufassen, ist für sie eine Sensation.

Rollo verspricht, morgen mit Medizin zurückzukommen. Er will Leonards Frau Antibiotika geben. Chris bekommt von uns neue Batterien für sein Radio.

Auf der SOLVEIG stärken wir uns mit einem ausgiebigen Nachmittagstee und segeln für die Nacht zurück in unsere stille Ecke. Nach den vielen neuen Eindrücken im Dorf genieße ich den einsamen Ankerplatz besonders. Auch Rollo empfindet so. Wir sind glücklich, dieses zauberhafte Dorf entdeckt zu haben, und beschließen, mindestens zwei Wochen zu bleiben.

Von Chris weiß ich, daß es keine Wege oder Pfade durch den Dschungel Vanikoros gibt. Alle Dörfer sind praktisch voneinander abgeschnitten. Von München nach New York zu reisen, ist wohl schneller und einfacher, als hier ein nur wenige Meilen Luftlinie entferntes Nachbardorf aufzusuchen. Die einzige Verbindung besteht über das Wasser der Lagune, und die Fahrt mit dem Kanu ist jeweils eine Tagesreise.

Chris, der von der Behörde eingesetzte Aufseher der Insel, besitzt zwar als einziger einen Außenborder, doch der ist nicht einsatzfähig. Er verliert Benzin und bleibt nach einer Weile ganz stehen. Rollo verspricht, sich den Motor anzusehen.

Das Geisterfest

30. 10. 1987

Fast täglich besuchen wir „unser" Dorf. Inzwischen ist Rollo für die Bewohner eine Art Wunderheiler geworden, nachdem er gleich doppelten Erfolg hatte: Seit zwei Tagen kann Pamela wieder laufen, dank der Antibiotika und Rollos Behandlung. Und auch den defekten Außenborder hat er wieder zum Leben erweckt, was ich beim Anblick des verrosteten Dings für unmöglich gehalten hatte. Chris freut sich wie ein Kind und unternimmt prompt eine Erkundungsfahrt, von der er erst nach drei Tagen wieder zurückkehrt.

Wir treffen ihn am Strand, als er sein Kanu hochzieht. „Morgen feiern wir ein Fest für euch", verkündet er strahlend und erzählt uns eine alte Geschichte:

Ein Mann und eine Frau gerieten mit ihrem Kanu auf der Rückfahrt von Utopua in stürmische See. Sie verloren die Orientierung. Auf einmal sahen sie eine Insel, eine Geisterinsel – Veluku Island. Die Geister dort nahmen das erschöpfte Paar freundlich auf und bewirteten sie fürstlich. Als diese nach ein paar Monaten nach Vanikoro zurückkehren wollten, beschlossen sie, zwei Geister mitzunehmen und sie ebenfalls in ihrem Dorf zu bewirten. Doch die beiden Geister blieben nicht auf dem Kanu. Kurz bevor sie Vanikoro erreichten, flogen sie den langen Weg wieder zurück nach Veluku. Das Ehepaar aber gab nicht auf, so wichtig war es für sie, ihren Dank abzustatten. Sie kehrten um. Der König von Veluku riet ihnen, den beiden Geistern Frauenkleider überzustülpen, das würde sie schwächen. Und so geschah es. Als Mann und Frau auf Vanikoro angekommen waren, versteckten sie die Geister in einer Höhle. Dann gingen sie zum Dorf und ordneten an, Taro zu pflanzen für ein Fest. Als er reif war, konnte das Fest beginnen. Der Mann befreite die Geister, und sie tanzten in das Dorf hinein. Vor Schreck hielten sich alle Bewohner versteckt. Aber schließlich verloren sie ihre Furcht und feierten alle zusammen.

1. 11. 1987

Das „Geisterfest", das die Leute von Buma für uns gaben, war farbig und fröhlich, und wir sind Freunde der ganzen Dorfbevölkerung geworden. Aber wir müssen nun weiter; die Salomonen sind groß – außerdem haben wir noch nicht einklariert.

In der Nacht – die See ist dann ruhiger – segeln wir zu der Hauptinsel Santa Cruz, um dort die Einreiseformalitäten zu erledigen. Wir nehmen zwei junge Männer aus dem Dorf mit, die schon seit Monaten auf ein Schiff warten, das sie zu ihrer Insel zurückbringt. In einer verschwiegenen Bucht setzen wir sie ab, denn eigentlich hätten sie nicht mit uns reisen dürfen, solange wir vom Zoll keine „Verkehrserlaubnis" erhalten haben.

Nach einigem Suchen finden wir einen zauberhaften kleinen Hafen. Über bunt schillernden Korallen liegen wir nun auf spiegelglattem Wasser, die Achterleinen an einem knorrigen Ast befestigt. Ich weiß nicht mehr, wie lange ich geschwommen bin und die Korallen und farbigen Fische bewundert habe – jedenfalls schwelge ich nach Herzenslust. Selbst Rollo kann nicht widerstehen und bleibt mindestens eine Stunde im Wasser. Sonst hält er sich beim Schwimmen ja lieber zurück.

2. 11. 1987
Unsere frischen Früchte werden nie alle. Jedesmal, wenn ich glaube, die letzte Ananas oder Papaya aufgeschnitten zu haben, bekommen wir neue geschenkt. Es ist wie im Schlaraffenland.

Auch meine Faulheit nimmt bedenkliche Ausmaße an – wie gut, daß mir die tropischen Hitzegrade immer passende Ausreden bieten. Aber bei 36 Grad im Schatten darf einem schon mal die Lust zum Arbeiten vergehen, oder? Meine Bikinihose ist zur Zeit das einzige, was ich an Kleidung zu tragen bereit bin. Abends bleibt die Bordküche kalt, damit das Feuer auf dem Herd nicht noch mehr Hitze in die Kajüte bringt. Bevorzugtes Dauergetränk: kalter Tee, am Morgen zubereitet, mit Zitrone oder Orange.

Der unberührte Strand von Anuha in den Salomo-Inseln

4. 11. 1987
Heute haben wir endlich einklariert. Es ging rasch und ohne Probleme. Dank der vielen versteckten Buchten ist unsere frühe Ankunft unentdeckt geblieben. Die Aufenthaltsgenehmigung allerdings reicht nur für eine Woche, was bedeutet, daß wir erst in der Hauptstadt Honiara das „richtige" Visum beantragen können.

10. 11. 1987
Mein erster Papagei! Ich bin verrückt vor Freude!
Inzwischen sind wir weitergesegelt bis zur Insel Santa Ana, wo wir in einer großen Bucht unseren Anker fallen ließen. Bei einem Spaziergang durch Gupuna, das Dorf am Strand, entdecke ich ihn – in einer Palme sitzend und an den Blüten knabbernd. Er ist eine wirkliche Schönheit, hat gelbes, blaues und grünes Gefieder und eine rote Brust.
Nach einiger Zeit wird er richtig zutraulich und nagt an dem Stöckchen, das ich ihm hinhalte. Ich pfeife ihm meinen gesamten Melodienvorrat vor und bekomme sogar entsprechende Antworten. Er ist nicht einmal kamerascheu, Rollo kann sich immer näher an den farbenprächtigen Burschen heranwagen. Den ganzen Vormittag flirten wir mit ihm, nur schwer kann ich mich von ihm trennen.

In den folgenden drei Wochen finde ich nur einen einzigen Eintrag in meinem Tagebuch: „12. 11. 1987 – Honiara. Mein Gott, ist das heiß!"

Ein harter Verlust

Die Hitze, die über dieser Stadt brütet, nimmt mir jede überschüssige Energie. Wir sind körperlich restlos ausgelastet mit den notwendigen Erledigungen, Reparaturen und Einkäufen, die nach längerer Zeit auf See jedesmal anfallen.
Wir besorgen – zum Teil handgezeichnete – Karten von den Inseln ringsum, und am 29. November können wir endlich den ungeschützten, zur See hin völlig offenen Ankerplatz vor der Stadt Honiara verlassen. Wir segeln nach Anuha Island, einem Inselchen der

nahen Florida-Gruppe, das man uns seiner Schönheit wegen empfohlen hat. Ausgerechnet dort wird ein Alptraum Wirklichkeit.

Wir ankern auf einem schmalen, flachen Sandstreifen zwischen Korallen. Eine Stunde später kommt plötzlich Wind auf. SOLVEIGS Bewegungen gefallen mir nicht, und ich schalte schnell das Echolot ein: 45 Meter unter dem Kiel – wir sind bereits abgetrieben! Genau auf das Außenriff einer kleinen Insel zu!

Rollo gönnt sich gerade eine ausführliche Dusche. Schnell starte ich die Maschine und rufe: „Wir müssen neu ankern!"

Nackt wie er ist, springt er heraus und übernimmt das Ruder, während ich die lange Kette einhole. Inzwischen hat der Wind etwas nachgelassen. Immer schneller dreht sich die Winsch, als ob sie diesmal keine Mühe habe, Kette und Anker heraufzuziehen. Gleich muß alles oben sein.

Wie immer beuge ich mich über die Reling, um zu beobachten, wann das Eisen die Wasseroberfläche erreicht. Plötzlich erstarre ich, fühle mein Herz bis zum Hals schlagen: Vor meinen Augen baumelt die Kette, und ihr Ende ist leer! Kein Anker ist zu sehen, statt dessen nur ein angebrochenes Kettenglied. Früher hat mich diese Angst manchmal im Traum verfolgt. Jetzt kauere ich am Bug und kann es einfach nicht fassen, daß unser Anker wirklich verloren sein soll.

Es geht auf sechs Uhr abends, in einer Stunde wird es stockdunkel sein. Bis dahin müssen wir eine Lösung finden, sonst sind wir den Untiefen und Riffen hilflos ausgeliefert. Unzählige Gedanken gehen mir wirr durch den Kopf, während ich nach achtern stolpere, um Rollo meine schreckliche Entdeckung mitzuteilen. Er aber meint nur ruhig: „Dann müssen wir eben den Behelfsanker flott machen."

„Der hält das Boot doch nie!" befürchte ich. Dieser Anker ist als zusätzliche Sicherung bei besonders schwerem Wetter gedacht und wiegt nur halb soviel wie der Hauptanker.

Während ich am Ruder Kreise fahre, sucht Rollo passende Schäkel. Mit wenig Erfolg. Also biegt er einen so zurecht, daß der kleine Anker provisorisch daran befestigt werden kann.

Die Nacht beginnt hereinzubrechen, noch etwa zehn Minuten bleiben uns, um einen geschützten Platz zu suchen. Vierhundert Meter vor uns, an Backbord, muß nach der Seekarte eine kleine

Bucht sein, dort wollen wir es probieren. Als wir schließlich den Einschnitt gefunden haben, ist es endgültig dunkel. Ganz langsam, niemals das Echolot aus den Augen lassend, tasten wir uns weiter. Endlos lange Minuten vergehen, unsere Nerven sind zum Zerreißen gespannt.

„Nimm die große Taschenlampe und leuchte das Ufer ab", bittet Rollo. Vom Bug aus kann ich schwach die Umrisse der Bäume ausmachen. „Wir haben hier zehn Meter unterm Kiel und sollten es versuchen", höre ich ihn rufen. Die Bucht steckt voller Korallenköpfe, nur zu leicht könnten wir da hinein geraten. Doch der Wind ist eingeschlafen, und wenn sich in der Nacht kein neuer aufmacht, kann es gutgehen. Der Anker hält in dieser Nacht. In mein Tagebuch schreibe ich: „Nachts kein Auge zugetan, sind zu nervös. Diskussion, was geschehen soll. Eines steht fest: Dieser kleine Anker reicht auf keinen Fall für die weitere Reise und schon gar nicht für die Orkanzeit, die nach dem Kalender bereits begonnen hat. Wenigstens haben wir heute morgen eine andere Sandbank gefunden und neu geankert. Der Wind ist schwach, stechend heiß brennt die Sonne. Denken fällt da ausgesprochen schwer. Wir können versuchen, einen Taucher aufzutreiben, der vielleicht mit etwas Glück unser gutes Stück wiederfindet. Das aber bedeutet Zurücksegeln nach Honiara. Außerdem kostet diese Aktion bestimmt eine Menge Geld, und der Ausgang ist ungewiß. In Honiara einen neuen Anker zu kaufen, wäre sicher die billigste Lösung, doch haben wir in den vergangenen Tagen kein Geschäft mit derartigem Marinebedarf entdeckt. Bliebe also nur, ihn von Australien per Fracht kommen zu lassen. Aber einen Monat dauert das sicher.

Bevor wir uns endgültig entschließen, nach Honiara zurückzusegeln, fahren wir mit dem Dingi an Land. Auf der kleinen Palmeninsel ist eine Hotelanlage entstanden, die in drei Wochen eröffnet werden soll. Dort lernen wir den Manager kennen und erzählen ihm von unserer Not. „Kein Problem", meint der hochgewachsene blonde Australier von etwa Mitte Dreißig. „Ich fliege für ein paar Tage nach Honiara und komme am Wochenende mit meiner Tauchflasche zurück. Wäre doch gelacht, wenn ich den Anker nicht finden würde."

Gern lassen wir uns von Terrys Optimismus anstecken. Erst einmal dieses zauberhafte Eiland zu genießen, ist ohnehin ein verlokkender Gedanke. Das Hotel besteht aus wenigen, mit Palmblättern gedeckten Hütten und einem sogenannten Zentralbereich mit Empfang, Restaurant und kleinem Laden. Ich kann mich nicht erinnern, jemals eine neugebaute Anlage gesehen zu haben, die sich so harmonisch und nahtlos in die Natur einfügt. Von See aus haben wir die Hütten nicht einmal erkennen können.

Meine Ankersorgen sind vollständig verflogen, und in den folgenden Tagen erleben wir „unser" Inselchen wie zwei Kinder, die einen Schatz gefunden haben.

Ein geradezu irrealer, golden leuchtender Vollmond geht über den Palmwipfeln auf, gleichzeitig strahlt im Westen der lilarote, breite Sonnenuntergangsstreifen. Von Terrys Vertreter bekommen wir eine Riesenmakrele geschenkt, die er mittags selbst gefangen hat. Er ißt mit uns zu Abend und erzählt eine Menge Geschichten über das Hotel. Offensichtlich ist der Besitzer bei den einheimischen Angestellten äußerst unbeliebt, so daß sie in den kommenden Tagen sogar einen Streik planen. Morgen aber soll es für uns spannend werden, da wird Terry zurückerwartet, der nach dem Anker tauchen will.

Am nächsten Tag notiere ich im Tagebuch nur wenige Sätze: „BAD LUCK! Trotz intensiver Tauchaktion von zwei Profis konnte der Anker nicht gefunden werden. Terry will jetzt versuchen, über das Hoteltelefon einen in Honiara zu bestellen. Ich glaube allerdings nicht, daß sie diesen Ankertyp auf Lager haben."

Leider behalte ich mit meinen Befürchtungen recht: also doch Australien und Luftfracht. Terry, der Optimist, meint tröstend: „In spätestens einer Woche habt ihr den neuen Anker."

Acht Tage später dümpelt SOLVEIG an ihrem kleinen Reserveanker vor Honiara. Das Wetter ist ruhig, nur ein leichter Schwell läuft in den offenen kleinen Hafen. Wie gewohnt gehe ich noch am selben Abend zum Telekomgebäude, um zu Hause anzurufen. Aber anstelle meiner Mutter nimmt ihr Lebensgefährte den Hörer ab und berichtet stockend, daß meine Großmutter nach einem Herzinfarkt auf der Intensivstation liegt. Es geht ihr sehr, sehr schlecht.

An ihrem Geburtstag hatten wir ihr meinen Besuch zu Weihnachten angekündigt. In drei Tagen geht mein Flug nach Deutschland ab. Und jetzt auf einmal Krankenhaus – Intensivstation! Hier mein Tagebuch:

15. 12. 1987
Nochmals mit daheim telefoniert. Großmutter geht es unverändert schlecht, sie ist nur ab und zu bei Bewußtsein. Der Barograph steht ungewöhnlich tief, deshalb habe ich vorsichtshalber schon die Seesäcke für meinen Rückflug gepackt. So kann ich bei einer plötzlichen Wetterverschlechterung sofort an Land gehen. Stimmung gedrückt. Wie Blei lastet die Sorge um „Munne" auf meiner Seele. Es fällt mir schwer, mich um den sogenannten Alltag zu kümmern. Mit dem Anker aus Australien hat es nicht geklappt, dafür hat Rollo nach etlichen Telefonaten eine Werft auf der Insel Florida ausfindig gemacht, die tatsächlich einen 70 Pfund schweren CQR-Anker in ihrem Schuppen liegen hat. R. wird ihn nach meinem Abflug holen. Für mich ist das eine große Beruhigung.

16. 12. 1987
Der Barograph steigt langsam wieder. Eine Depression mit Sturm oder Hurrikan hätte uns gerade noch gefehlt. Im Augenblick häufen sich die schlechten Nachrichten: Die Wohnung von Rollos Bruder ist ausgebrannt. Ursache: Brandstiftung eines offenbar Geistesgestörten.

Ich selbst habe plötzlich 38 Grad Fieber, bringe keinen Bissen mehr herunter. Rollo wälzt voller Sorge das dicke Gesundheitsbuch und bietet als mögliche Diagnose einen Malariaanfall oder die sogenannte Papageienkrankheit zur Auswahl. Ich glaube eher, daß die seelische Anspannung der letzten Tage und mein Rückflug morgen die Ursache der Attacke ist.

5 Allein in der Wildnis

Vier Wochen bleibe ich in Deutschland. Am 23. Dezember, einen Tag vor Weihnachten, stirbt meine Großmutter. Ein gemeinsames Weihnachtsfest, auf das wir uns alle gefreut haben, ist ihr nicht mehr vergönnt.

Im kommenden Frühling wollen wir nach Alaska segeln, eine zehntausend Kilometer lange Strecke über den Pazifik nach Norden: rund ein Viertel des Erdumfangs. Doch vorher muß Rollo für acht Wochen nach Europa, um Vortragsverpflichtungen nachzukommen und Einkäufe zu machen. Das bedeutet, daß ich allein auf der SOLVEIG leben werde und die Verantwortung für das Boot zu tragen habe. Meine Tagebuchaufzeichnungen beginnen mit meinem Abflug von Frankfurt.

22. 1. 1988
Am Flughafen von Frankfurt noch Reisezahnbürste besorgt, außerdem Lesestoff. Beim Einchecken sieht mir der Angestellte der Fluggesellschaft tief in die Augen und meint nach einem Blick auf die Waage: „Sie wissen, daß Sie etwas zuviel an Gepäck haben? Acht Kilo zuviel – Sie könnten beim Rückflug Probleme bekommen."

Guten Gewissens beruhige ich ihn: „Für mich gibt es keinen Rückflug." Was er nicht weiß: Mein Handgepäck für die Kabine wiegt noch einmal soviel wie das eben Angegebene.

Die dreizehn Stunden bis Singapur vergehen im Nu, weil mich mein Nachbar, ein ehemaliger Steward dieser Fluglinie, mit Champagner aus der Ersten Klasse bewirtet und außerdem eine Menge Geschichten aus seinem zehnjährigen Dienst bei der Airline zu erzählen weiß. Er stammt aus Malaysia und wohnt in Singapur.

Nur vier Stunden Zwischenstopp in dem wirklich atemberaubenden Flughafen des Stadtstaates – Frankfurt erscheint mir dagegen klein und provinziell –, und schon geht es weiter nach Brisbane, Australien. Die Maschine ist nicht ausgebucht, so habe ich genügend Platz zum Schlafen. Innerhalb weniger Stunden überfliege ich Meere, ja ganze Kontinente: der größte Gegensatz zum Segeln überhaupt und ein Tempo, das ich innerlich kaum mehr nachvollziehen kann.

Langsam wächst meine Nervosität. Vor zehn Tagen habe ich das letzte Mal mit Rollo telefoniert. Er berichtete von einem Hurrikan, der über den südlichen Teil der Salomonen hinwegfegte und schlimme Verwüstungen anrichtete. Ob mich Rollo wohl abholen kann? Bei schlechtem Wetter wäre es vielleicht unklug von ihm, nach Honiara zu segeln und auf dem offenen Ankerplatz zu liegen.

Flughafen Brisbane. Mein gesamtes Gepäck wird vom Zoll gnadenlos gefilzt. Eine Minipackung Käse, die ich noch vom Lunch in der Handtasche aufbewahrt habe, hält der Beamte schließlich triumphierend hoch. „Es ist verboten, frische Nahrungsmittel nach Australien einzuführen", belehrt er mich, will aber von einer Bestrafung absehen. Päckchensuppen und Leibnizkekse aus deutschen Landen sind erlaubt, ebenso der neue Tank für unseren Petroleumherd, ein Ersatzgenerator für den Motor, weitere Ersatzteile und dreißig Seekarten für Alaska. All das sortiert er kopfschüttelnd aus, begutachtet die Dinge von allen Seiten, läßt sie sich von mir erklären, bis er sich endlich zufriedengibt und mir sogar beim Einpacken hilft.

25. 1. 1988

Nach einer Nacht in Brisbane hat der letzte Teil meiner Rückreise in die Salomonen begonnen. Drei Stunden Flug trennen mich noch von Rollo. Ich kann vor Aufregung nichts essen, bestelle nicht einmal einen Drink. Wie es wohl SOLVEIG ergangen ist? Beim einheimischen Steward erkundige ich mich nach dem Wetter der letzten Tage.

„Es war schön – 35 Grad", sagt er.

Das klingt ja recht gut, meine Nerven entspannen sich. Nach genau drei Stunden und fünf Minuten rollt die Maschine über die mir wohlvertraute Landebahn des Henderson Airport in Honiara. Endlich daheim – so kommt es mir fast vor. Aber noch dürfen wir nicht aussteigen. In Seelenruhe beginnen jetzt die einheimischen Stewardessen, die weißen Einreiseformulare zu verteilen, welche die Passagiere hastig ausfüllen. Den ganzen Flug hätten wir dazu Zeit gehabt – aber auch das ist eben Südsee ...

Meine Hand zittert beim Schreiben, ich blicke durch das Guckloch und finde hinter dem Drahtzaun eine Menge wartender Menschen. Rollo entdecke ich nicht. Die Tür wird geöffnet, feucht-heiße Tropenluft dringt in das eben noch klimatisierte Flugzeug. Langsam, um möglichst wenig zu schwitzen, begeben sich die wenigen Passagiere ins Freie. Das Rollfeld ist noch naß vom letzten Regenschauer, und schon sind meine Lederschuhe durchweicht.

Im Flughafengebäude, das nicht größer ist als ein Einfamilienhaus, warten bereits mein Gepäck und eine Menge Zollbeamte, um es unter die Lupe zu nehmen. Aber diesmal habe ich Glück. Eine hübsche, kleine einheimische Beamtin wirft nur einen kurzen Blick auf die Sachen und winkt mich durch. Ich öffne die Holztür zum Warteraum, und dann umschließen mich Rollos Arme.

27. 1. 1988

Nach einer unruhigen Nacht im ungeliebten Hafen von Honiara segeln wir in die knapp 20 Meilen entfernte Avi-Avi-Bucht der Nachbarinsel Florida. Gemeinsam verankern wir hier die SOLVEIG an einem orkansicheren Platz und vertäuen sie auch zum Ufer hin. Anschließend will ich Rollo mit einem einheimischen Fährboot nach Honiara zurück und zum Flughafen begleiten.

Um zehn Uhr vormittags bringt uns Francis, ein aufgeweckter melanesischer Junge von etwa 23 Jahren, mit seinem Kanu von Avi Avi in das acht Meilen entfernte Tulagi, wo die Fähre ablegt. Beim Verabschieden verspricht er, mich in zwei Tagen wieder abzuholen.

Wir setzen uns unter einen schattigen Baum und versuchen zu entspannen. In etwa zwei Stunden soll die Fähre gehen. Nach einer Weile steht Rollo auf und sagt: „Ich kümmere mich mal um die Tickets, dieser Bretterverschlag hier ist nämlich das Büro." Vor dem Eingang bleibt er stehen und studiert einen vergilbten Zettel, der mit verrosteten Reißzwecken an der Tür befestigt ist. „Die Fähre geht nicht!" ruft er. „Sie hat Maschinenschaden."

Ich glaube zunächst, er macht Spaß. „Der Zettel ist sicher alt, man hat nur vergessen, ihn wegzunehmen", entgegne ich arglos. Zusammen gehen wir schließlich in das sogenannte Büro. Doch hier bestätigt sich, was Rollo schon befürchtet. „Morgen fährt vielleicht ein Schiff", tröstet uns der junge Angestellte.

„Morgen früh geht aber mein Flugzeug, das muß ich erreichen", erwidert Rollo nervös. „Ein Fischerboot segelt heute nachmittag von der Avi-Avi- Bucht nach Honiara, das kann euch sicher mitnehmen", meint ein hinzugekommener Werftarbeiter. Nach längerem Hin und Her paddelt uns schließlich ein hilfsbereiter Fischer mit seinem Kanu wieder zurück zur Avi-Avi-Lagune. Francis macht große Augen, als er uns sieht, erzählt dann aber auch von einem Schiff, das angeblich nach Honiara fahren soll.

Doch auch auf dieses Fahrzeug warten wir vergebens. Um 16 Uhr beschließen wir, mit der SOLVEIG nach Honiara zu segeln. Als Rollo die Maschine startet, stinkt es innerhalb kurzer Zeit nach verbranntem Gummi. „Geht denn heute alles schief? Langsam glaube ich,

Die Hauptstadt Honiara war während des Zweiten Weltkriegs Schauplatz schwerer Kämpfe und wurde nach 1945 neu erbaut.

jemand will verhindern, daß du morgen das Flugzeug besteigst!" sage ich abergläubisch.

Rollo stellt sofort die Maschine ab und kriecht in den Motorraum, um nach der Ursache zu suchen. Nach zwanzig Minuten erscheint er schweißgebadet und fluchend. Der Bolzen, an dem der Generator befestigt ist, ist abgebrochen, deshalb hängt der Generator jetzt schief, und beide Keilriemen scheuern sich durch. „Ich versuche, das Ding provisorisch zu reparieren", beschließt Rollo. Wie ich ihn bewundere für seine Zähigkeit!

Inzwischen ergießt sich ein handfester Wolkenbruch über unser Boot, und langsam bricht die Dämmerung herein. Kurz vor 18 Uhr ist Rollo fertig – in jeder Beziehung. Jetzt aber nichts wie ankerauf und ab nach Honiara! Zwei Stunden versuchen wir, blind den richtigen Kurs zu steuern. Dicke Dunstschwaden und kräftige Schauer lassen die See zu einem grau-schwarzen, endlosen Nichts verschwimmen. Nur weil Rollo die Küste hier genau kennt, können wir in der stockfinsteren Nacht diese Überfahrt zwischen ausgedehnten Riffen überhaupt wagen. Doch dann – endlich – ist der Spuk vorüber, und die ersten Lichter von Honiara werden sichtbar. Kurz vor Mitternacht fällt unser Anker.

28. 1. 1988

Wir sind beide sehr bedrückt. Zuviel ist schon schiefgelaufen, der ganze Plan, mich in der Wildnis zurückzulassen, erscheint uns plötzlich zu gewagt. Aber jetzt ist es zu spät, Rollo muß fliegen. Nach dem Start seiner Maschine wird mir flau im Magen. Von jetzt an bin ich also auf mich selbst gestellt. Sieben lange Wochen allein auf der SOLVEIG! Ich erledige noch ein paar Einkäufe und pulle dann zum Boot zurück. Ein Glück, daß wenigstens der Wind nachgelassen hat. Schnell hole ich den Anker auf, und für die nächsten Stunden heißt der Kurs Nordost, Richtung Florida Island und zwischen den Riffen hindurch in mein Schlupfloch Avi Avi. Als ich aus dem Hafen segle, löst sich langsam die Spannung der letzten 48 Stunden.

Zurück in der Avi-Avi-Bucht, verankere ich SOLVEIG diesmal allein und bringe ausreichend Festmacher zu den Mangroven am Ufer aus. Anschließend falle ich in Schlaf, aus dem ich erst durch heftiges Klopfen an der Bordwand wieder erwache.

Zu Tode erschrocken stolpere ich ins Cockpit, vorsorglich mit einem Abwehrspray bewaffnet, den ich noch vor meinem Abflug in München besorgt habe. Draußen pechschwarze Nacht, nur schemenhaft erkenne ich einen Mann im Kanu. Er hält sich an der Bordwand fest. „Willst du Papayas?" fragt er.

Ist dies die Anmache der Melanesier? Freundlich, aber bestimmt erkläre ich ihm, daß ich am Tag gerne Papayas von ihm nehmen würde, nicht aber in der Dunkelheit.

„Wie lange bleibt dein Mann fort?" will er dann wissen.

Daher weht also der Wind. Die Bucht ist klein, Neuigkeiten sprechen sich schnell herum. „Mein Mann ist nur in Honaira", lüge ich so locker wie möglich, „und er kommt in ein paar Tagen zurück. Gute Nacht."

In dieser einsamen Bucht gibt es niemanden, der mir helfen könnte. Sie ist zwar einer der sichersten Plätze vor Stürmen, aber die nächsten Hütten liegen meilenweit entfernt und sind nur per Kanu erreichbar.

Trotz der drückenden Schwüle ziehe ich deshalb das Schiebeluk zu und verriegle alle Oberlichter. Irgendwann verschwindet der unheimliche Besucher lautlos in der Dunkelheit, doch für den Rest der Nacht mache ich kein Auge mehr zu. Was steht mir noch bevor in den nächsten Wochen?

Bedrohliche Besucher

29. 1. 1988
Die Luft ist feucht und heiß, ohne jeden Windhauch. In der Kajüte messe ich 35 Grad schon am Morgen. Ich habe mir vorgenommen, achtern die Kleider- und Vorratschapps auszuräumen und zu waschen. Das ist überfällig, denn Schimmel hat sich überall festgesetzt.

Mir läuft der Schweiß in Bächen herunter, obwohl ich mich im Zeitlupentempo bewege. Denke viel an Rollo, kann unser erstes Telefonat übermorgen kaum erwarten. Noch vor seinem Abflug haben wir eine Möglichkeit ausgekundschaftet, gelegentlich miteinander zu telefonieren: Am nordöstlichen Ende der Bucht, etwa drei

Meilen entfernt, befindet sich eine kleine Werft, die von einem älteren Neuseeländer geleitet wird. Dort wird mich Rollo um acht Uhr morgens anrufen.

1. 2. 1988
Trotz der brütenden Hitze habe ich begonnen, die Außenhaut zu polieren. Aber es ist wahnsinnig anstrengend. Selbst zum Tagebuchführen muß ich mich zwingen. Bei diesen Temperaturen verlangt jede, aber auch jede Tätigkeit einen Entschluß, zu dem ich mich nur mühsam durchringe. Auf der anderen Seite spüre ich, wie wichtig es für mich ist, mir etwas Bestimmtes vorzunehmen. Ohne diese kleinen Aufgaben würde ich mit der Zeit innerlich abbauen, vielleicht auch das Alleinsein seelisch nicht verkraften. Am Nachmittag besucht mich Francis zum ersten Mal, bringt frische Tomaten mit und hilft mir, den Außenborder ans Schlauchboot zu setzen, für meine Fahrt morgen zur Werft.

Francis wohnt mit seiner Familie ein paar Meilen von meinem Ankerplatz entfernt und hat versprochen, mit seinem Kanu ab und zu vorbeizuschauen. Eine feste Arbeit hat er nicht, gelegentlich hilft er auf der Werft aus. Ob er wohl weitererzählen wird, daß ich allein an Bord lebe?

2. 2. 1988
Etwa eine Stunde brauche ich mit dem Schlauchboot für die Drei-Meilen-Strecke zur Werft. Wind und kleine Wellen machen das Fahren schwierig. Pünktlich um Viertel vor acht erreiche ich die kleine Holzanlegebrücke und gehe klopfenden Herzens zu dem Wellblechschuppen, in dem sich das Büro von Brian, dem neuseeländischen Pächter des Anwesens befindet.

„Hallo, wie geht's?" begrüßt mich fröhlich eines der Mädchen, die Brian als Schreibhilfe angestellt hat.

„Oh, ganz gut", erwidere ich. „Weißt du, wo Brian ist?"

„Brian ist krank, er liegt im Krankenhaus."

„Wo, in Honiara?"

„Nein, er ist vorgestern nach Neuseeland abgeflogen. Mehr weiß ich nicht."

Das klingt nicht gut: Brian ist auf unbestimmte Zeit in Neuseeland im Krankenhaus und seine kleine Werft sich selbst überlassen. Er tut mir leid, schließlich stecken seine Ersparnisse in diesem Betrieb, und eine längere Abwesenheit des Chefs hätte mit Sicherheit schlimme Folgen. Aber in wenigen Minuten wird Rollo versuchen, mich anzurufen. „Hat Brian dir gesagt, daß ich heute einen Anruf aus Europa bekomme? Wo ist denn das Telefon?" taste ich mich vor.

„Das Telefon?" Sie zuckt mit den Achseln. „Ich weiß nicht, wo er es aufbewahrt. Er bringt es immer selbst mit."

„Bitte versuch', das Telefon zu finden. Mein Mann macht sich sonst große Sorgen um mich." Meine Stimme beginnt zu zittern.

Dieser Nachsatz verfehlt seine Wirkung nicht, und innerhalb weniger Minuten sind ein halbes Dutzend Angestellte damit beschäftigt, den Apparat zu suchen.

Wenn man aus einem Land kommt, wo jede Familie mindestens einen Telefonanschluß besitzt und bestrebt ist, immer und überall erreichbar zu bleiben, nach Möglichkeit sogar mit einem Handy in der Badehose, dann fühlt man sich hier mit einem Schlag in die Steinzeit versetzt.

„Timothy hat einen Schlüssel zu Brians Wohnung. Vielleicht ist das Telefon dort", höre ich jemanden sagen. Immer wieder blicke ich verstohlen auf meine Armbanduhr. Wenn Rollo pünktlich ist, versucht er bereits seit einer Viertelstunde, mich zu erreichen. Vor Nervosität und Aufregung ist mir regelrecht übel – fast wäre es mir lieber, Rollo und ich hätten diese Telefonverbindung gar nicht erst in Erwägung gezogen. Aber wochenlang ohne jede Nachricht vom anderen zu bleiben, wäre vielleicht noch schlimmer.

Doch dann steht plötzlich Timothy neben mir, stolz hält er den grauen Apparat wie eine Trophäe in die Höhe. „Jetzt kann dich dein Mann anrufen", sagt er freundlich, aber ohne sich zu rühren. Am liebsten würde ich ihm das Telefon aus der Hand reißen, um es sofort bei Brians Schreibtisch in die Buchse zu stecken. Das jetzt nicht zu tun, ist reine Nervensache. So lobe ich ihn für seinen Fund und schlage vor, das Gerät nun in Betrieb zu nehmen.

„Okay, wir versuchen es", sagt Timothy. Aber als ich die Telefonbuchse sehe – sie ist bereits halb auseinandergebrochen - will ich mein Vorhaben endgültig aufgeben. Doch dann geschieht das Unfaßbare: Der Stecker hält, und ein Freizeichen ist zu hören. Es klingt zwar ein wenig heiser, aber es ist da!

Eine halbe Stunde ist inzwischen vergangen. Ich schicke alle meine Gedanken zu Rollo nach München, damit er nur ja nicht aufgibt. Fünf Minuten lang geschieht gar nichts, doch dann ertönt das erlösende Klingeln. Sofort hebe ich ab, sage meinen Namen und vernehme: „Ist Paul Sukuru da?" Ja, Paul ist auf dem Gelände und das Telefon weitere zehn Minuten blockiert.

Das nächste Klingeln kommt endlich von Rollo. „Gott sei Dank!" lauten seine ersten Worte. Aber dann hat er böse Nachrichten für mich: In unseren Keller ist vor Monaten eingebrochen worden, und die wichtigsten und teuersten Geräte für unsere Filmvorträge fehlen. Er scheint völlig verstört zu sein, seine Stimme klingt belegt. Nach dem Telefonat will ich nur noch zurück zum Boot, mich verkriechen und an nichts mehr denken.

3. 2. 1988
Ich stürze mich in weitere Arbeiten: Habe die Pantry ausgeräumt und gesäubert und dabei Kakerlakenleichen gefunden. Als nächstes wird die Außenhaut poliert. Ich weiß gar nicht mehr, wie es ist, nicht zu schwitzen. Trotzdem bin ich dankbar für das ruhige Wetter. Ich möchte keinen Orkan erleben, selbst nicht in dieser geschützten Bucht ...

4. 2. 1988
Heute wollte mich wieder ein Mann besuchen. Ich erkläre ihm, daß ich ihn nicht an Bord lassen kann, da ich allein sei. „O ja, das verstehe ich gut", meint er. „Vor ein paar Wochen wurde hier an der Bucht eine Frau, die in ihrer Hütte allein war, vergewaltigt. Als sie schrie, stach der Mann mit dem Messer auf sie ein. Aber er ist jetzt im Gefängnis", fügt er beruhigend hinzu. Ich zähle wirklich die Stunden, bis Rollo zurück ist.

Trotzdem darf ich mich nicht selbst verrückt machen. Habe deshalb Wäsche gewaschen und abends *Rheingold* gehört, dabei im Textbuch mitgelesen.

5. 2. 1988
Herrlich, dieser Tropenregen! Mein Wassertank ist voll bis obenhin. In der Pantry weiter Großreinemachen. Heute habe ich das Geschirrfach entrümpelt und ausgewaschen. Überflüssige Stücke erbt Francis, als er vorbeischaut. Am Wochenende will er fischen gehen und mir von seiner Beute etwas bringen.
 Ich empfange ausgezeichnet die Deutsche Welle. Seit drei Tagen gehört es für mich zum Ritual, abends ab fünf diesen Sender zu hören. Daß ich mit einem Mal einen so geregelten Tagesablauf einhalte, hätte ich nie von mir erwartet. Aber es ist gut, ein Raster zu haben, sonst würde ich völlig vergammeln. Die viele Arbeit lenkt ab, trotzdem denke ich oft an Rollo und seine Probleme in Deutschland. Hoffentlich nimmt er sich die Verluste nicht zu sehr zu Herzen und kann die nötigsten Geräte wiederbeschaffen.

6. 2. 1988
Heute habe ich richtig Wochenend gefeiert. Statt um sieben stehe ich erst um acht Uhr auf. Es folgt ein ausgedehntes Frühstück mit Tee, altem Toast, leicht ranziger Butter, Erdnußaufstrich und Honig. Anschließend höre ich Radio und lese einen unglaublich gut geschilderten Theaterroman von meinem Lieblingsschriftsteller Somerset Maugham.
 Mittags kommt Francis und bringt mir fünf Fische. Ich bitte ihn, drei davon zu behalten, weil ich so viele nicht essen kann. Offensichtlich glaubt er, ich besitze eine Tiefkühltruhe, denn er wollte mich für die ganze Woche versorgen.
 Wir unterhalten uns eine Weile, und Francis erzählt mir Geschichten über die Insel Florida. Sie heißt eigentlich Nggela oder Nggela Sule, das große Nggela, denn es gibt daneben, nur durch einen schmalen Wasserarm getrennt, noch das kleine Nggela. Florida ist dagegen der Name, den der Entdecker Mendana der Insel 1567 gab. Fast alle Inseln in den Salomonen haben auf diese Weise doppelte Bezeichnungen, denn die christlichen Namen wurden von den Einheimischen nur sehr zögernd übernommen.
 Nggela ist eine wunderschöne Insel, mit vielen guten Ankerplätzen und Naturhäfen. Francis meint sogar, es sei die schönste Insel

der ganzen Gruppe. Auch die Menschen seien hier anders als auf den übrigen Inseln. „Früher", so erzählt er mir, „hatten die Frauen besonders großen Einfluß. Die Frau entschied, wo Früchte und Gemüse gepflanzt werden und wie groß der Garten sein soll. Die Frau wurde ‚Herrin des Gartens' genannt und war auch die Herrin des Riffs, denn sie wußte viel mehr über das Leben am Riff als die Männer. Die Riffe sind immer Eigentum eines Dorfes, vor dessen Strand sie liegen."

Er hält inne, sieht mich an und berichtet dann weiter: „Die Frauen tragen noch heute die schweren Lasten vom Feld, die Bündel mit Gemüse und Feuerholz. Das ist bei uns Sitte, denn früher mußten die Männer ihre Arme frei haben, um die Frauen verteidigen zu können, wenn sie von fremden Kriegern angegriffen wurden."

Ich mache mir meine eigenen Gedanken darüber, wer *mich* wohl verteidigen würde ... Bis jetzt habe ich noch immer nicht den Mut, allein mit dem Schlauchboot einen Ausflug zu unternehmen. Vielleicht wage ich es morgen. Am Sonntag sitzen ja immer die Familienverbände zusammen, außerdem kann ich meinen Spray mitnehmen. Abends *Rheingold* zu Ende gehört.

7. 2. 1988
Mein zweiter Sonntag allein in der Bucht. Noch mindestens fünf werden folgen. Ja, ich geb's zu, ich beginne bereits mit verschiedenen Rechenspielen: noch so und so viele Tage bis ... Immerhin war ich heute mit dem Schlauchboot auf Erkundungsfahrt, den Spray unter meiner Kappe auf dem Kopf versteckt. Mutterseelenallein ließ ich mich über die Riffe treiben und lauschte dem fröhlichen Zwitschern der Vögel, die in den Mangroven am Ufer ihre Nester haben. Geschwommen bin ich lieber nicht, weil ich in den letzten Tagen immer mal wieder eine Haiflosse aus dem Wasser auftauchen sah.

Haie genießen hier ein besonderes Ansehen, sie galten früher sogar als heilig und werden auf einigen Inseln weiterhin verehrt. Auch Krokodile sind häufig und greifen gelegentlich Menschen an, wie ich in der Zeitung gelesen habe.

8. 2. 1988
Francis kam heute mit einer riesigen Wassermelone und Ananas. Er berichtet, daß sich gestern bei einer Familie ein fürchterliches Blutbad ereignet hat. Zwei Kinder und die Ehefrau wurden mit dem Messer grausam niedergestochen und starben, während der Vater beim Fischen war. Ein Kind hat den Mörder erkannt und konnte davonlaufen. Irgendwo im Dschungel hält er sich jetzt versteckt.

„Weißt du", sagt Francis, „immer mehr Jugendliche gehen, wenn sie in Honiara sind, ins Kino und sehen Gewaltvideos. Jetzt wollen sie es machen wie im Film."

„Hat er die Frau auch beraubt?" Ich bin ziemlich erschrocken, denn bisher habe ich geglaubt, daß diese Inseln vom Einfluß der Videofilme verschont geblieben sind.

„Nein. Es gibt keinen ersichtlichen Grund, warum er die drei Menschen erstochen hat", erwidert er. „Jetzt wird der Vater drei Familienmitglieder des Mörders umbringen, erst dann kann wieder Friede sein."

Nachts Gewitter, erst gegen zwei Uhr morgens eingeschlafen.

9. 2. 1988
Es ist schon ein eigenartiges Gefühl, an Freunde Briefe zu schreiben und dabei nicht zu wissen, wann ein Schiff kommen wird, um sie nach Honiara zur Post mitzunehmen. Doch daran darf ich nicht denken, sonst wird meine ohnehin nicht gerade ausgeprägte Schreiblust völlig gelähmt.

Hier in den Tropen herrscht sowieso ein anderer Zeitbegriff. Im Grunde ist Zeit überhaupt kein Thema. Was zählt, ist einzig und allein das Heute. Was gestern war und morgen vielleicht sein wird, interessiert niemanden. Dies ist gewiß mit ein Grund, warum so viele amerikanische und europäische Geschäftsleute hier scheitern. Ich bin fast sicher, daß es das Wort „Termin" in der Sprache der Einheimischen, dem Pidgin, gar nicht gibt. Zumindest verstehen die Menschen die Bedeutung nicht, die es für uns hat.

11. 2. 1988
Heute abend hat mich ein Insulaner ganz schön belästigt. Etwa drei Stunden lungerte er an der Bordwand herum. Als ich ihn fragte, ob

er ein Problem hätte, sagte er nur: „Ich will hier fischen." Als ob er nicht die ganze Bucht dafür zur Verfügung gehabt hätte! Ich gehe dann in die Kajüte hinunter, aber an Schlaf ist natürlich nicht zu denken. Ich mache kein Licht, um ihn, falls er an Bord klettert, gleich sehen zu können. So sitze ich da bis elf Uhr nachts – in der einen Hand meine Taschenlampe, in der anderen die Spraydose, und wünsche mir, nicht so verdammt allein zu sein.

12. 2. 1988
Vorderkajüte ausgeräumt und unsere warme Kleidung für Alaska gefunden. Francis schenkt mir einen ganzen Sack mit Limonen, der Gute.

13. 2. 1988
Ein Bild, das ich wohl nie im Leben vergessen werde: Jeden Samstag vormittag wimmelt die sonst menschenleere Bucht von Kanus. Die Familien kommen aus ihren Hütten im Busch und machen sich auf zum Wochenendausflug. Ihre Kanus packen sie randvoll mit Gemüsen und Früchten für die Verwandtschaft. Langsam schieben sie die Einbäume vom Strand ins Wasser, nehmen kniend Platz, und der Kräftigste der Familie beginnt zu paddeln. So hocken sie dann einträchtig hintereinander: Vater, Mutter und meistens drei Kinder. Mehr gehen nicht in ein Boot. Gemächlich gleiten sie über das spiegelglatte Wasser, sie haben keine Eile. Am Spätnachmittag paddeln sie zurück nach Hause in ihr kleines Dorf, wieder vollbepackt mit Gemüsen und Früchten – die Gegengeschenke der Verwandten. Bestimmt ist diese Form des Wochenendausflugs mit weniger Streß verbunden als bei uns. Und umweltfreundlich ist so eine Reise allemal.

19. 2. 1988
Ich kann die ganze Nacht nicht schlafen, so fürchterlich stürmt und regnet es. Der Barograph steht tief – kein gutes Zeichen.
  17.00 Uhr: Regen und Wind halten noch immer an – hoffentlich wird nichts Schlimmeres daraus. Leider gibt es hier keine exakten Wettervorhersagen. Statt dessen hört man abends in den lokalen Nachrichten, wie das Wetter tagsüber gewesen ist! Wenigstens er-

Alltag in den Salomonen: Wo immer unser Anker fällt, wird die fremde Yacht von Kindern umringt.

zielt diese Form der Wetterschilderung eine hundertprozentige Trefferquote.

01.00 Uhr nachts: Das Sauwetter läßt nicht nach. Sturm – Regen – Sturm – Regen. Mit klopfendem Herzen sitze ich am Kartentisch und beobachte die Anzeigen der Instrumente. Die Verantwortung für SOLVEIG lastet schwer auf meiner Seele. Außerdem wollte heute abend wieder ein Typ die Nacht an Bord verbringen. Er sagte das auch ganz offen: Ich würde mich sicher einsam fühlen. Zweimal kam er zum Boot heraus, bevor ich ihn endlich loswurde. Also, für heute reicht es mir restlos!

Zyklon Charly

20. 2. 1988
Das Wetter verschlechtert sich zusehends. Aber was viel schlimmer ist, der Motor springt nicht mehr an. Bin ziemlich verzweifelt. Was soll ich bloß machen? Es bläst von allen Seiten, der Regen scheint wohl nie mehr zu enden. Und wenn der Anker nicht hält, treibt SOLVEIG auf das nahe Riff! Inzwischen ist es 19 Uhr geworden und der Barograph weiter gefallen. Einheimische Boote haben sich in die Bucht geflüchtet. Draußen tobt die See, wirft leuchtend weiße Schaumkämme auf. Ich kann es durch die Palmen hindurch beobachten.

Ich fürchte, mir steht eine weitere schlaflose Nacht bevor. Wenigstens habe ich mein Tagebuch, um mich mit Schreiben abzulenken. Aber ich gäbe einiges darum, jetzt nicht allein zu sein. Vor lauter Nervosität kann ich nichts essen. Das Boot tanzt so wild in der hereinlaufenden Dünung, daß ich auch nicht arbeiten kann. Außerdem bin ich innerlich nicht in der Verfassung dazu. Ich trinke ein Glas Rotwein – das beruhigt.

22.30 Uhr: Zwei Stunden Windstille – doch dann geht es los. Und zwar gleich so, daß sich das Boot auf die Seite legt. In einem Wetterbericht von Australien, den ich heute abend noch empfangen konnte, wurde für die Salomonen keine besondere Warnung durchgegeben. Allerdings meldete sich kurz darauf ein Kapitän über Amateurfunk bei dem Radiosender und fragte noch einmal nach, da einige Schiffe wegen des Sturms in Schwierigkeiten geraten seien. Aber soviel ich verstehe, hat die Station keine besonderen Prognosen außer der einer tropischen Depression, und die verzeichnet auch unser Barograph an Bord.

21. 2. 1988
Meine Ohren dröhnen vom ständigen Heulen des Windes. Wenn er nur ein bißchen nachlassen würde! Wenigstens scheint die Sonne mitunter zwischen den dunklen Wolken hervor. Ich bringe zwei weitere Leinen zu den Mangroven aus und hoffe, daß SOLVEIG so einigermaßen sicher liegt.

17.00 Uhr: Im örtlichen Radiosender kommt eine offizielle Orkanwarnung. Jetzt hilft nur noch Beten, daß SOLVEIG den Sturm – falls er auch über unsere Bucht fegt – heil überlebt. Das gesamte Deck ist aufgeklart, alle Kanister sowie den Außenborder und alles Bewegliche habe ich Stück für Stück in die Kajüte geschafft.

Im Augenblick ist es noch ruhig, fast gespenstisch. Vögel zwitschern, eine sehr blasse Sonne läßt sich ab und zu zwischen grauschwarzen Wolkenbänken blicken. Es heißt, die Depression bewegt sich mit fünf Knoten Geschwindigkeit in unsere Richtung. Das würde bedeuten, daß der Sturm in den nächsten zwölf Stunden die Inselgruppe erreicht. Zähne zusammenbeißen, Angelika, vielleicht wird es ja gar nicht so schlimm!

19.00 Uhr: Die Depression befindet sich 250 Meilen südwestlich und bewegt sich mit fünf Knoten in südöstlicher Richtung. Also wurde unsere Galgenfrist auf rund fünfzig Stunden verlängert. Heute abend beobachtete ich einen leicht geröteten Sonnenuntergang – oder sehe ich inzwischen nur, was ich mir so sehnlich wünsche?

21.00 Uhr: Die australische Wetterstation – leider ist der Empfang sehr schlecht, ich verstehe nur Wortfetzen – bestätigt offenbar die Meldungen des hiesigen Senders, spricht aber von weiter zunehmenden Windstärken. Ich versuche, mich mit Whisky-Soda zu beruhigen. Nichts mehr, aber auch gar nichts mehr kann ich tun, außer auf dem Boot sitzen und warten. Jetzt begreife ich, was in den Menschen vorgehen muß, die in regelmäßig von Stürmen oder Überschwemmungen heimgesuchten Gebieten wohnen. Oder bilde ich mir das nur ein? Vielleicht ist meine Angst größer, weil ich als Europäerin zum Leben und zum Besitz eine andere Einstellung habe. Wahrscheinlich nehmen sich die Menschen hier nicht so wichtig wie wir.

Wenn ich doch nur die Uhr um ein paar Tage vorstellen könnte! Nur wenige Meter entfernt haben einheimische Fischdampfer in der Bucht Schutz gesucht. Wenn sie im Sturm vertreiben, wird SOLVEIG zerdrückt. Das ist vielleicht die größte Gefahr für ein kleines Boot, und gegen die kann ich mich ohne Motor überhaupt nicht wehren.

23. 2. 1988
Heute nacht blieb es erstaunlich ruhig, aber in den Nachrichten kommt leider keine Entwarnung. Bis jetzt hat sich aus der Depression noch kein Zyklon entwickelt, das läßt mich hoffen. Trotzdem habe ich keinen Appetit, fast alles widersteht mir, außer Tee mit Zitrone.
    12.00 Uhr: Aus der Depression ist nun doch ein Zyklon geworden! Charly heißt er. Das klingt so harmlos und freundlich, „Monster" fände ich angebrachter. Im Augenblick wütet er 300 Meilen entfernt, bewegt sich aber nach wie vor in Richtung Salomo-Inseln. Zyklon, Hurrikan, Orkan, Taifun – das sind alles Namen für die gleiche Erscheinung, nämlich einen tropischen Wirbelsturm. Je nachdem, wo er auftaucht, hat man verschiedene Bezeichnungen für diesen Unheil und Verwüstung bringenden Wind.

24. 2. 1988
Endlich einmal eine gute Nachricht: Charly hat seinen Kurs plötzlich geändert und wandert nach Westen. Hoffentlich bleibt er dabei!

25. 2. 1988
Vom hiesigen Sender werden immer noch Orkanwarnungen gebracht, aber Charlys Weg führt nicht an der Avi-Avi-Bucht vorbei. Mir fallen Felsbrocken von der geplagten Seele. Jedenfalls bin ich für jede einzelne Stunde guten Wetters dankbar.

26. 2.–4. 3. 1988
Langsam erwachen meine Lebensgeister. Mein Fleiß kennt jetzt keine Grenzen. Auch Francis läßt sich wieder sehen und versorgt mich mit Bananen, Tomaten, Gurken und Papayas. Was will ich mehr?
    Vor drei Tagen habe ich zum ersten Mal in der Wildnis einen ausgiebigen Spaziergang unternommen und mich an den unzähligen bunten Papageien erfreut, die sich mit Vorliebe in den Palmenkronen aufhalten. Als Krönung erlebte ich am Abend einen außergewöhnlich farbenprächtigen Sonnenuntergang mit Vollmond. Bei einer leichten Brise saß ich bis spät abends an Deck und hörte *Rigoletto*. Ab und zu zwitscherten ein paar Vögel, als wollten sie in den

Orchesterklang mit einstimmen. Das Licht vom Mond schien so hell, daß ich hätte lesen können.

Eine Notoperation

5. 3. 1988
Francis lädt mich zu einem Ausflug im Kanu ein. Mit von der Partie sind seine Frau und zwei Söhne. Über ein halbes Jahr ist vergangen, seit er seinen Bruder Andrew zum letzten Mal gesehen hat, den er heute besuchen will.

Immerhin wohnt Andrew 25 Meilen von der Avi-Avi-Bucht entfernt, und sein Dorf ist nur vom Wasser aus erreichbar. Francis besitzt zwar ein Kanu mit Außenborder, aber das Benzin will ja auch bezahlt werden. Deshalb sind Verwandtenbesuche für ihn so aufwendig wie für uns ein Flug ins Ausland. Natürlich gehören zu einem so seltenen Besuch auch Geschenke. Langsam und vorsichtig legt er handverlesene Kokosnüsse – etwa 20 Stück – in sein schlankes Kanu, und am Schluß bringt seine Frau noch einen Korb mit den beliebten Betelnüssen.

Nach ein paar vergeblichen Versuchen springt der verrostete Außenborder tatsächlich an. Und offenbar hat der Himmel ein Einsehen, denn der Motor hält durch. Nach zweieinhalb Stunden nasser Überfahrt gegen Wellen und Wind ziehen wir das Kanu gemeinsam einen wunderschönen, mit Palmen bestandenen Sandstrand hinauf.

Andrews Hütte liegt nahe am Strand, wir müssen nicht weit laufen. Die Familie ist zu Hause und freut sich über den überraschenden Besuch ihrer Verwandten. Wir nehmen am Boden Platz, während Andrew einen Korb Betelnüsse in die Mitte stellt und seine Gäste auffordert zuzugreifen. Dieser Apéritif der Südsee findet regen Zuspruch, und die nächsten zwei Stunden vergehen mit eifrigem Betelnußkauen. Jeder greift immer wieder in den Korb, beißt die Nuß mit den Zähnen auf, bricht sie auseinander und schält sie bis zum begehrten Inneren ab. Mit der Spitze eines gerollten grünen Blattes tauchen sie sie dann in Korallenpulver und beißen von dem Blatt ab.

Dabei unterhalten sie sich eifrig, denn nach so langer Zeit gibt es natürlich viele Neuigkeiten auszutauschen. „Toktok" heißt das auf Pidgin (von talk = erzählen), und viel mehr als „toktok" kann ich auch nicht verstehen. Inzwischen hat Andrews Frau das Essen hergerichtet: Berge von Reis, serviert auf Taroblättern – eine großartige Methode, sich das Abspülen zu ersparen. Reis gilt hier als Delikatesse, denn er muß eingeführt werden, im Gegensatz zu den heimischen Früchten und Gemüsen.

Als wir am Nachmittag aufbrechen, erhalten Francis und seine Familie eine Staude Bananen und ein Bündel Zuckerrohr als Gegengeschenk. Das geschieht ganz selbstverständlich, ohne ein Dankeschön. Es ist seit jeher üblich zu schenken und beschenkt zu werden – eine schöne Sitte. Deshalb macht sich aber auch ein Fremder sofort unbeliebt, wenn er glaubt, kein Geschenk geben zu müssen.

7. 3. 1988
Als Francis mich heute besucht, bleibt er lange im Cockpit sitzen und hat es gar nicht eilig, nach Hause zu paddeln. Er spricht von diesem und jenem, bis er schließlich – etwas verlegen – aus der Tasche seiner verwaschenen Shorts eine feuchte und vergilbte Schachtel mit Tabletten herauszieht. Es ist eine angebrochene Packung Anti-Baby-Pillen, eine 28-Tage-Version für die Südsee.

„Weißt du, wie man sie einnimmt?" fragt er mich.

„Deine Frau muß jeden Tag eine Pille schlucken, am besten immer zur selben Zeit. Aber was ist denn mit den fehlenden Tabletten geschehen?" frage ich neugierig.

„Ich weiß nicht genau", stottert er. „Ich glaube, sie hat nur ab und zu mal eine geschluckt."

Mit Hilfe von Papier und Bleistift male ich die Einnahmeregel auf, und er verspricht aufzupassen, daß seine Frau nur noch vollständige Packungen verwendet. Ob er sich daran erinnern wird?

8. 3. 1988
Salomo-Nachrichten im Radio: Ein Mann wurde von einem Krokodil angefallen und schwer verletzt. Er wird im Krankenhaus behandelt. Der Bevölkerung des Dorfes nahe bei Honiara wird geraten, den Bereich, wo das Krokodil gesehen wurde, zu meiden. Nächste

Nachricht: Zum zehnten Gedenktag der Unabhängigkeit werden in diesem Jahr Ronald Reagan, Margret Thatcher, Helmuth Kohl und der Papst zu den Feierlichkeiten eingeladen. Wenn das keine illustre Auslese ist ...

9. 3. 1988
In einer Woche erwarte ich Rollo zurück – hoffentlich! In meiner einsamen Bucht habe ich eine Menge Zeit zum Musikhören, Lesen und Nachdenken. Ich möchte die zurückliegenden Wochen nicht mehr missen, mit all den Ängsten, die ich aushalten mußte, aber verbunden mit dem beglückenden Gefühl, sie durchgestanden zu haben. Innerlich bin ich zur Ruhe gekommen wie noch nie in meinem Leben. Es gab ja auch nichts, was mich von meinen Gedanken hätte ablenken können. Sicher bin ich nicht dazu geschaffen, als Eremit auf einem idyllischen Fleckchen Erde beziehungsweise Wasser zu leben, doch so ab und zu ist ein völliges Loslösen vom Getriebe sehr wichtig.

Vielleicht verwundert es, wenn gerade ich von „Getriebe" schreibe. Aber wir haben ständig alle Hände voll zu tun, auch das Geräusch von Wind und Wasser läßt nicht viel Zeit zum Nachdenken. Wir müssen während der Fahrt all unsere Kraft daran setzen, das Boot aufzuräumen, die Segel zu bedienen, die eingebauten Geräte zu warten, zu kochen, Navigation und Kurs im Auge zu behalten, vom Wetter gar nicht zu reden. Außerdem ermüdet die ständige Bewegung des Bootes. Übrigens ernähre ich mich zur Zeit ausschließlich von Gemüse, Eiern und Reis, nur einmal brachte mir Francis Fisch. Der Gedanke an ein Steak verursacht mir Übelkeit, ebenso geht es mir mit Süßem, selbst Brot vermisse ich nicht mehr.

14. 3. 1988
Heute sollte Rollos letzter Anruf kommen – vor seinem Abflug! Wir haben auch miteinander sprechen können, aber was er sagte, hat mir einen Schock versetzt. Nur mit Mühe schaffte ich es, am Telefon meine Fassung zu behalten.

Rollo hat eine Notoperation am Auge vornehmen lassen, da sich seine Netzhaut abzulösen begann. Die Operation ist zwar geglückt, allerdings gibt es keine Garantie dafür, daß sich die Netzhaut nicht eines Tages erneut löst. Nicht auszudenken, wenn das auf See passieren würde!

Ich weiß gar nicht, woher ich die Energie nehme, dies alles überhaupt niederzuschreiben. Ich fühle mich so leer und kraftlos. Ausgeliefert einem Schicksal, dessen Ablauf ich nicht kenne.

Natürlich mußte er seinen Rückflug verschieben, um sich von dem Eingriff zu erholen. Er versucht jetzt, eine Woche später zu fliegen.

Wir haben eine halbe Stunde miteinander telefoniert, und er war so lieb bemüht, mich zu beruhigen. Was konnte er auch anderes tun bei dieser Distanz? Ich sitze ja wirklich auf der anderen Seite der Erdkugel und fühle mich, als sei ich Lichtjahre von Rollo entfernt.

19. 3. 1988

Das Wetter paßt zu meiner inneren Verfassung: Regen – Regen – Regen ... Nachts schlafe ich miserabel, nicke erst gegen drei Uhr morgens ein. Wenigstens bleibe ich durch den Regen von den Besuchen einheimischer Jungen verschont.

Tagsüber lenke ich mich mit Arbeiten am Boot ab, dennoch scheint die Zeit stillzustehen. Zum ersten Mal fühle ich mich hier wirklich einsam. Vor Rollos nächstem Anruf übermorgen habe ich regelrecht Angst.

6 Alaska-Fieber

Nach Rollos Anruf weiß ich, daß er in drei Tagen in Honiara eintreffen wird. Da der Motor unseres Bootes nicht anspringt und ich in der Orkanzeit SOLVEIG nicht in den nach allen Seiten offenen Hafen von Honiara segeln will, lasse ich das Boot lieber in der geschützten Bucht zurück und nehme die Fähre, um ihn abzuholen. Sie ist inzwischen wieder einsatzbereit, wie man mir im Büro versichert. In gespannter Erwartung suche ich mir einen freien Platz auf der Ladefläche im Heckbereich. Außer mir wollen noch etwa 50 einheimische Passagiere nach Honiara hinüber fahren. Pünktlich um ein Uhr legt die Fähre denn auch ab – und macht hundert Meter weiter an einem anderen Kai wieder fest.

Hier wird erst einmal geladen: leere Dieselfässer, Bananenstauden, Säcke mit Kopra, Taro und vieles mehr. Ein Kanu soll auch noch mit. Seine Leine befestigen sie einfach an einer Holzklampe, um es achtern nachzuschleppen. Nach einer Stunde eifriger Ladetätigkeit ist auch mein Sitzplatz auf die Hälfte zusammengeschrumpft, aber was nimmt man nicht alles in Kauf, wenn man nach Honiara muß.

Erneutes Ablegen. Mein Herz beginnt zu klopfen, wir werden doch nicht wirklich ...? Ganze fünf Minuten dauert die Freude, dann legt das Schiff dort wieder an, wo ich vor zwei Stunden zugestiegen bin.

Um mich herum bemerke ich die besorgten Mienen der übrigen Passagiere. Nach geraumer Zeit beginnt im Motorraum eifriges Hämmern und Klopfen. Ich blättere in einem Buch, doch die Buchstaben tanzen vor meinen Augen. So schließe ich es wieder und versuche statt dessen, irgendetwas aus den Gesichtern der vierköpfigen Besatzung des ehemaligen Fischerboots herauszulesen. Doch ihnen ist nichts, aber auch gar nichts zu entnehmen. Die Männer

21 Mit Vollzeugbrise unterwegs zu einem neuen Paradies

22 Rollo mit Leonard im Busch von Vanikoro

23 Nur schwer konnte ich mich von den zutraulichen Papageien auf Anuha trennen.

24 Francis' Vater in der Avi Avi Ba Salomon-Inseln

25 In der Einkaufsstraße von Honia

26 „Small talk" der Frauen nach de Geisterfest in Buma, Vanikoro

25

26

27 Die Stille dieses verwunschenen Orts ist fast beängstigend.

28 In Auki, unserem letzten Hafen vor der Überfahrt nach Alaska

29 Im Dschungel von Malaita

30 SOLVEIG IV segelt auf Traumkurs. So könnte es ewig weitergehen ...

31 Am Strand von Anuha in der Salomon-Gruppe

32 Abendstimmung bei Flaute

33 Scheinbar lautlos gleitet der Junge im Kanu über die Wasserfläche.

34 Eine künstlich angelegte Insel in der Lagune von Malaita

35 Eine nur in den Salomonen heimische Papageienart

36 Bei 36 Grad Außentemperatur baut Rollo auf See die neue Heizung ein.

37 Der Wetterbericht meldet Orkane bei Japan und Mexiko. Wir hören diese Warnungen mit Beklemmung.

38 Eine Hand für die Pfanne, eine Hand für die Frau

haben es sich bequem gemacht, ein schattiges Plätzchen aufgesucht und kauen nun genüßlich an ihren Betelnüssen.

Zwischen dem schier endlosen Klopfen im Motorraum höre ich immer wieder erfolglose Versuche, den Dieselmotor zu starten. Hat sich denn alles gegen mich verschworen? Gegen 17 Uhr kommt die Maschine dröhnend, knatternd und rauchend in Gang, und nach vier Stunden erreichen wir tatsächlich den Hafen von Honiara. Das Flugzeug am nächsten Tag ist pünktlich, und als letzter der Passagiere steigt Rollo die Gangway hinunter, schwer beladen mit Taschen und Rucksack, in denen er Ersatzteile für die SOLVEIG verpackt hat.

Aus der Sicht des Skippers 2

Nur schweren Herzens hatte ich den geplanten und seit langem gebuchten Rückflug in die Heimat angetreten. Es waren zwar wichtige Gründe gewesen, die mich zu meinem Aufenthalt in Deutschland veranlaßt hatten, und Angelika selbst war von der Notwendigkeit überzeugt, aber wir wußten nicht, sondern ahnten nur, welche Belastungen auf sie zukommen würden.

Wir hatten natürlich vorher alle möglichen Lösungen unseres Problems durchgesprochen und dabei auch daran gedacht, einem Bekannten in Deutschland, der Segler ist, eine Art Südsee-Urlaub auf dem Boot anzubieten. Aber Angelika war nicht bereit, unser Schiff, unser ganzes Vermögen, anderen Händen zu überlassen. Wer sollte die Verantwortung übernehmen, noch dazu in der Orkanzeit? Wir hatten ja keine Versicherung abgeschlossen. Der Ankerplatz in der Avi-Avi-Lagune war von mir sorgfältig ausgesucht und wunderbar geschützt. Die umgebenden Mangroven würden das Boot, selbst wenn Anker und Festmacher bei einem Orkan nicht mehr hielten, auffangen und vor Schaden bewahren.

Aber bei meiner Abfahrt schien alles schiefzulaufen. Der Motorschaden machte Angelika mit dem Boot unbeweglich und hilflos. Was hätte sie tun sollen, wenn die Panne bei ihrer Rückfahrt von Honiara aufgetreten wäre? Wir waren zutiefst erschrocken und merkten, daß alle Überlegungen, wie sie das Boot während meiner

Abwesenheit handhaben sollte, jetzt reine Theorie waren. Eine Fahrt mit der SOLVEIG konnte sie nicht riskieren. Es war klar: Angelika blieb ziemlich hilflos in der Wildnis zurück.

Mein Flug nach Deutschland aber war nicht mehr aufschiebbar. Bald nach der Ankunft in München kam mir mit Deutlichkeit zu Bewußtsein, daß ich möglicherweise einen furchtbaren Fehler begangen hatte, als ich Angelika in einem der wildesten, unkontrolliertesten Länder dieser Erde allein zurückließ. Zwar hatte ich mich lange in den Salomonen aufgehalten und war von der Hilfsbereitschaft der Insulaner beeindruckt, dennoch war mir klar, daß es dort eine Art von Piraterie und gefährlicher Kriminalität gab. Wie leicht, so malte ich mir immer wieder aus, konnten die ihrer ganzen Veranlagung nach recht wilden Männer herausfinden, daß dort eine junge Frau lange Zeit offensichtlich allein an Bord lebte. Würde sich mein Vertrauen in den natürlichen Anstand eines von der Zivilisation weitgehend verschont gebliebenen Volkes als berechtigt erweisen?

Schließlich gab es keine Polizei auf den kleinen Inseln des Archipels, und die Avi-Avi-Lagune gehörte zu solch einer kleinen Insel der Nggela-Gruppe, drei bis vier Meilen entfernt von der nächsten größeren Siedlung auf Tulagi und etwa zwölf Meilen von Honiara. Im Notfall konnte fremde Hilfe nur über lange Wege herbeigeholt werden.

Ich beruhigte mich, indem ich mir einredete, daß die Salomo-Insulaner sich einen gewissen Respekt vor Fremden bewahrt hatten. Meine Hoffnungen konnten mich aber nicht über die Realität hinwegtäuschen: Falls es tatsächlich zu einem Unglück kam, mußte ich mir allein – ganz allein – die Schuld daran geben.

Mit beklemmender Unruhe und Angst, die sich unaufhaltsam steigerten, je näher ein jeweils vereinbarter Telefontermin rückte, wartete ich auf den erlösenden Augenblick, in dem ich Angelikas vertraute Stimme hören würde. Meldete sich das Büromädchen zuerst, dann fuhr mir lähmender Schreck in die Glieder.

Gesteigert wurde meine Angst, wenn die Leitung längere Zeit belegt war. So zählte auch ich die Tage und später, während des Fluges, die Stunden bis zum Wiedersehen. Und immer wieder schwor ich mir, ein solches Risiko nie, nie wieder einzugehen.

Daß Angelika selbst keine Bedenken gehabt hatte, ja, daß sie die Herausforderung, die eine lange Einsamkeit für sie bedeutete, durchaus auch als Anreiz empfand, spielte in meinen Vorstellungen kaum eine Rolle. Erst das Wiedersehen am Airport von Honiara brachte die Erlösung.

Eine navigatorische Herausforderung

Leider sind unsere gemeinsamen Tage in den Salomonen gezählt, denn Rollo muß wegen seines Auges noch einmal nach Deutschland zurück. Unser Plan, in diesem Sommer in den hohen Norden nach Alaska zu segeln, droht zu scheitern. Aber dann verläuft der Eingriff ohne Komplikationen, und so bereiten wir uns nach Rollos Rückkehr endlich auf den großen Törn vor.

Zunächst muß SOLVEIG für einen frischen Unterwasseranstrich auf den Slip. Werftaufenthalte sind nie ein Vergnügen, wenn man gleichzeitig auf dem Boot kochen, essen und schlafen muß. Kurzum, wenn neben den Reparaturarbeiten noch ein Haushalt zu versorgen ist. Der Slip in Tulagi ist zwar einer der malerischsten, die ich kenne, und hervorragend geeignet für romantische Südsee-Filmszenen, aber wenn ich heute in meinen Notizen nachlese, werde ich wieder daran erinnert, wieviel Kraft und Schweiß mich diese Tage kosteten.

2. 5. 1988
Tulagi. Wir ankern vor der Werft und warten auf einen Termin für den Slip. Rollo hat den Petroleumherd auseinandergenommen, um einen neuen Brennstofftank sowie zwei Ersatzbrenner einzubauen: für mich die Gelegenheit, den ganzen Herd einer gründlichen Reinigung zu unterziehen. Er ist jetzt fünf Jahre alt, und überall hat sich Rost angesetzt. Rollo braucht für eine einzige Schraube über eine Stunde, bis er sie lösen kann. Ich bücke mich, um den Rost aufzukehren, und da passiert es!

Ich rutsche aus und lande mit meiner Pobacke an einem scharfkantigen Blech, das vom Herd absteht. Sofort fließt Blut, und zwar in solchen Mengen, daß ich es mit der Hand nicht mehr zurückhalten kann. Ohne die Hand von der Wunde zu nehmen, lege ich mich schnell auf den Bauch, während Rollo im Erste-Hilfe-Kasten nach Kompressen und Verband sucht. Als er beides findet und ich die Wunde freigebe, wird er blaß: Ein zwei bis drei Zentimeter tiefer Schnitt ist zu sehen, weit offen klafft das Fleisch.

Rollo überwindet seine Übelkeit – so weiß im Gesicht habe ich ihn noch nie gesehen –, stillt das Blut mit Kompressen und klebt schließlich ein großes Pflaster darüber. „Ich fürchte, das müßte genäht werden. Aber ich bringe es nicht fertig, in dein Fleisch zu stechen", meint er kleinlaut, nachdem er sich vom ersten Schreck erholt hat. Er verordnet mir äußerste Ruhe, damit das Bluten aufhört. Jetzt liege ich fast bewegungslos auf dem Bauch und lenke mich ab mit Tagebuchschreiben und Lesen. Im Krankenhaus von Honiara genäht werden zu müssen, wäre vielleicht schlimmer als die Verletzung selbst. So versuche ich, auch gewisse Bedürfnisse weitgehend abzustellen, esse und trinke deshalb kaum.

Rollo repariert unseren Petroleumherd:
ein halber Tag schweißtreibende Arbeit.

5. 5. 1988
Mein dritter Tag in Bauchlage. Zum Glück kommt unser Boot erst morgen auf den Slip, weil das jetzt dort liegende Schiff wegen einer unvorhergesehenen Reparatur um einen Tag verlängern muß. Für meine Verletzung ist diese Verschiebung ein wahrer Segen. Ich kann mich ausruhen, und die Kompressen, die Rollo regelmäßig wechselt, werden schon dünner. Das Krankenhaus wird mich jedenfalls nicht zu sehen bekommen, selbst wenn durch unsere improvisierte Behandlung eine Narbe zurückbleibt. Ich kann schon wieder vorsichtig durch die Kajüte humpeln, nur das Sitzen ist natürlich ein Problem. Aber seit heute abend sitze ich beim Essen auf meiner rechten Pobacke und löffle einhändig, die zweite Hand nehme ich zum Abstützen.

6. 5. 1988
Auf dem Slip. SOLVEIG steht hoch und trocken. Vier Stunden haben die einheimischen Jungen gebraucht, um sie auf die Schienen zu bringen und aus dem Wasser zu ziehen.

Schwül-heiße Luft und leider auch die Hauptbewohner der Inseln empfangen uns: Moskitos in Massen! Da hilft nur eines, sich von oben bis unten mit Kleidung bedecken, trotz der Hitze. Da die Malariatabletten keinen sicherer Schutz mehr bieten, haben wir ganz auf ihre Einnahme verzichtet. Der Apotheker in Honiara riet uns dazu, denn die möglichen Nebenwirkungen sind nicht zu unterschätzen. Wer weiß, ob die plötzliche Netzhautablösung an Rollos Auge nicht auch etwas mit den früher eingenommenen Medikamenten zu tun hat. Es ist wirklich Pech, daß ich nur so beschränkt einsatzfähig bin. Deshalb sind wir jetzt voll auf die Hilfe hiesiger Kräfte angewiesen, und die haben sehr pünktlich um 16.00 Uhr Feierabend gemacht. Aber das Wetter ist günstig, da sollte der Anstrich morgen keine Schwierigkeit bereiten.

7. 5. 1988
Oh, meine Nerven! Das totale Chaos!

Der Chef der einheimischen Arbeiter liegt mit Malaria im Bett, und kein Mensch kennt sich auf der Werft richtig aus. Die Farbe wird zwar gefunden, wir müssen aber feststellen, daß sie hoffnungslos überlagert ist. Dicke Klumpen haben sich gebildet, die sich im Topf nicht mehr verrühren lassen. Ein Junge meint, am besten wäre es, die Farbe aufzuspritzen. Sein Vorschlag findet bei den einheimischen Kollegen Zustimmung, Rollo und ich allerdings ahnen nichts Gutes.

Auf unsere eindringlichen Bitten hin kleben sie schließlich SOLVEIG mit Packpapier ab, um den übrigen Rumpf vor Farbspritzern

Auf der Urwaldwerft in Tulagi. Nach erfolglosen Versuchen mit der Spritzpistole ist wieder Handarbeit gefragt.

zu schützen. Dauer dieser Aktion: drei Stunden. Als einer der Leute dann mit der Spritzpistole zu arbeiten beginnt, geschieht, was bei alter Farbe geschehen muß: Nach fünf Minuten ist die Düse verstopft.

Die Düse wird gereinigt, der zweite Versuch gestartet. Das Ergebnis ist nicht besser. Die Mittagspause nähert sich, und SOLVEIG hat noch immer nicht den ersten Anstrich von den erforderlichen drei. Kurzentschlossen kramen wir schließlich nach Pinseln und Rollern, drücken sie den herumstehenden, „look-look" machenden Jungs in die Hand, und in einem Tempo, das selbst für eine Schnecke noch langsam wäre, färbt sich das Unterwasserschiff dunkelblau. Am Spätnachmittag erfolgt Anstrich Nummer zwei; auf Nummer drei verzichten wir notgedrungen, denn morgen früh muß das Boot wieder ins Wasser.

8. 5. 1988
Wir segeln nach Honiara zurück, um für die Überfahrt nach Alaska einzukaufen. Wir rechnen mit etwa zwei Monaten auf See. Das bedeutet für mich intensives Vorausdenken und Planen, was die Versorgung betrifft, denn wir wollen die Überquerung auf keinen Fall durch einem Zwischenstopp unterbrechen, das würde uns zuviel Zeit kosten. Der Sommer in Alaska ist kurz, und durch Rollos Augenbehandlung haben wir ohnehin schon viel Zeit verloren.

12. 5. 1988
Wie ein Eichhörnchen, das seine Körner versteckt, schaffe ich aus der heißen Stadt Karton um Karton und Büchse um Büchse zum Strand, dann ins Schlauchboot und schließlich in unser schwimmendes, am Anker hängendes Zuhause: Fisch-, Gemüse- und Obstkonserven, Corned Beef, Reis, Knäckebrot, Erdnußbutter und vieles mehr, das auf meiner langen Liste steht. Rollo repariert und wartet die Pumpen und den Motor. Nach monatelanger Liegezeit und seiner langen Abwesenheit sind diese Arbeiten überfällig geworden.

13. 5. 1988
Zum Abschied laden wir uns gegenseitig zu einem fürstlichen Abendessen im *Hotel Mendana* ein. Es gibt panierten Kingfish mit

gebackenen Bananen, Reis, Gemüse, eine scharfe Sauce und dazu eine Karaffe Weißwein.

14. 5. 1988
07.00 Uhr: Anker auf! Zunächst fahren wir noch einmal nach Tulagi auf der Nachbarinsel, um auf ruhigem Wasser die letzten Arbeiten am Boot zu erledigen. Außerdem nehmen wir einen einheimischen Jungen mit, der am Ufer winkt und auch nach Tulagi will. Wahrscheinlich ist das Fährschiff mal wieder außer Betrieb.

Ob wir Honiara jemals in unserem Leben wiedersehen werden? Irgendwie habe ich diesen nur halb zivilisierten Ort trotz seines miserablen Ankerplatzes lieb gewonnen. Inzwischen kennen wir fast jeden dort und umgekehrt. Immerhin haben wir ein halbes Jahr in der Inselgruppe verbracht.

13.00 Uhr: An der Muring festgemacht. Wetter prächtig. Noch will die rechte Abschieds- und Abfahrtstimmung bei uns nicht aufkommen. Alaska liegt sooo weit weg – 10 000 Kilometer entfernt. Heimlich genießt jeder für sich die ruhigen Minuten auf dem glatten Wasser. Die guten Vorsätze, die wir auf unserer bisher längsten Überfahrt alle beachten wollen, würden ein ganzes Buch füllen: angefangen beim fleißigen Filmen bis hin zum regelmäßigen Kontrollieren diverser Geräte an Bord. Aber wer weiß, vielleicht entwickeln sich ja bei uns auf dieser Mammutüberfahrt noch ungeahnte Kräfte, und es gelingt uns tatsächlich einmal, das Bordleben bei allen Wetterlagen filmisch zu dokumentieren.

Ähnlich wie auf unserer Etappe von Norwegen nach Neufundland werden wir mit häufigem Gegenwind zu kämpfen haben. Trotzdem hoffe und vertraue ich auf unser Glück und auf unser tüchtiges Boot. Palmen und Sandstrände werden nun bald der Vergangenheit angehören, ebenso die hohen Temperaturen. Noch kann ich mir das nicht vorstellen, so vertraut ist mir das Leben und Segeln in tropischen Breiten geworden.

16. 5. 1988
Rollo dichtet alle Lüfter neu ab, da sie selbst bei einem harmlosen Regenschauer Wasser durchlassen.

22. 5. 1988
Seit heute mittag liegt SOLVEIG im kleinen Hafen von Auki, dem Hauptort der Insel Malaita. Wir haben gar nicht bemerkt, daß Pfingsten ist, so sehr sind wir mit unseren Arbeiten beschäftigt. Rollo hat heute mit Erfolg den Barographen repariert, der für uns auf See ja der einzige Hinweis auf die Wetterlage ist. Seit drei Tagen kämpfe ich gegen Durchfall, heute ist zum ersten Mal dank Tabletten eine Besserung eingetreten. Gewiß spielt auch die Aufregung vor dem Start eine Rolle dabei. Täglich koche ich frisches Gemüse, und wir essen jede Menge Papayas, um der eintönigen Konservenkost, die jetzt für lange Zeit wieder auf unserem Speiseplan stehen wird, entgegenzuwirken. Rollos Begeisterung für Gemüse hält sich leider nach wie vor in Grenzen, aber etwas gebessert hat er sich schon...

26. 5. 1988
Noch etwa eine Stunde bis zum Start. Rollo räumt gerade die letzten Werkzeuge weg, ich habe meine Topfhalter am Petroleumofen festgeschraubt. Gestern gaben wir noch Briefe auf, mit einem ganz eigenartigen Gefühl im Magen. An meine Mutter schrieb ich sehr zuversichtlich, was die Überfahrt betrifft. Trotzdem – zwei oder drei Monate ohne Nachricht werden sicherlich hart für sie sein.

Diese Route ist für Rollo navigatorisch eine besondere Herausforderung, weil wir überwiegend Gegenwinde und Gegenströmungen antreffen werden. Zu weit dürfen wir uns durch den Nordostpassat nicht nach Westen abdrängen lassen, sonst geraten wir in den Bereich der Taifune um Japan. Unser Bauchweh vor dem langen Törn ist also wohlbegründet, von der Gefahr, daß sich Rollos Auge wieder verschlechtern könnte, gar nicht zu reden. Trotzdem – ich kann und darf mich jetzt nicht trüben Gedanken hingeben. Auf der anderen Seite freue ich mich auch auf ein neues, langes Segelabenteuer, auf das „Abtauchen", weit weg von Inseln und Menschen.

27. 5. 1988
Wir sind auf See – die ersten 120 Meilen liegen bereits hinter uns.

Bei mir kam's, wie es kommen mußte: Als wir gestern aus dem Windschatten von Malaita segelten und uns gegen Abend ein Passatwind von 20 Knoten empfing, wurde mir schlecht. Nur mit größter Mühe schaffte ich es, das Großsegel für die Nacht zu reffen und den Besan zu bergen. Ich habe fast nicht geschlafen, wegen Ausguck und Übelkeit. Bevorzugter Ort: die Toilette.

Heute morgen geht's mir besser, seit Rollo heißen Tee und altes Toastbrot serviert hat. Aber auch der Wind hat stark nachgelassen. Es ist jetzt zehn Uhr vormittags, und SOLVEIG schafft nur noch ganze 2,5 Knoten.

12.00 Uhr: Flaute. Wir beschließen, drei Stunden zu motoren, um wenigstens ein paar Meilen zu machen. Wir müssen unseren Dieselvorrat gut einteilen, er reicht nur für etwa 50 Stunden.

17.00 Uhr: Das Boot dümpelt von einer Seite auf die andere. Es ist sehr heiß. Kein Windhauch, trotzdem eine irre Stimmung auf See. Ich habe mich wieder vollständig gefangen und abends sogar gekocht, Kartoffeln mit Bohnen und Klopsen. Wir hatten beide richtigen Hunger.

28. 5. 1988
In der vergangenen Nacht das übliche Flautenspiel: Segel rauf – Segel runter. Wir wechselten uns ab beim Bergen und Setzen. Gegen zwei Uhr waren wir beide so erschöpft, daß wir – Windhauch hin, Windhauch her – alles Tuch an Deck ließen, um wenigstens ein paar Stunden Schlaf zu finden.

Heute morgen frühstücken wir am aufgeklappten Tisch, ohne daß die Teller rutschen. Wir können sogar gleichzeitig Tee dazu trinken, ein wirklich seltener Luxus auf See. Die Dünung hat so abgenommen, daß sich das Boot kaum noch bewegt.

11.00 Uhr: Leichter Wind aus Südost ist aufgekommen, wir machen vier Knoten Fahrt.

12.00 Uhr: Ich habe die letzte Papaya zu einem Obstsalat mit frischen Bananen und einer Dose Kompott verarbeitet.

14.00 Uhr: Rollo hat am Baum einen großen Trichter mit Schlauch angebracht, um Regenwasser aufzufangen. Doch bis jetzt sind alle Schauer an uns vorbeigezogen. Spätnachmittags die Segel geborgen. Der Wind ist wieder eingeschlafen – später auch die Crew.

29. 5. 1988
Im Augenblick gibt es nur ein Thema: „Wann kommt Wind?" Heute nacht hat uns die Gegenströmung 30 Meilen nach Westen versetzt. Mittagsetmal: 10 Meilen, und die sind wir gestern motort. Laut Windkarte liegt aber die eigentliche Flautenzone noch 900 Meilen vor uns.

Rollo liest, um seine Nervosität abzubauen. Gleich zu Beginn einer langen Überfahrt so festzuhängen, das zehrt an den Nerven. Gestern abend habe ich mit unserem Kurzwellenempfänger den Wetterbericht von Townsville in Australien hören können. Demnach ist noch keine Änderung der Gesamtwetterlage in Sicht.

13.00 Uhr: Seit drei Stunden bewegen wir uns bei maximaler Besegelung mit zwei Knoten Richtung Norden. Immerhin besser als nichts. Übrigens ist heute ein Jahrestag: Vor genau fünf Jahren sind wir in Travemünde zu unserer Weltumsegelung gestartet. Ein halbes Jahrzehnt ist das jetzt her!

30. 5. 1988
Wir sind in eine Zone heftiger Regenschauer und Windböen geraten. Die ganze Nacht bleiben wir auf, um bei den ständig wechselnden Windrichtungen SOLVEIG auf Kurs zu halten. Das bedeutet: bei Gegenwind alle Segel bergen, bei günstiger Richtung alles Tuch herauf! Der Wassertank ist zum Überlaufen voll – Rollos Vorrichtung funktioniert großartig. Daraufhin haben wir beide heute morgen geduscht und Haare gewaschen. Auch die schmutzige Wäsche ist gewaschen, jetzt fehlt nur noch Sonne zum Trocknen. Doch es regnet wirklich ohne Unterlaß.

Seit gestern sind wir wieder etwas weiter gekommen, aber jede Meile ist hart erkämpft. Trotz der Äquatorsonne messen wir erstaunlich frische Temperaturen, zumindest für meine Begriffe: 28 Grad – und ich friere bereits. Das kann ja noch heiter werden! Jedenfalls laufe ich längst nicht mehr halbnackt herum. Shorts und T-Shirt sind das mindeste an Kleidung, was ich brauche.

Gegen 16 Uhr schaute die Sonne hervor, so kann die Wäsche jetzt trocknen. Wind: null! Wir motoren ein paar Stunden, um nicht zu weit abgetrieben zu werden. Lange können wir uns das aber nicht mehr leisten.

31. 5. 1988
Seit Mitternacht segeln wir wieder! Langsam zwar – zwei bis drei Knoten –, aber dafür nach Osten. Alaska liegt nordöstlich von uns, und normalerweise bläst uns auf zwei Dritteln der Strecke der Nordostpassat ins Gesicht. Deshalb können wir nur selten unser Ziel direkt anliegen, sondern müssen stattdessen versuchen, mal einen östlichen, mal einen nördlichen Kurs zu halten. Das Wetter ist phantastisch, wir haben endlich wieder Äquatortemperaturen um 30 bis 32 Grad. Das war gestern eine richtige Kaltfront, die da an uns vorbeigezogen ist.

Zur Feier des Tages – heute ist Vollmond – habe ich ein Bananenshake mit Rum gemixt. So lange wie möglich lassen wir es uns gutgehen. Außerdem hilft es, daß ich letzte Nacht ein paar Stunden schlafen konnte.

Nachrichten der Deutschen Welle: Reagan besucht Gorbatschow in Moskau, Abrüstungsvertrag kurz vor der Unterzeichnung. Illegaler Waffentransport nach Fidschi vom australischen Zoll entdeckt – der größte Fang in der australischen Zollgeschichte.

1. 6. 1988
Riesenschreck gestern nacht: Der Autopilot hielt den Kurs nicht mehr. So hatte ich mir die romantische Vollmondnacht nicht vorgestellt! Zu allem Überfluß goß es in Strömen, und mir wurde wieder einmal klar, was es heißen würde, bei Wind und Wetter, bei Tag und Nacht, abwechselnd draußen am Ruder stehen zu müssen. Rollo arbeitete wie besessen vier Stunden lang, um den Fehler zu finden, prüfte sämtliche Leitungen durch, kontrollierte alle Kontakte und Schalter, bis er schließlich – für mich war es wie ein Wunder – die Ursache fand: Korrosion an einer der Sicherungen.

Ich war so glücklich über diesen Erfolg, daß ich ihm eine Nachtwache dafür schenkte ... Um zwei Uhr kam Wind auf, und wir konnten sechs Stunden lang segeln. Im Augenblick – es ist 13.00 Uhr – stecken wir mal wieder in einem schweren Wolkenbruch mit starken Böen aus verschiedenen Richtungen. Um Süßwasser brauchen wir uns wirklich keine Sorgen zu machen.

Rollo hat vom vielen Sitzen ein böses Furunkel am Podex bekommen, ich behandle es mit antibiotischem Puder. Hoffentlich hilft's.

2. 6. 1988
Wie soll das nur weitergehen? Die ganze Nacht hat es so gestürmt, daß wir beidrehen mußten. Und das in der angeblich ruhigsten Zone der Erde. Brecher fegten übers Deck, wir behielten unser Ölzeug ständig an, auch in der Kajüte. Immer wieder mußte Rollo das Ruder neu festzurren, um das Boot irgendwie auf Kurs zu halten. Er brachte seine Augen kaum auf, so hart peitschte ihm der Regen ins Gesicht. Schlaf entfiel natürlich – wir sind beide völlig erschlagen.

Vormittags die kleine Fock gesetzt, um bei dem Sauwetter wenigstens voranzukommen. Die vielen Wolkenbrüche sind im Augenblick zum Normalzustand geworden. Ziemlicher Seegang hat sich aufgebaut, SOLVEIG kämpft gegenan.

Vorhin ist bei einem Riesenbrecher eine 15-Liter-Flasche mit Süßwasser-Notvorrat aus ihrer Verzurrung geflogen und hat aus der Holzstufe zur Vorderkajüte Kleinholz gemacht. Die Korbflasche selbst ist erstaunlicherweise heil geblieben.

13.00 Uhr: Seit einer Stunde kein Wolkenbruch mehr, auch der Wind hat sich etwas stabilisiert. Allerdings hat uns der Gegenstrom ganz schön versetzt – Rollo ist seelisch und körperlich down. Er hat mit diesen Schwierigkeiten gleich zu Beginn der langen Überfahrt nicht gerechnet. Wenn das die nächsten Wochen so weitergeht, in welchem Zustand werden wir dann Alaska erreichen?

3. 6. 1988
Der erste Tag ohne Regenschauer. Wetter bestens – aber Wind der Stärke vier aus Nordost. Müssen daher nach Südosten segeln. Aber wenigstens machen wir wieder Fahrt!

Mittags Grießpudding mit Himbeersirup (noch aus Tahiti).

Ich nehme jetzt die Sturm- und Orkanwarnungen vom Wettersender Hawaii immer auf Kassette auf, um sie anschließend genau mitschreiben zu können. Im Augenblick ist einiges los im Pazifik: Taifun in der Nähe von Japan mit 150 km Windgeschwindigkeit, und ein Sturm etwa 20 Grad nördlich von uns. Wir dürfen uns auf keinen Fall zu weit westlich – also in Richtung Japan – versetzen lassen. Lieber kreuzen wir, so lange es geht. Einen Taifun auf See würden wir wohl nicht überleben.

4. 6. 1988
Die Insel Nauru nahebei passiert.
Der Passat weht genau aus Osten, so können wir erstmals ganz gut Nordost anliegen. Und er scheint stetig zu sein. Wir machen 5,5 Knoten Fahrt und segeln um 20.30 Uhr über die magische Linie, den Äquator. Wir sind im Nordpazifik!
Große Feier an Bord bei sternklarer Nacht. Neptun bekommt ein halbes Glas von der letzten Flasche Rotwein aus Tahiti. Unser Äquatormenü: Shrimpscocktail auf Artischockenböden mit Reis und als Nachspeise Caramelcreme. Wir sind restlos glücklich und voller Hoffnung, was die Weiterfahrt betrifft. Es scheint, daß wir die Flauten- und Gewitterzone hinter uns haben. Das entspricht auch der Wettervorhersage von WWV Hawaii.

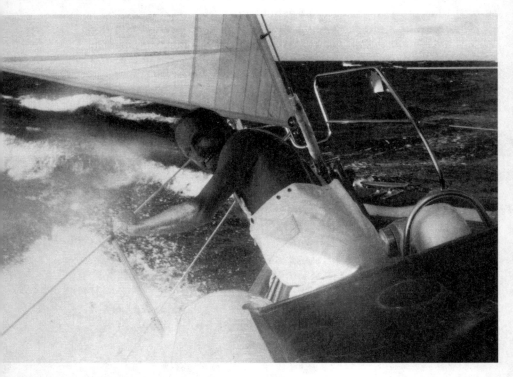

Zu neuen Zielen: Zwei Monate Überfahrt nach Alaska liegen vor uns.

5. 6. 1988
SOLVEIG segelt immer noch auf Traumkurs. Wind beständig, Stärke vier bis fünf, keine Segelmanöver notwendig. So könnte es ewig weitergehen.
 Über Kurzwelle Nachrichten aus Australien: Der Waffenschmuggel nach Fidschi war von den Indern organisiert. Ein ganzer Container mit Gewehren und Munition ist schon in Fidschi eingetroffen.
 Spektakulärer Sonnenuntergang. Rollo filmt ihn bis zum Eintauchen des roten Balls ins Meer. Lange sitzen wir später noch im Cockpit und sprechen über die politischen und rassischen Auseinandersetzungen in Fidschi.

6. 6. 1988
Der Wind hat auf 20 Knoten zugelegt und kommt jetzt aus Ostsüdost: noch besser! Wir werden immer schneller. Vorerst lassen wir die große Arbeitsfock noch stehen, da der Kurs sehr günstig ist und wir das Tempo – sechs bis sieben Knoten – nicht mindern wollen. Mal sehen, wie lange wir das noch durchhalten. Zu groß darf der Druck auf das Ruder nicht werden, sonst könnte der Autopilot Schaden nehmen.
 Geschlafen habe ich heute nacht nicht, dazu bin ich zu aufgeregt. Außerdem sind die Bewegungen hart und unruhig geworden.
 07.00 Uhr: Wir müssen die große Fock nun doch bergen und die kleine Fock setzen. Der äquatoriale Gegenstrom treibt uns zudem phantastisch nach Osten – vier Meilen in der Stunde haben wir gemessen. Es ist kaum zu fassen. Daraufhin haben wir auch die kleine Fock geborgen, um nicht zu schnell wieder aus dem günstigen Strombereich zu kommen. Uns kann gar nichts Besseres passieren, als auf diese elegante Weise Ost zu „erschleichen".
 14.00 Uhr: Seit heute vormittag 25 Meilen nach Osten gesegelt und getrieben!

7. 6. 1988
Ein extra Dankeschön an Neptun und seinen Meeresstrom. Gestern hat er uns zu über 80 Meilen Ost verholfen. Wind in der Nacht um 25 Knoten, mußten das Groß reffen, aber der Kurs ist ideal: immer weiter nach Nordosten! Seit heute Mittag segeln wir zwischen den

Atollen der Marshall-Inseln. Bis Alaska sind es noch 4000 Meilen, also rund 7000 Kilometer. Ich bin sehr müde.

8. 6. 1988
Flaute. Ohne die Strömung ginge es uns schlecht, aber so treiben wir wenigstens eine Meile in der Stunde nach Osten. Kaum Seegang, da die großen Atolle Schutz bieten. Rollo erbringt eine heroische Leistung: Er baut die neue Eberspächer Heizung ein, die er aus Deutschland mitgebracht hat, und das bei 36 Grad Außentemperatur! Ob sie wirklich funktionieren wird, bleibt allerdings offen, denn der Thermostat arbeitet erst ab 29 Grad.

Abends ist Rollo fix und fertig von der Anstrengung. Wir feiern trotzdem den Einbau mit Gin und Orangensaft. Am Ende haben wir beide einen solchen Schwips, daß sich alles um uns dreht. Rollo redet wie ein Buch und lauter Unsinn – er verträgt ja keinen Alkohol. Weiß nicht mehr, wie wir in die Kojen gefunden haben.

9. 6. 1988
Mein armer Kopf! Und meine Glieder fühlen sich an wie Blei ... Rollo geht es nicht besser. Wir trinken drei Liter Tee am Morgen, später noch mal einen Liter zum zweiten Frühstück.

10. 6. 1988
Uns ist eine australische Yacht begegnet, mit Kurs auf den Haupthafen der Marshall-Inseln. Wir konnten ihr eine Nachricht für Ille mitgeben.

11. 6. 1988
Flaute, aber dafür ein Riesenerfolg heute morgen: die Heizung funktioniert! Rollo ist eigens ganz früh aufgestanden, um die morgendliche Kühle zu nutzen. Bei genau 29 Grad Innentemperatur schaltet er sie an – und tatsächlich: Sie läuft! Er kommt strahlend zu mir an die Koje, um die gute Nachricht zu verkünden.

12. 6. 1988
Langsam verliere ich den Glauben daran, daß wir jemals oben in Alaska ankommen.

13. 6. 1988
Segel rauf – Segel runter. Mir reicht's jetzt. Ich träume nicht nur nachts von einer Rollfock, die uns das ständige Setzen und Bergen der verschiedenen Vorsegel ersparen würde. Aber es gab eben auch gute Gründe – jede Mechanik ist reparaturanfällig –, auf diese Erleichterung zu verzichten.

14. 6. 1988
Ich habe schon mal die warmen Mützen, Handschuhe, Pullis und die Angorawäsche ausgepackt und statt dessen Bikinis und Shorts weggeräumt. Zwar kann ich mir noch nicht vorstellen, daß wir jemals die kalte Zone erreichen werden, aber wer weiß? Vielleicht besinnt sich Neptun ja eines Besseren und schickt uns etwas Wind.

15. 6. 1988
Stimmung mies. Die Zeit läuft uns davon. Ende August ist in Alaska die Sommersaison vorbei. Und bei dem derzeitigen „Tempo" werden wir kaum früher eintreffen.

Diskussion mit Rollo über Treue. Nach wie vor bin ich der Meinung, daß Untreue dann beginnt, wenn einer der Partner anfängt, bewußt Dinge zu verschweigen. Wenn er ein zweites Ich aufbaut, an dem der andere keinen Anteil mehr hat. Ein Leben nach dem Motto *Was ich nicht weiß* ... kann und will ich nicht führen. Ebensowenig macht es mir Spaß, den Spieß umzudrehen. Falls das Verhältnis zum Partner noch intakt ist, dann kann das Zusammensein mit Freundinnen oder Freunden die Beziehung doch nur bereichern. Wenn ich jedoch aufhöre, dem anderen davon zu erzählen, weil ich das Gefühl habe, es gehe ihn nichts an, dann ist für mich die Vorstufe zur Untreue erreicht.

16. 6. 1988
Der Nordostpassat kommt durch – und mit Wucht. Endlich! Wir setzen die kleine Fock, und ab geht es. Ob das anhält? Mein Bedarf an Schauern, tropischen Sintfluten und Wind aus allen Richtungen ist völlig gedeckt.

18. 6. 1988
Der kräftige Nordost steht durch. Nachts endlich einmal gut geschlafen. Das Boot liegt bei ungerefftem Groß und Fock stark über, dafür segeln wir mit fast sieben Knoten nach Norden. Sensationelles Etmal: 150 Meilen! Und das hoch am Wind. Aber das Tempo und die harten Bewegungen strengen wahnsinnig an, auch das Tagebuchschreiben erfordert erheblichen Kraftaufwand.

15.00 Uhr: Gerade mußten wir einige Fächer auf der Backbordseite ausräumen, weil von Deck Wasser hineinläuft – und nicht wenig! Acht kleine Filme sind verdorben, etliche Blocks mit Briefpapier aufgeweicht, Kleidung ist verschimmelt. Auch von der Propellerwelle achtern läuft soviel Wasser in die Bilge, daß wir alle zwei Stunden pumpen müssen. Neues Fett wäre dringend nötig, aber das läßt sich nur auf dem Slip hineinpressen.

19. 6. 1988
Hoher Barometerstand. Leider dreht der Wind wieder zu unseren Ungunsten. Wir können nicht mehr direkt nach Norden segeln, müssen nach Nordwesten ausweichen. Heute habe ich Rollo bei der Kartenarbeit gefilmt. War sehr anstrengend bei den holprigen Bewegungen – bin in Schweiß gebadet.

20. 6. 1988
Nur noch zehn Knoten Wind. Trotz großer Fock machen wir schwache dreieinhalb Knoten. Hoffentlich steuern wir nicht in die nächste Flaute! Es bleiben noch 3 600 Meilen. Wir haben unsere Uhren um eine Stunde vorgestellt. Insgesamt beträgt der Zeitunterschied zwischen den Salomonen und Alaska vier Stunden.

Wenn wir unser Ziel erreichen, sind wir ein Viertel des Erdumfanges nonstop gesegelt: eine Distanz, die ich mir kaum vorstellen kann. Ich lebe von einem Tag, von einem Breitengrad zum nächsten und freue mich, wenn Rollo wieder eine Position in die Karte eintragen kann, die uns Alaska näher bringt.

21. 6. 1988
Es ist der reine Wahnsinn: 160 Meilen sind wir seit gestern vorwärts gekommen. Neptun entschädigt uns wirklich großzügig für die mie-

sen Anfangswochen. So macht Segeln Spaß! Ich habe mich jetzt derart an SOLVEIGS Bewegungen gewöhnt, daß ich meine Dauermüdigkeit verloren habe. Ich könnte Bäume ausreißen, wenn es hier welche gäbe.

Es ist immer noch unglaublich heiß, erst ab dem 30. Breitengrad wird es wohl endgültig kühler werden. Ich sitze viel draußen, sauge die Sonne, den Wind förmlich in mich auf.

Nachmittags Gedenksendung über den Dirigenten Knappertsbusch gehört, auf Band natürlich. Viel fotografiert.

22. 6. 1988
Regenschauer, Windböen. Segelwechsel – Kurs super, aber der Seegang nimmt rapide zu. Wetterbericht meldet Orkane bei Japan und Mexiko und Sturm vor Alaska. Wir hören diese Meldungen mit Beklemmung.

23. 6. 1988
SOLVEIGS Tempo nimmt mir buchstäblich den Atem und inzwischen auch wieder meine körperlichen Kräfte. In drei Tagen sind wir einen Monat auf See, und wenn wir Glück haben, liegt dann etwa die Hälfte der Strecke hinter uns.

Seit gestern nacht bläst es mit Stärke sechs bis sieben, trotzdem können wir immer noch hoch am Wind segeln. Mir zittern Hände und Beine vor Erschöpfung. Beim Segelwechsel entkam mir auch prompt das Fockfall, Gott sei Dank konnte ich es achtern wieder einfangen. Zwei Nächte ganz ohne Schlaf laugen aus. Ich habe deshalb zum Frühstück zwei Spiegeleier und vier Scheiben Knäckebrot mit Erdnußbutter gegessen. Ich beneide Rollo, der nachts immer irgendwie Schlaf findet. Trotzdem fühlt er sich heute mindestens ebenso zerschlagen wie ich.

24. 6. 1988
160 Meilen Etmal und den Wendekreis des Krebses übersegelt. Das bedeutet: Seit Charleston, also seit über vier Jahren, haben wir zum ersten Mal wieder die Tropen verlassen. Hoffentlich steht unsere Fahrt in die hohen Breiten unter einem günstigeren Stern als da-

mals die Überfahrt nach Amerika. Jedenfalls gönnen wir uns eine Dose roten Lachs und einen Schluck Sherry.

Ich fühle mich wieder besser, konnte auch nachts drei bis vier Stunden schlafen. Heute morgen hat Rollo ein Flugzeug beobachtet, das uns längere Zeit umkreiste – etwa eine halbe Stunde – und dann abdrehte in Richtung eines etwa sechs Meilen entfernten Schiffes. Rollo hält es für einen russischen Horchposten mit Radargeräten. Die Propellermaschine kam wohl vom 600 Meilen entfernten US-Stützpunkt auf Midway Island.

26. 6. 1988
Das Kreuz des Südens ist nicht mehr zu sehen, für mich das einzige sichtbare Zeichen, daß wir unserem Ziel tatsächlich näherkommen.

Fast jeden Tag erwische ich zwei bis drei Kakerlaken. Sie schleichen so träge dahin, daß ich sie leicht fangen kann. Größtes Problem ist zur Zeit die Feuchtigkeit im Boot. Durch das harte Segeln hoch am Wind bleibt das Deck ständig naß, und an den Wänden im Bootsinnern laufen überall kleine Rinnsale herunter. Wir mußten bereits zwei Fächer vollständig ausräumen, um die Geräte vor dem Salzwasser zu schützen. Auch meine Achterkoje wird täglich feuchter. Den Kurzwellen-Weltempfänger am Kartentisch haben wir mit Plastik abgedeckt.

27. 6. 1988
Um Mitternacht ist der Wind eingeschlafen. Das Ende der Passatzone? Bis etwa 13 Uhr Totenflaute, doch dann kommt eine leichte Brise aus Südwest. Ob sie uns treu bleibt? Dann hätte das Gegenan endlich ein Ende. Zum ersten Mal segeln wir mit achterlichem Wind auf unser Ziel zu – noch 2 600 Meilen liegen vor uns!

Seit Tagen begleitet uns ein Sturmvogel – ich gäbe viel darum, wenigstens einmal SOLVEIG und ihre Besatzung aus seiner Perspektive zu betrachten ... Rollo hat sich heute in das Buch *Backen macht Freude* vertieft. Ihm rinnt der Schweiß in Bächen herunter, trotzdem ist sein Appetit auf Kuchen so übermächtig, daß er sich am Nachmittag tatsächlich daran machen will, etwas zu backen. In zehn Tagen ist sein Geburtstag, und vorher soll es einen sogenannten Probekuchen geben. Das Boot liegt ja im Augenblick recht ruhig, trotz unserer vier Knoten Fahrt.

20.00 Uhr: Der Kuchen ist fertig! Und an keiner Ecke angebrannt, was bei einem Petroleumherd wirklich ein Kunststück ist. Er schmeckt hervorragend – das ist Rollos bisher bester Kuchen auf See! Wir schwelgen ...

28. 6. 1988
Barograph stark gefallen – Fock und Besan geborgen, Wind 27 Knoten. Wir segeln nur unter Groß. Hawaii meldet ein Tief nur 150 Meilen entfernt. Wir sind zur Zeit wohl in den Ausläufern. Sehr diesig, Regen, beachtliche Wellenberge, aber wenigstens von achtern.

15.00 Uhr: Barograph weiter runter.

18.00 Uhr: Baro fällt immer noch – der Wind hat sich zum Sturm entwickelt.

29. 6. 1988
Eine grauenvolle Nacht! Müssen dreimal in den peitschenden Regen und Sturm hinaus: zweimal zum Reffen, schließlich zum Bergen von allem Tuch. Nichts geht mehr. Wir treiben vor Topp und Takel, das Meer ist ein Inferno! Das Boot legt sich ohne Segel ganz auf die Seite und macht dabei noch immer zwei Knoten Fahrt. Mir wird übel vor Angst. Der Wind heult nicht mehr, er kreischt und schreit. Die Wasseroberfläche ist nur noch weiß. Ich kann mich kaum noch festhalten, denke, das muß ein Taifunausläufer sein, und alles geht zu Ende. Wir sprechen beide kein Wort, auch in Rollos Gesicht steht die Sorge. Wir flüchten in die Kajüte und verriegeln den Niedergang mit dem wasserdichten Spezialschott.

Später leichtes Nachlassen des Sturms auf 43 Knoten, also acht bis neun Windstärken. Gegen zehn Uhr können wir wieder das Groß setzen.

15.00 Uhr: Laut Wetterbericht zieht das Sturmtief Richtung Nordosten weiter, aber zwei weitere Tiefs sind in unserer Nähe. Fühlen uns körperlich und seelisch völlig zerschlagen.

20.00 Uhr: Flaute. Wieder alles geborgen. Es ist zum Davonlaufen, wenn man könnte.

30. 6. 1988
In der Nacht fällt mit lautem Getöse der Herd aus seiner kardanischen Verankerung. Ich kann jetzt nur noch kochen, wenn ich den Topf mit einer Hand festhalte; die andere Hand brauche ich, um mich selbst abzustützen.

Das Thermometer ist stark gefallen: 22 Grad Außentemperatur. Wir schlafen in Pulli, Jeans und Ölzeug wegen des ständigen Nieselregens. Kleiner Trost am Morgen: Unser Sturmvogel hat sich wieder gezeigt. Der Barograph steigt langsam. Leider haben wir seit einer Stunde Gegenwind und segeln jetzt unter Groß und Fock nach Nordwesten. So liegt das Boot wenigstens ruhiger.

In der Alaska-Klimatabelle lese ich von durchschnittlich 18 Regentagen in den Monaten Juli und August. In der übrigen Zeit sind es noch mehr. Ehrlich gesagt trägt diese Information nicht gerade zu meiner Vorfreude bei. Aber wer weiß?

1. 7. 1988
Wir liegen mal wieder in einer Flaute. Nach dem fürchterlichen Sturm sind wir aber gar nicht so unglücklich darüber und freuen uns über die Ruhe und Sonne. Außerdem koche ich Spaghetti und leiste mir eine Flasche Blanc de Blanc dazu. Wir leben jetzt nach dem Motto: „Was du heute kannst genießen ..."

„Stormy Jack" begleitet uns seit einer Woche.

„Stormy Jack", wie wir unseren Sturmvogel getauft haben, hat uns wieder besucht. Er kommt mehrmals am Tag für etwa zehn Minuten, wahrscheinlich nur, um nach dem Rechten zu sehen. Dann fliegt er weiter und fängt sich seine Mittags- oder Abendmahlzeiten. Er ist besonders schön: schneeweiße Brust und braunweiße Schwingen. Die Spannweite seiner Flügel schätze ich auf eineinhalb Meter.

16.00 Uhr: Ein Frachter passiert uns achteraus nur eine Viertelmeile entfernt. Er ist wohl auf dem Weg von Los Angeles oder San Francisco nach Japan; wir sind also auf der Dampferlinie. Ich fürchte, von nun an müssen wir auch nachts regelmäßig Ausguck halten. Unsere Position: 33 Grad 24 Minuten Nord und 179 Grad 14 Minuten West.

2. 7. 1988

Was mache ich nur mit meinen Tagebuchaufzeichnungen? Vor ein paar Stunden haben wir die Datumslinie überquert, und jetzt gibt es plötzlich den Samstag zweimal. Das ist in meinem Kalender nicht vorgesehen. Ich könnte natürlich einen Tag lang keine Aufzeichnungen machen, dann stimmt er wieder. Aber ich werde doch lieber die Samstagseite halbieren.

Herrlicher Wind von achtern, Stormy Jack ist immer noch bei uns. Rollos Kuchen schwindet dahin – er plant bereits den nächsten. Den ganzen Vormittag versucht er, undichte Stellen im Deck mit Gummimasse zu verkleben, bisher leider ohne Erfolg. Ich habe jetzt zwei Plastikschüsseln in den Schapps darunter aufgestellt, um wenigstens einen Teil des Wassers auffangen zu können. Naß gewordene Wäsche hängt an Deck zum Trocknen.

Der faszinierendste Kurzwellensender ist zur Zeit Radio Moskau mit deutschen Nachrichten. Völlig ungewohnt offene Auseinandersetzung über Gorbatschows Reformpläne, dabei gleichzeitig Kritik am kommunistischen System. Ich glaube zu träumen.

2. 7. 1988

Vormittags der gewohnte Besuch von Stormy Jack. Wind ideal – um die 15 Knoten. Inzwischen bin ich versöhnt mit dem Nordpazifik.

Rollo hat gleich zwei neue Teekuchen gebacken. Einer wird für den Geburtstag aufgehoben. Der Wetterbericht meldet für heute keine Stürme, nur Nebel. Herrlich!

3. 7. 1988
Nebel und Regen. Der Rand eines Tiefdruckgebiets hat uns 20 Knoten Wind gebracht, und SOLVEIG macht gute Fahrt. Heute haben wir die 2000-Meilen-Grenze erreicht, das heißt, es sind jetzt nur noch 1980 Meilen bis Alaska. Gemessen an dem, was wir hinter uns gebracht haben, ist das schon fast die Ansteuerung ... San Francisco liegt übrigens auf unserer heutigen Breite. Die Stimmung an Bord könnte nicht besser sein.

Meine Kopfhaut hat inzwischen einen beachtlichen Schuppenfilm angesetzt, aber mit dem Süßwasser müssen wir haushalten.

Bin gespannt, wie Wimbledon ausgeht. Im Endspiel steht Becker gegen Edberg. Morgen früh werden wir das Ergebnis von BBC hören. Die Deutsche Welle empfangen wir jetzt nur noch abends für zwei Stunden.

20.30 Uhr: Frachter gesichtet. Nachts Wache.

4. 7. 1988
BBC meldet: Becker hat das Wimbledon-Finale verloren. Schade.

Mittags setzte der Wind vorübergehend aus, und nun bläst er uns seit einer halben Stunde entgegen, genau aus Nordost. Also wieder mal hoch am Wind, wie gehabt. War ja auch zu schön, das mit dem achterlichen Wind. Stormy Jack hält trotz des Nebels unseren Kurs tapfer mit. Für unsere Begriffe ist es empfindlich kalt geworden, das liegt wohl am nördlichen Wind. Nur 16 Grad mißt das Thermometer. Gegen 20 Uhr – es ist bereits dunkel, und wir haben gerade die Deutsche Welle eingeschaltet – höre ich auf einmal ein ungewohntes Brummen.

Schnell schieben wir das Luk auf, schauen hinaus und trauen unseren Augen nicht. Nur wenige hundert Meter von SOLVEIG entfernt, hält ein hell erleuchtetes Schiff direkt auf uns zu. „Um Himmels willen!" rufe ich entsetzt. „Die haben uns nicht gesehen!"

Rollo spielt zunächst den Gelassenen. „Wenn es dich beruhigt", meint er lässig, „kann ich ja den Motor starten."

„Ja – es würde mich beruhigen", gebe ich zu, wohl wissend, daß es auch seinen Nerven gut tun wird.

Der Motor läuft, ich rufe das Schiff über Kanal 16. Nichts – keine Reaktion. Der Abstand verringert sich weiter. Außer unseren Positionslampen habe ich beide Deckscheinwerfer eingeschaltet, so daß unsere Segel hell beleuchtet sind.

Plötzlich sehen wir das rote und grüne Positionslicht des Riesen auf unserer Backbordseite. „Der fährt uns über den Haufen! Ist der noch zu retten?" Rollo flucht, außer sich vor Zorn.

Über den Außenlautsprecher unseres UKW-Funks höre ich jemanden aufgeregt in einer asiatischen Sprache rufen. Kurze Zeit später antwortet einer. Ich stürze wieder ans Funkgerät, während Rollo Vollgas gibt.

„This is yacht SOLVEIG, this is yacht SOLVEIG – please come in", flehe ich verzweifelt in die Hörermuschel. „You are heading towards us!"

Keine Antwort, nur unverständliches Gemurmel – aber der Abstand verringert sich noch weiter.

„Die verstehen kein Englisch, es ist nicht zu fassen", schimpfe ich. „Aber sie müssen mich doch wenigstens gehört haben!"

Während Rollo versucht, mit Vollgas dem Ungetüm zu entkommen, macht man dort keinerlei Anstalten, den Kurs zu ändern. Rollo nimmt erneut das Fernglas. „Du, der treibt, der fährt gar nicht!" ruft er mit einem Mal.

Ich kann es noch kaum glauben, zu tief sitzen Angst und Schrekken. Deshalb also die Verwirrung mit den Positionslichtern, und deshalb kamen wir uns nur langsam näher!

Rollo stoppt den Motor. Für ihn gibt es im Augenblick nur eine Frage: Warum zum Teufel treibt dieses Schiff hier mitten im Pazifik? Mir ist das im Augenblick ziemlich gleichgültig, ich bin nur froh und dankbar, dieser Beinahe-Kollision entgangen zu sein.

Nachts mache ich noch fünf weitere Lichter am Horizont aus, und nach Mitternacht ändern wir schließlich unseren Kurs, um aus diesem Treck herauszukommen.

5. 7. 1988
Der Wind ist wieder achterlich. Bestes Segeln!

Stormy Jack schwimmt von Zeit zu Zeit auf dem Wasser, um sich auszuruhen. Als wäre er eine Ente, läßt er SOLVEIG etwa 500 Meter an sich vorbeiziehen, um dann wieder aufzufliegen, das Boot zu umkreisen und nach Fischen zu jagen.

So einen zutraulichen Sturmvogel habe ich noch nie beobachten können. Seit nun zehn Tagen begleitet er unser Schiff. Für mich verkörpert dieser Vogel ein kleines Stück heiler Welt.

Rätselhafter Halt

6. 7. 1988
Ein Schock jagt den nächsten! Seit heute nacht glaube ich an Meeresungeheuer und Gespenster ...

Nordpazifik, 40 Grad 2 Minuten Nord, 172 Grad 19 Minuten West. Wassertiefe etwa 5 000 Meter. SOLVEIG segelt mit sechs Knoten Fahrt bei achterlichem Wind nach Nordost. Es ist meine Wache, und gerade eben habe ich einen Blick in die pechschwarze Nacht hinaus getan. Keine Lichter zu sehen.

Ich setze mich wieder auf die Koje und lese. Plötzlich ein Ruck. Das vertraute Geräusch des vorbeiziehenden Wassers ist verstummt. Es herrscht absolute Stille. Rollo wacht auf. „Was ist los?" ruft er verschlafen.

Ich kontrolliere die Instrumente am Kartentisch: Wind 20 Knoten, Kompaß 60 Grad, Log nur 0,2 Knoten. „Du, wir stehen, das Log zeigt keine Fahrt mehr an!" antworte ich verwirrt.

„Wahrscheinlich ist Schmutz in den Logpropeller geraten", beruhigt mich Rollo traumverloren.

„Nein, nein – auch der Wellengenerator lädt nicht mehr. Wach' auf, ich spinne nicht." Ich bemühe mich um einen sachlichen Ton, um meine Anspannung zu überspielen.

Mit einem Mal ist jetzt auch der Käpt'n hellwach und springt an Deck. Ich mache draußen Licht und sehe, daß die Segel wunderbar stehen, so voll wie vorher; auch der Kurs stimmt. Aber SOLVEIG rührt sich nicht vom Fleck: als wäre sie angeleimt oder hätte sich auf einer Sandbank festgefahren.

Ich habe nur einen Gedanken: so schnell wie möglich Segel runter! Mit aller Kraft holen wir zusammen das Groß dicht, dann stolpere ich zum Mast und ziehe Bahn für Bahn an dem riesigen Tuch, während Rollo sich gleichzeitig am Besan zu schaffen macht. Endlich – alle Segel sind geborgen, und der ungeheuere Druck ist aus dem Boot heraus.

Mit der Taschenlampe leuchtet Rollo in die aufgewühlte, schwarzgraue See und an der ganzen Bordwand entlang. Aber es ist nichts, gar nichts zu sehen. Fassungslos starren wir uns an. Was um alles in der Welt ist passiert?

In der Takelage heult der Wind, SOLVEIG schwankt von einer Seite auf die andere.

„Ich glaube, wir bewegen uns etwas!" ruft Rollo plötzlich. Ich blicke aufs Log: Tatsächlich, es zeigt einen Knoten an, und das bei geborgenen Segeln.

„Setz' mal ein Stück vom Groß, damit ich sehen kann, ob sie Fahrt aufnimmt."

Verwirrt kurbele ich an der Winsch – mit Erfolg. Dann setzen wir, ungläubig ob des Vorfalls, wieder die Segel. Und siehe: SOLVEIG rauscht mit Höchstfahrt durch die Nacht, als ob nichts geschehen wäre.

Ob wir jemals erfahren werden, wer oder was sich dem immerhin 14 Tonnen schweren Schiff in den Weg gelegt hat? Ein schlafender Wal? Ein Meeresungeheuer? Oder ein Fischernetz? Ich glaube, es war ein Riesenfisch, weil das Stoppen so plötzlich geschah. Bei einem Fischernetz hätte sich unsere Fahrt nur langsam verringert – und außerdem, wer sollte hier schon fischen? Jedenfalls hätten wir dann ein Schiff bemerken müssen.

Wir sind beide mit den Nerven unten. Rollo hat durch den Schock Zahnschmerzen bekommen, bei mir meldet sich Durchfall.

Tagsüber herrscht meist so dichter Nebel, daß wir nur noch ein paar Meter Sicht haben. Über UKW-Funk meldet sich ein Asiate. Er hat uns wohl auf seinem Radarschirm entdeckt, aber er spricht kein Englisch. Dennoch geben wir unsere Position und Fahrtrichtung durch. Er scheint die Zahlen verstanden zu haben. Ein anderes Crewmitglied nennt in einem wilden Gemisch aus Japanisch und Englisch die Position seines Schiffes. Danach befindet es sich offenbar auf Gegenkurs, aber ziemlich weit entfernt, denn auch die Verständigung wird schlechter. Es ist ein unheimliches, beängstigendes Gefühl, so blind, aber mit voller Fahrt über den Ozean zu ziehen. Im Nebel sehe ich noch weniger als in einer Neumondnacht, in der ich zumindest Positionslampen erkennen kann.

7. 7. 1988
Rollos Geburtstag. Wie viele Geburtstage er in seinem Leben wohl schon auf See verbracht hat? Irgendwann werde ich sie vielleicht einmal zu zählen versuchen.

Um sieben Uhr scheint sogar die Sonne, und blauer Himmel ist zu sehen. Wenn das kein Auftakt ist!

Erster Gratulant: Stormy Jack. Rollo kann ihn sogar fotografieren. Um acht Uhr schließt sich der Nebelvorhang wieder vollständig um uns. Der Wind kommt weiterhin von achtern, mit 16 Knoten. Also ideales Wetter zum Feiern. Ich serviere die drei Gänge unseres Mittagessens auf Porzellangeschirr. Als Nachspeise gibt es Dosenhimbeeren mit Schlagsahne. In diesen kalten Temperaturen ist das Sahneschlagen selbst bei einer vier Monate haltbaren Packung kein Problem mehr.

Nachmittags dann der Geburtstagskuchen mit Tee. Ich fürchte, wir müssen danach zwei Fastentage einlegen ...

Dieses Segeln im Nebel ist unheimlich. Ich gäbe jetzt wirklich viel um ein Radargerät, vor allem, wenn ich an den starken Schiffsverkehr hier denke. Wir hören keine Radionachrichten mehr, um möglicherweise ein sich näherndes Schiff noch rechtzeitig zu bemerken.

8. 7. 1988
Sonne – Sonne – Sonne! Zwei Stunden sitze ich am Nachmittag im Cockpit, eingewickelt in eine dicke Wolldecke. Wir trinken sogar draußen Tee. Stormy Jack ist natürlich mit von der Partie. Es sieht zu lustig aus, wenn er versucht, sich vom Wasser wieder in die Luft zu erheben. Erst flattert er mit seinen Flügeln, und wenn seine Füßchen aus dem Wasser kommen, trippelt er erst ein paar Meter gegen den Wind und hebt dann buchstäblich ab. Ob er wohl bis Alaska mitfliegt?

In unserem Vogelbuch steht, daß die Wanderungen der Sturmvögel noch nicht genau erforscht sind, aber daß einige Vögel über den Äquator hinweg bis in die entgegengesetzte Hemisphäre ziehen. Völlig ungeklärt ist auch, wie die Vögel bestimmte Bezirke auf dem Ozean erkennen und ihren Weg von diesen zu den Brutplätzen oder zurück zu ihren Heimatinseln finden. Normalerweise fliegen sie in Gruppen. Da ist Stormy Jack aber eine Ausnahme. Oder er hat am Ende SOLVEIG als seinen „Leitvogel" auserkoren.

9. 7. 1988
Bitterkalt ist es geworden. Sibirien liegt ja auch nur noch gut 1000 Meilen von unserer heutigen Position entfernt. An den Wänden läuft Kondenswasser herunter, die Luftfeuchtigkeit beträgt 90 Prozent. Morgens und abends leisten wir uns eine halbe Stunde Heizung. Mehr ist nicht drin, denn der Diesel wird knapp.

Meine Kleidung besteht aus mehreren Schichten: lange Unterwäsche, zwei Paar Socken, dicke Jeans und Pullover, Island-Strickjacke. Gott sei Dank ist sie noch ausbaufähig. Mein Whiskyverbrauch hat rapide zugenommen und unser Körpergewicht wohl auch, bei den Mengen, die wir inzwischen futtern. Stormy Jack hat sich Gesellschaft angelacht. Mal sehen, ob die beiden zusammenbleiben. Wie er uns wohl trotz diverser Kursänderungen im dichten Nebel immer wieder findet? Dem Aussehen nach sind „sie" und „er" Eissturmvögel.

10. 7. 1988
Nebel, Nebel – nichts als Nebel!

Heute nacht – es war Rollos Wache – haben wir über Funk mit einem chinesischen Containerschiff Kontakt gehabt. Alle dreißig Minuten tauschten wir die Positionen aus. Wir konnten ihn sehr klar verstehen. Ziel des Frachters war Panama – er befand sich also genau auf Gegenkurs. Der Chinese konnte nicht glauben, daß wir kein Containerschiff sind.

Der Wind nimmt ständig zu, es bläst jetzt mit 26 Knoten. Der Barograph fällt. Im Wetterbericht hören wir wieder von einem Sturm bei den Aleuten, der ostwärts zieht. Möglicherweise erwischt uns noch sein Ausläufer.

Zum ersten Mal haben wir Stormy Jack nicht gesehen. Vielleicht hat er ja gestern sein Weibchen getroffen und fliegt mit ihr zum Brüten nach Sibirien. Ich könnte mir dafür allerdings angenehmere Plätze vorstellen ...

11. 7. 1988
04.30 Uhr: Funkkontakt mit einem japanischen Containerschiff. Erstaunlich, wie weit wir mit unserem Gerät noch senden können, es ist über 20 Meilen von unserer Position entfernt. Sein Ziel: Vancouver.

Die Sommernächte im Norden sind kurz geworden, es wird kaum mehr richtig dunkel: ein großer Vorteil in dieser ungastlichen Ecke der Welt. Trotz wenig Schlaf fühle ich mich aber erstaunlich fit.

Mit unserer Mittagsposition haben wir endlich den von mir langersehnten Falzknick in der Seekarte erreicht: 47 Grad Nord, 161 Grad West. Etmal 140 Meilen, noch vor uns: 1140 Meilen. Rollo kann die Karte jetzt umdrehen und den oberen Teil mit den Aleuten und der Barents-See für die Kurslinie verwenden.

Inzwischen trage ich Thermounterwäsche und Thermoskihosen. Ob ich mich an die Kälte noch gewöhnen werde? Das Teuflische daran ist der eisige Wind und die feucht-kalte Abstrahlung der Bordwände bei dieser niedrigen Wassertemperatur.

7 Wo die Freiheit grenzenlos scheint

11.7.1988
12.00 Uhr: Stormy Jack hat uns wohl endgültig verlassen. Ein Weibchen, das fliegen kann, ist eben doch etwas anderes als ein Segelboot, das nur auf den Wellen schaukelt. Hoffentlich bleibt uns auch ohne unseren gefiederten Talisman das Glück weiter treu.
15.00 Uhr: So ein Mist! Wir können nicht mehr heizen. Wahrscheinlich ist wieder Schmutz im Diesel, unser Dauerproblem. Das bedeutet, eine Reinigung der Pumpe ist erst im Hafen möglich, und bis dahin heißt es Zähne zusammenbeißen. Wir rechnen mit noch zehn Tagen auf See.

12. 7. 1988
Bin lange in der warmen Koje geblieben. In der Kajüte war es so kalt, daß wir unseren eigenen Hauch sahen. Frühstück erst gegen neun Uhr mit klammen Fingern: viel heißer Tee und die allerletzten Spiegeleier, dazu eine Fischkonserve. Endlich einmal kein Nebel, zeitweise Regen, gelegentlich etwas Sonne.

17.00 Uhr: Wir haben zwei Supergründe zum Feiern: Erstens hat Rollo es geschafft, die Heizung wieder in Gang zu bringen. Ich kann es noch kaum glauben – welch eine Wohltat... Mit viel Geduld und Mühe hat er den Dieselschlauch gereinigt, der offensichtlich durch Schmutz verstopft war. Eine üble Arbeit, auf dem Bauch liegend und mit Kopf nach unten in die Bilge hängend.

Zweitens sind wir unter die 1000-Meilen-Marge gekommen. Jetzt bleiben nur noch 995 Meilen.

13. 7. 1988
SOLVEIG läßt mich kaum zur Ruhe kommen. Sie macht bis zu sieben Knoten Durchschnittsgeschwindigkeit. Der Wind ist sehr kräftig und der Barograph mal wieder unten. Das Arbeiten ist schwierig, wir werden regelrecht hin und her geschleudert. Wenn ich den Herd nicht fest verzurrt hätte, wäre er schon längst durch die Kajüte geflogen. Natürlich wollen wir keinesfalls das Tempo mindern. Die Spannung wächst. Nach so langer Zeit auf See – es sind jetzt rund 50 Tage – fällt es schwer, mir Land vorzustellen. Ich habe mich vollständig an das Bordleben auf dem großen Ozean gewöhnt. Wenn da nicht die Angst vor Stürmen wäre, könnte ich es noch eine ganze Zeit so frei segelnd aushalten ... Aber in den hohen nördlichen Breiten bin ich schon froh, wenn wir bald einen geschützten Hafen erreichen. Noch 820 Meilen.

14. 7. 1988
Acht Grad Außentemperatur. Immer öfter genehmigen wir uns die Heizung, weil nur noch rund 700 Meilen vor uns liegen. Der tiefe Barographenstand macht uns Sorgen, die Kurve ging gestern nacht innerhalb von nur sechs Stunden um zehn Millibar nach unten. Entsprechend hat es geblasen. Mit zwei Reffs im Groß und kleiner Fock machen wir immer noch sieben Knoten. Unser körperlicher Zustand heute läßt trotz guter Stimmung zu wünschen übrig.

15. 7. 1988
Seit gestern nachmittag bläst uns der Wind mit 13 Knoten wieder mal entgegen, dafür aber war der neue Anstieg des Barographen nicht mit Sturm verbunden.
  Ausführliches Frühstück mit Bayern III von Kassette. Wenn ich den bayerischen Dialekt des Moderators höre, bekomme ich fast Heimweh. Bei den Staumeldungen allerdings wird es wieder gemildert.
  20.00 Uhr: Wind dreht langsam zu unseren Gunsten. Faszinierende Abendstimmung: orange-rötliche Farben, dazu das Hell- und Dunkelblau des Nordhimmels.

16. 7. 1988
Von zwei bis vier Uhr morgens motort. Später wache ich auf – es ist schon Tageslicht – und merke, daß etwas Wind aufgekommen ist. Leise, um Rollo nicht zu wecken, ziehe ich mein Ölzeug über und schleiche an Deck. Bei weiter laufendem Motor setze ich das Groß. Plötzlich erscheint im Niedergang Rollo, völlig verschlafen. „Du hast deine Hand auf meine Stirn gelegt, nicht wahr?" fragt er mich lächelnd. Nichts davon ist geschehen – ganz im Gegenteil. Ich habe mich ja unbemerkt hinausgeschlichen. Aber unsere seelische Übereinstimmung ist nach der langen gemeinsamen Zeit auf See so stark geworden, daß Rollo wohl selbst im Traum spürt, wenn ich mich von ihm wegbewege. Dabei schlafen wir auf See in getrennten Kojen.

Er hilft mir beim Segelsetzen, und seitdem gleiten wir mit drei Knoten Fahrt auf dem grünblauen Wasser des Golfs von Alaska dahin: Traumwetter mit strahlender Sonne.

Als der Lufthauch für eine Stunde aussetzt, greife ich zum Hörer des UKW-Empfängers, telefoniere auf englisch mit Neptun und bitte ihn um etwas mehr Wind. Und siehe da, es funktioniert: Seitdem segeln wir mit all unserem Tuch Alaska entgegen. Im Augenblick sitze ich, in eine Decke eingewickelt, auf der Cockpitbank und lasse es mir mit leicht angesäuertem Rotwein und dem Buch *Alaska-Fieber* gutgehen.

17. 7. 1988
Nebel, Gegenwind, Uhren eine Stunde vorgestellt. Stimmung an Bord low. Es scheint, als wolle uns die See so kurz vor dem Ziel noch gewaltsam festhalten. Dabei hat schon jeder für sich heimlich ausgerechnet, daß wir in spätestens vier Tagen in Sitka, unserem Zielhafen in Alaska, ankommen müßten. Statt dessen liegen wie beigedreht und warten auf den richtigen Wind. Noch 400 Meilen!

18. 7. 1988
Eine fürchterliche Nacht war das! Der Barograph fiel von 1038 auf 1020. Draußen stürmte es gewaltig, und wir froren erbärmlich. Brecher zischten über das Deck, durch die Lüfter drang wieder Wasser

in die Kajüte. Schlaf natürlich gleich null. Meine Augen brennen noch immer, die Glieder schmerzen.

Heute morgen hat der Wind zu unseren Gunsten gedreht, aber die Dünung ist noch riesig. SOLVEIG stürzt förmlich in die Wellentäler. Aber wir können segeln, es geht wieder vorwärts. Entsprechend steigt die Stimmung bei Käpt'n und Crew. Ersterer fällt trotz der Schaukelei in tiefen Schlaf. Draußen ist es naßkalt und nebelig.

12.00 Uhr: Zu früh gefreut. Der Wind hat wieder zurückgedreht. Oh, meine Nerven! Erneut zwei Reffs ins Groß eingebunden. Wir versuchen jetzt, gegenan zu halten. Das ganze Boot zittert und vibriert. Barograph fällt weiter.

19. 7. 1988

Hier im Golf scheint es nur zwei Windstärken zu geben: Sturm oder Flaute. Im Augenblick ist letztere angesagt. Na ja – etwas Wind weht schon, SOLVEIG schleicht im Schneckentempo nach Norden. Ich bin froh, daß es uns nicht mehr entgegenbläst. Segeln in dieser Gegend ist wirklich nichts für ungeduldige Gemüter … Immerhin bleiben nur noch 300 Meilen.

20. 7. 1988

In der Nacht sind wir 75 Meilen weiter gekommen. Das läßt hoffen. Seit heute morgen hat der Wind zugelegt, mit gerefftem Groß und kleiner Fock brausen wir nun nach Osten.

Diese ständigen Segelwechsel in der Kälte strengen wahnsinnig an, besonders nachts. Mit klammen Fingern Stagreiter um Stagreiter auszuhaken, ist alles andere als ein Vergnügen. Dann wird das Segel an der Reling verzurrt, bevor das andere gesetzt werden kann. Von dem neuen Segel aber müssen erst einmal die Bändsel, mit denen es festgebunden war, gelöst, die Schoten neu verknotet und schließlich wieder Stagreiter um Stagreiter am Vorstag eingehakt werden, bevor ich es endlich mit Hilfe der Winsch hochkurbeln kann.

17.00 Uhr: Kaum zu glauben, aber wahr: nur noch 150 Meilen. Rollo studiert bereits eifrig die Ansteuerungskarte und vertieft sich ins Küstenhandbuch. Sollten wir wirklich übermorgen ankommen?

Noch versuche ich, keine Vorfreude aufkommen zu lassen. Das Wetter ist prächtig, die Barographenkurve verläuft ruhig.

21. 7. 1988
Wie gut, daß wir uns eine eiserne Treibstoffreserve aufgespart haben, denn seit heute früh herrscht Totenflaute. Dazu eine gewaltige Dünung aus Süden. Notfalls werden wir die restlichen 80 Meilen motoren, bevor aus der Flaute wieder das Gegenteil entsteht. Wenn alles gutgeht, könnten wir morgen in Sitka eintreffen. Es fällt mir schwer, an ein Land, an Küste zu denken nach zwei Monaten auf See. Die zurückgelegte Entfernung entspricht etwa zweieinhalb Atlantiküberquerungen, hat Rollo ausgerechnet. Und ich habe das Gefühl, jede gesegelte Meile in meinen Knochen zu spüren.
18.00 Uhr: Achterlicher Wind – wir segeln wieder! Bei strahlender Sonne und ungewöhnlicher Wärme. Meine Vorfreude ist grenzenlos. Ich freue mich auf so vieles: auf die ersten Eisberge meines Lebens, auf eine der sicher spektakulärsten Landschaften der Welt, auf das Tierleben im Eis, und, und, und ...
Auch meine prosaischere Vorfreude ist im Augenblick nicht gering: auf eine heiße Dusche mit Haarwäsche, auf frisches Brot und Gemüse und als Krönung auf Ausschlafen, ohne dauernd durchgeschüttelt zu werden, ein Zustand, den ich mir noch gar nicht vorstellen kann. Und dann auf den ersten Anruf zu Hause. Für meine Mutter zählt jeder Tag früher, an dem sie die ständige Sorge um uns los wird. Hoffentlich ist auch daheim alles in Ordnung. Mir kommt es so vor, als wäre ich Jahre auf See gewesen.
Soweit meine Aufzeichnungen.

Wasserwandern in Alaska

Am 22. Juli, um vier Uhr morgens, tauchen die schneebedeckten Berge Alaskas vor uns auf. Dieser erste Anblick gräbt sich tief in meine Erinnerung ein. Wochenlang umgab mich die unendliche Wasserfläche des Pazifischen Ozeans, bis ich manchmal glaubte, dieses Meer würde niemals enden. Und mit einem Mal wachsen am fernen Horizont zunächst schemenhaft, dann von Stunde zu Stunde immer deutlicher sichtbar, kleine weiße Hügel und Gebirge empor. Nebelschwaden verdecken zeitweise die Sicht, lassen vorübergehend bei mir wieder Zweifel an dem eben Gesehenen aufkommen. Aber schließlich wird es zur Gewissheit: Vor uns liegt Mount Edgecumbe, der markante Vulkankegel und laut Seehandbuch der Ansteuerungspunkt für den Sitka-Sund.

Nur ein Hauch Wind ist noch übriggeblieben. Wir bergen die Segel, um keine Zeit mehr zu verlieren und die letzten Meilen in den geschützten Hafen möglichst rasch unter Motor zurückzulegen. An Betonnung müssen wir uns erst wieder gewöhnen, und vor der ersten Markierung wird mir flau im Magen. Sollen wir sie nun an Backbord oder an Steuerbord passieren? Das amerikanische System ist umgekehrt wie das europäische, das wir von Französisch Polynesien und von ehemals britischen Inseln gewohnt sind. Ein Irrtum kann uns das Schiff kosten.

Nichtsegler empfinden die Nähe einer Küste oft als beruhigend, ohne zu ahnen, daß gerade hier die meisten Gefahren für Schiff und Besatzung lauern. Untiefen, also der Küste vorgelagerte Unterwasserfelsen oder Sandbänke, sind für jeden Kapitän ein Alptraum. Deshalb erfordert gerade die Landnähe höchste Sorgfalt und Konzentration bei der Navigation.

Gegen elf Uhr fällt unser Anker vor Sitka, dem ältesten europäischen Hafen Alaskas. Seine Gründung geht nämlich noch auf die ersten russischen Pelzjäger zurück.

Nach einem ausgiebigen Frühstück, zusammengestellt aus den restlichen Konserven, falten wir unser Schlauchboot an Deck auseinander, pumpen es auf und lassen es zu Wasser. Trotz unserer Müdigkeit wollen wir den ersten Landgang keinesfalls aufschieben. Wir sind einfach zu aufgeregt, um zu schlafen, zu überdreht und vor allem auch neugierig, was uns in diesem Land erwartet.

Ich übertreibe bestimmt nicht, wenn ich schreibe, daß wir uns sofort in Alaska verlieben. Die Landschaft ist auf den ersten Blick eine Mischung aus Norwegen und Schweiz, aber durchzogen von unzähligen Durchfahrten, Inseln und fjordartigen Einschnitten. In dem historischen Städtchen treffen wir auf Abenteurer, Eskimos, Indianer oder auch Typen, die von allem etwas in sich haben. Das statistische Durchschnittsalter beträgt hier übrigens 26 Jahre.

Irgendwie scheinen wir nicht so recht ins Straßenbild zu passen, denn immer wieder spricht man uns interessiert an und fragt, woher wir kommen. Und fast kann ich es selbst nicht ganz fassen, wenn Rollo den Staunenden versichert, daß wir vor zwei Monaten von den Salomo-Inseln bei Neuguinea mit dem Segelboot nach Alaska aufgebrochen sind.

Der erste Besuch im Supermarkt löst bei mir Hochgefühle aus. Ich juble beim Anblick von sonnengereiftem Gemüse und Obst aus Kalifornien, von frischem Kabeljau und Krabben und vor allem von Brot. Ich finde sogar französischen Käse. Abends feiern wir bei Petroleumlicht und Rotwein unsere erfolgreiche Überfahrt, beziehen die Kojen frisch und genießen eine ausgiebige heiße Dusche. Wieviel Glück wir bei unserer Überfahrt hatten, wird uns bereits einen Tag nach der Ankunft bewußt. Der Barograph fällt regelrecht in den Keller, und es beginnt selbst im Hafen gefährlich zu stürmen. Wir erleben Windstärken von 40 Knoten und mehr, ein Fischdampfer gilt als vermißt. Aber auch das gehört hier zum Alltag, wie wir bald erfahren.

Verlorengegangene Schiffe sind in Alaska nichts Außergewöhnliches. Jeder Fischer weiß um die Gefahren der See und ist bereit, sie einzugehen. Ähnliches gilt für die Piloten mit ihren kleinen zweimotorigen Wasserflugzeugen. Straßen gibt es fast keine in der Wildnis, deshalb bleiben Schiffe und Flugzeuge die wichtigsten Fortbewegungsmittel. Vor gar nicht allzu langer Zeit gehörte Alaska übrigens noch zum russischen Zarenreich, erst 1876 verkauften es die Russen an die Vereinigten Staaten – für ein Taschengeld angesichts der Gold- und Ölfunde, die später und bis in die heutigen Tage gemacht wurden. Vom Fischreichtum der Gewässer gar nicht zu reden.

John, der Hafenmeister, erzählt uns, daß am 18. Oktober der wichtigste Tag des Jahres in Sitka ist. Da wurde der Kaufvertrag von Rußland unterzeichnet: Grund genug, dieses Ereignis alljährlich bis zum Umfallen zu feiern.

Über 8 000 Einwohner hat Sitka heute. In der russischen Zeit – es ist kaum zu glauben – war es ein Hort des Luxus und galt als Paris des Pazifiks. San Francisco dagegen war nur ein kleiner bedeutungsloser Fischereihafen. Rauschende Feste wurden in Sitka gefeiert, der Alkohol floß in Strömen. Letzteres allerdings scheint sich nicht geändert zu haben, dazu braucht man nur einen Blick in eine der zahlreichen Bars zu werfen.

Bereits ab elf Uhr vormittags sind die Kneipen gerammelt voll, an den Theken lehnen, stehen oder hocken die wildesten Gestalten. Mit Schirmkappe oder ohne, mit Vollbart oder glattrasiert, Augen und Nasen meist gerötet – von der Kälte natürlich. Welche Schicksale sich hinter diesen Gesichtern verbergen mögen?

Wilde Geschichten werden erzählt: von Gold und von riesigen Fischfängen, die über Nacht zu Reichtum verhalfen. Vor allem aber hören wir Bärengeschichten. Braunbären sind keine Seltenheit in den ausgedehnten Wäldern, und gelegentlich verirrt sich schon mal einer in die Stadt, angelockt von Lebensmitteln in den Mülltonnen. „Ihr braucht euch aber nichts dabei zu denken", bekommen wir zu hören. „Die meisten Bärenbegegnungen gehen gut aus, oft sind ihre Angriffe nur Scheingefechte." Welch eine Beruhigung!

Bereits nach drei Tagen Aufenthalt sind Rollo und ich einig: ein einziger Sommer ist viel zu kurz für Alaska. Und dies meint auch Jerry, der Zollbeamte, bei dem wir einklarieren. „Laßt euer Boot doch über den Winter hier", schlägt er vor. „Ich helfe euch, einen geschützten Liegeplatz zu finden."

Hören wir richtig? Keine Zollprobleme, wenn wir SOLVEIG länger als sechs Monate im Land lassen? Aber Jerry füllt nicht nur unsere Einklarierungsformulare eigenhändig aus, er will sich auch selbst darum kümmern, daß unser Boot sicher untergebracht wird. Kein Zweifel, wir sind im Paradies angekommen. Begeistert und voller Vorfreude auf neue Erlebnisse starten wir einige Tage später unsere zweimonatige Kreuzfahrt durch die Inlandwasserwege von Südost-Alaska.

Nur wenige Meilen hinter Sitka begrüßen uns zwei Weißkopfadler. Jahre zuvor waren sie noch vom Aussterben bedroht, doch durch neue, strengere Naturschutzgesetze konnten sie sich wieder vermehren. Dieser Adler ist das Wappentier der Vereinigten Staaten, aber nur noch in Alaska heimisch.

Das Segeln beziehungsweise Motoren in den geschützten Wasserwegen hinter und zwischen den zahllosen Inseln ist nach der langen Ozeanüberquerung richtig erholsam. Das Boot liegt ruhig, und wir können es uns in der Kajüte und im Cockpit gemütlich machen. Vorsichtige Navigation ist allerdings Voraussetzung, ebenso ständige Berechnungen nach den Gezeitentafeln. Bis zu sechs Meter kann der Tidenhub in der Springzeit betragen, und in den engen, mit Felsen gespickten Durchfahrten entsteht dann ein gefährlicher Strom, gegen den wir mit unserem Motor nicht mehr viel ausrichten können.

Es bleibt lange hell, und so geschieht es nicht selten, daß wir bis zu 14 Stunden täglich fahren. Auch am vierten Tag unserer Reise ankern wir erst gegen 22 Uhr dicht an einem bewaldeten Ufer, auf glattem Wasser. Es herrscht Totenstille. Nach Mitternacht wache ich plötzlich auf, weiß aber nicht, warum. Nichts regt sich, neben mir nur die ruhigen Atemzüge Rollos. Doch da ist es wieder: ein tiefes Schnaufen, als ob noch jemand in der Koje schliefe. Ich verhalte mich mucksmäuschenstill und horche. Es ist gespenstisch. Etwa jede Minute oder öfter wiederholt sich das Schnaufen. Ich schleiche ins Cockpit, höre es dort noch lauter und immer aus der gleichen Richtung. Zu sehen ist in der Dunkelheit nichts. Nach einer Weile krieche ich wieder zurück in unsere Koje, und im frühen Morgengrauen schlafe ich schließlich zwischen meinem unsichtbaren und meinem sichtbaren Nachbarn wieder ein. Ob es ein Wal war, der sich neben SOLVEIG schnarchend treiben ließ?

Für den kommenden Tag haben wir einen großen Plan. Laut Seekarte und Handbuch befindet sich südöstlich des kleinen Ortes Petersburg am Ende einer etwa zehn Meilen tiefen Bucht ein großer Gletscher, der „Comte Glacier". Diesen Gletscher wollen wir ansteuern. Vor zwei Gefahren im Fjord allerdings wird im Handbuch ausdrücklich gewarnt: Erstens liegt eine felsige Untiefe in der schmalen Einfahrt, ohne Kennzeichnung durch Bojen, und zweitens kalbt der Gletscher besonders häufig; treibende Eisberge und Eisschollen können also einem Schiff gefährlich werden. Genaue Detailkarten gibt es für diesen Einschnitt zwischen hohen Bergen nicht.

Ganz langsam und vorsichtig – immer das Echolot im Auge behaltend – schleichen wir uns in die Öffnung zwischen den Bergen hinein. Der erste Anlauf geht prompt daneben, SOLVEIG brummt auf. Beim zweiten Mal steuert Rollo in weitem Bogen nach Steuerbord, mit mehr Erfolg. Hinter der nächsten Biegung dann ein Anblick, den ich nicht vergessen werde: Eisberge über Eisberge treiben zwischen den steil abfallenden, kahlen Felswänden im Wasser. Ich bekomme weiche Knie. Wie sollen wir da durchfahren?

Das Echolot zeigt nur zwei bis drei Meter unter dem Kiel. Für uns ist das verdammt wenig. Ohne Pause rufe ich Rollo, der am Ruder steht, die Wassertiefen zu. Meter um Meter tastet sich SOLVEIG vorwärts. Endlich, nach bangen Minuten, lese ich wieder zehn Meter und mehr auf dem Anzeigegerät.

Wie auf Bestellung kommt die Sonne hinter den Wolken hervor: die Gelegenheit für Foto- und Filmaufnahmen! Der Anker fällt auf zwölf Meter Tiefe, Rollo steigt ins Dingi, mit Kameras bewaffnet. Ich will ihm gerade noch eine weitere hinunterreichen, da wird sein Blick mit einem Mal starr. Er zeigt nach vorn. „Hol den Anker rauf!" ruft er, während er sich anschickt, schleunigst wieder an der Bordwand hochzusteigen. Die Fotoausrüstung läßt er im Schlauchboot zurück.

Nicht eine Minute dürfen wir verlieren, denn unbemerkt hat sich ein Eisberg von beachtlicher Größe mit dem Tidenstrom unserem Boot genähert und droht es zu beschädigen. Wenn wir vor Anker liegen, können wir ihm nicht ausweichen.

Längst hat Rollo die Maschine gestartet, während ich mir an der Ankerwinde zu schaffen mache. „Mein Gott, geht das langsam!" schimpfe ich. Hat sich der Anker irgendwo am Grund verhakt? Vor meinen Augen treibt der Koloß unaufhaltsam auf uns zu, viel schneller, als die Kette in den Kasten gleitet. Oder sind es die Nerven, die mir einen Streich spielen?

Als der Anker endlich vom Grund gelöst und das Boot befreit ist, hat sich uns der Eisberg bis auf einen Meter genähert. Rollo stößt zurück, und der Abstand zu dem blau-weißen Riesen vergrößert sich allmählich. Wir sehen uns an: Das ist noch mal gutgegangen. Aber aufs Ankern in wildromantischen Buchten, wo Eisberge schwimmen, werden wir in Zukunft verzichten.

Immer tiefer dringen wir in den schmalen Fjord ein, und immer dichter treiben die Eisschollen. Schließlich gibt es kein Ausweichen mehr. „Glaubst du, SOLVEIG verträgt ein paar Rempler?" frage ich nervös.

„Ach was, wir probieren es", bekomme ich zur Antwort. Der Schreck von vorhin hat beim Käpt'n offensichtlich nicht lange angehalten. Ganz im Gegenteil: Rollos Augen leuchten so intensiv wie das Kristallblau eines abtauenden Eisbergs im Sonnenlicht. Das Eisfieber hat ihn gepackt.

Mein Abenteuergeist hält sich dagegen noch in Grenzen, ich sehe bereits unser gutes Schiff hilflos eingeschlossen im Treibeis. Später bricht ein Eisriese – höher als die Großmastspitze der SOLVEIG – neben uns auseinander. Von da an denke ich lieber nicht mehr allzu intensiv nach, sondern ziehe es vor, weiterhin an das Schicksalhafte unserer Reise zu glauben.

Rollo hat das Boot um die nächste Biegung gesteuert, und mit einem Mal breitet sich vor uns der Gletscher aus. Welch ein gewaltiger Anblick, diese übergroße, gezackte Zunge aus ewigem Eis! Wir fühlen uns wie störende Eindringlinge in dieser Welt, deren Anfang und Ende wir nicht kennen. Trotzdem bringt uns Rollo noch ein Stück näher an den Gletscher heran und stellt dann den Motor ab.

Zum erstenmal im Eis. Immer dichter treiben die Schollen um unser Boot.

Wie ein Holzstamm treibt das Boot zwischen den Schollen, die uns immer dichter umschließen. Unwillkürlich flüstern wir, um jedes Geräusch wahrnehmen zu können. Nur wenige Meter entfernt dösen drei Seehunde. Einer blickt erstaunt hoch, betrachtet eine Weile das Boot, legt aber dann den Kopf wieder träge aufs Eis und räkelt sich noch ein wenig, um schließlich sein Nachmittagsschläfchen fortzusetzen. Ich bin überwältigt und vergesse meine Angst um SOLVEIG, vergesse die Kälte.

Doch nun drängt Rollo zur Rückfahrt. Der Nachmittag ist schon weit fortgeschritten, bis Petersburg werden wir es ohnehin nicht mehr schaffen. So müssen wir genügend Zeit einplanen, um außerhalb des Fjords eine geeignete Ankerbucht zu finden, denn der Platz für die Nacht will sorgfältig ausgesucht sein. Wir entdecken eine kleine, von dichtem Tannenwald umgebene Bucht, die uns so gut gefällt, daß wir unsere Fahrt nach Petersburg noch um einen Tag aufschieben. So können wir das Erlebte in aller Ruhe und Abgeschiedenheit in uns nachwirken lassen. Wir sehen die verschiedensten Vögel, darunter viele Enten und Möwen; auf den Baumkronen sitzen die mächtigen Adler mit ihren weißen Köpfen.

Nebel und Nieselregen begleiten uns in den kommenden Tagen. Inzwischen wissen wir, daß dieses Wetter genauso zu Alaska gehört wie seine wilde Urlandschaft. Nur drei oder vier wirkliche Sonnentage im Monat verzeichnet die Statistik. In diesen wenigen Tagen aber sind kleine Siedlungen wie Sitka oder Petersburg nicht wiederzuerkennen. Die Wege und Wiesen sind voller Menschen, die meisten nur mit Shorts oder Bikinis bekleidet, um keinen Sonnenstrahl zu verpassen, der ihrer schneeweißen Haut ein wenig Farbe schenken könnte.

Macht in solchen Stunden eines der zahlreichen Kreuzfahrtschiffe im Hafen fest, dann sieht man die Passagiere dick eingemummelt in ihren wasserdichten Anoraks und Goretexhosen geduckt durch Straßen und Geschäfte hasten, während Einheimische sich bewegen, als lebten sie an der Riviera. Mit Dosenbier, Hamburgers oder Eis bewaffnet, suchen sich die Regen und Nebel gewohnten Alaskaner einen freien Platz auf der Wiese und träumen von Palmenstränden und ewiger Sonne.

Wir nutzen solche Tage, um alle wichtigen Fotomotive mit unseren Kameras zu erfassen. Das heißt, wir müssen die entsprechenden Ziele möglichst schnell erreichen. Einmal schaffen wir es sogar, von Petersburg aus vormittags mit einem Flugzeug über die grandiose Gletscherlandschaft zu fliegen und nachmittags denselben Gletscher mit unserem Boot zu besuchen. So gesehen, hat das „normale" Alaskawetter für uns durchaus einen gewissen Erholungswert, zumal auch an Nebeltagen die Sonne manchmal für kurze Zeit zum Vorschein kommt.

Erstaunliche Sprachvielfalt zu diesem Thema entwickeln übrigens die Meteorologen. Bei ihnen gibt es nicht einfach Regen, auch wenn es der einfältige Beobachter so empfindet. Sie bringen es tatsächlich fertig, innerhalb dreier Wochen jeden Tag neue Formulierungen für „Regen" zu kreieren. Von „leichtem", „gelegentlichem" oder „häufigem" Nieseln über „etwas", „ein wenig", „etwas mehr", „verbreiteter" und „vielfacher" Regen, bis hin zu „einigen", „gelegentlichen", „häufigen", „lokalen" oder „starken" Schauern reicht ein Teil ihrer Ausdrucksskala. Kurzum, für mich sind die Vorhersagen spannender als manche Nachrichtensendungen.

Petersburg gefällt uns recht gut: ein 3000-Seelen-Ort mit nur einer Hauptstraße, auf und an der sich das meiste Leben abspielt. Viele Häuschen – im Gegensatz zu Sitka fast spießbürgerlich wirkend – sind liebevoll mit Blumenkästen geschmückt. Der Name Petersburg geht keineswegs, wie wir zunächst vermuten, auf die russische Zeit zurück. Vielmehr siedelten sich hier am Ende des 19. Jahrhunderts ein norwegischer Fischer namens Peter Buschmann zusammen mit seiner Frau und acht Kindern an. Möglicherweise hat ihn die Ähnlichkeit der Landschaft mit Norwegen dazu angeregt, jedenfalls muß er sich schnell wie zu Hause gefühlt haben: ein Platz, wunderbar geschützt an einem Naturhafen gelegen und inmitten der reichsten Fischgründe der Welt. Der Name Petersburg soll an diesen Peter, den ersten norwegischen Siedler, erinnern. Auffallend sind noch heute die vielen Blondschöpfe und typisch skandinavischen Gesichter.

Können Bären schwimmen?

Für die Weiterfahrt nach Juneau, der Hauptstadt von Alaska, ergänzen wir unsere Vorräte mit Lachs, Steaks, Gemüse, Rum und Whisky – für eine Diätkur ist Alaska wohl nicht der richtige Ort –, füllen für wenige Dollars unsere Tanks mit Diesel voll, bunkern Wasser und steuern in die Einsamkeit der nordischen Fichtenwälder.

Das Cockpit haben wir schon nach unserer Ankunft in Sitka eigens für die besondere Witterung hier hergerichtet. Es wurde mit einer Art Zelt überdacht, so daß wir vor Kälte, Wind und Regen geschützt steuern können. Außerdem bleibt so unsere Kajüte wärmer.

Unser erstes Ziel ist ein nur 25 Meilen entfernter Ankerplatz, in einer schmalen, tiefen Bucht gelegen. Ein Seehund taucht auf, verschwindet aber dann in der Tiefe.

Am nächsten Morgen umfängt uns so dichter Nebel, daß wir das nahe Ufer nicht mehr sehen. Ich schlage vor, einen Ruhetag einzulegen, aber nach dem Frühstück entscheidet der Käpt'n: „Wir fahren weiter!" Punkt.

Dennoch versuche ich es nochmals: „Muß das sein? Wir haben kein Radar, und nur nach Kompaß und Log zu segeln, finde ich ganz schön riskant."

„Wenn wir an jedem Nebeltag eine Pause machen, dann kommen wir nie weiter", entgegnet Rollo.

„Aber Nebel ist nicht gleich Nebel. Man sieht ja heute kaum mehr den Bug vom Boot. Das ist doch eine einzige dicke, weiße Suppe", gebe ich zu bedenken.

Doch wenn Rollo sich etwas in den Kopf setzt, ist er nicht ohne weiteres davon abzubringen, vor allem dann nicht, wenn ihn die Einwände nicht überzeugen.

Unser erster Versuch, aus der Bucht zu segeln, geht denn auch schief. Nach einer Viertelstunde merken wir, daß wir uns im Kreis drehen. Irgendwo im Niemandsland fällt schließlich der Anker auf neun Meter Tiefe. Eine halbe Stunde später können wir die Andeutung einer Küste, die nur wenige Meter entfernt sein muß, zumindest ahnen, deshalb beschließt Rollo abermals: „Wir fahren!"

Ist es Glück, Rollos Spürnase – oder etwas von beidem? Tatsächlich gelingt es ihm, aus der Bucht mit ihrer schmalen Einfahrt herauszufinden. Später lichtet sich sogar der Nebel, und SOLVEIG schießt, vom Strom zusätzlich getrieben, mit sieben Knoten Fahrt auf ölglattem Wasser durch die Stephen's Passage, einen langen, schmalen Durchlaß zwischen zwei großen Inseln. Auf dem Weg nach Juneau wollen wir noch weitere Fjorde kennenlernen und ankern deshalb abends in der Holkham Bay, unterhalb des weiß leuchtenden Sumdum-Massivs.

Welch ein Platz! Er liegt am Fuß einer riesigen Gletscherzunge, die in einer bizzarren, verwunschenen Küste endet. Felsen, abgebrochene Baumstämme, kleine Bäche, Kies und hohes Gras säumen das Ufer, an dem sich abends unzählige Vögel für die Nacht niederlassen, alle in einer Reihe sitzend. Dahinter erheben sich dichte Nadelwälder mit prächtigen, stolzen Fichten und Tannen.

Am folgenden Morgen ist nicht ein Wölkchen am Himmel zu sehen, nur strahlende Sonne. Bereits früh um sechs Uhr springen wir aus unseren Kojen, genehmigen uns nur ein kleines Frühstück und starten zu einer Tagesfahrt in den 20 Meilen langen Tracy-Arm, an dessen Ende sich zwei imponierende Gletscher befinden.

Je länger wir in diesem Land segeln, je tiefer wir in seine Natur eindringen, desto mehr begeistert es uns. Es ist ein Land der Superlative. Ein Land, in dem Tiere noch Vorfahrt haben. Über 30 000 Bären, 100 000 Walrosse, 120 000 Wölfe und 120 000 Elche sollen hier zu Hause sein. Dagegen verteilen sich nur eine halbe Million Menschen auf einer Fläche, die etwa siebenmal so groß ist wie die Bundesrepublik.

Diesmal treiben nicht so viele Eisschollen auf dem Wasser, und SOLVEIGS empfindliche Außenhaut wird geschont. Oder habe ich mich ans Fahren im Eis schon gewöhnt? Ohne Sorge um das Boot genieße ich die hinreißenden Perspektiven, die sich hinter jeder Biegung des Fjords immer wieder neu auftun. Zu beiden Seiten erheben sich steile, zum Teil eisbedeckte Felsen über den dicht bewaldeten Ufern.

Auch dieser Fjord erinnert mich wieder an Norwegen, nur wirkt seine Szenerie wuchtiger und grandioser. Sind es die unzähligen herabstürzenden Wasserfälle oder die immer wieder neuen, wilden

Formationen der schneebedeckten Berge? Oder ist es das Fehlen jeglicher Straßen, Wege und Spuren menschlicher Besiedlung, die das Großartige der Natur stärker hervorheben? Wir haben nur wenig Lust, Richtung Juneau weiterzusegeln, doch wir müssen unsere belichteten Filme, die wir schon seit der Überfahrt an Bord aufbewahren, dringend in ein Fachlabor zum Entwickeln geben.

Während der Fahrt kreuzen etwa hundert Seehunde unseren Kurs. Sofort stoppen wir die Maschine und lassen das Boot treiben. Einer taucht sogar unter dem Kiel hervor und blickt uns mit erstaunten Augen groß an, bevor er gemächlich weiterschwimmt. Etwa eine Stunde bleiben sie, spielen übermütig um das Boot herum, ähnlich wie Delphine.

Noch am selben Abend machen wir in einem Marinahafen in der Nähe der Hauptstadt Juneau fest. Die Auke Bay liegt zwar etwas außerhalb der Stadt, doch besteht gute Busverbindung, und außerdem haben wir ja das kleine Mofa als unser Landfahrzeug. Nach unserer Ankunft fragen wir einen Polizisten auf der Straße, ob wir damit in Alaska ohne Versicherung und Zulassung fahren dürfen; er überlegt kurz und meint dann lächelnd: „Es gehört doch zu eurem Boot. Das Gesetz verlangt eigentlich eine Zulassung, aber ich habe nichts dagegen, wenn ihr damit fahrt, und meine Kollegen bestimmt auch nicht." So tuckern wir am nächsten Tag mit dem Mofa auf der Kriechspur des Highway in die 20 Kilometer entfernte Stadt und bringen unsere Filme zum Entwickeln.

Am Nachmittag erfahren wir dann das Ergebnis, und es wird ein großer Schock. Eine der Kameras hat Licht durchgelassen, Dutzende von Aufnahmen sind unbrauchbar geworden. Schock Nummer zwei: Ein Großteil der Negativfilme hat die Hitze der Tropen nicht überstanden. Das tut weh! Wir sind völlig durcheinander, liegen nachts lange wach. „Stell' dir vor, wir hätten den Kamerafehler erst in Deutschland bemerkt", versucht mich Rollo nach dem ersten Schreck zu trösten. „So können wir wenigstens einen Teil der verdorbenen Gletscheraufnahmen wiederholen. Wir haben wirklich Glück, daß sich in Juneau ein Fachlabor befindet."

Nachdem wir diese Panne nicht mehr rückgängig machen können, schmieden wir lieber weiter Pläne, noch tiefer in dieses herrliche Land einzudringen. Schließlich ist auch die ehemalige Goldgräberstadt Juneau einen ausgedehnten Bummel wert. Sie liegt am Fuß steiler Felsen. Die 36 Gletscher im nahen Umkreis bedecken eine Fläche von sage und schreibe 1 800 Quadratkilometern. Kleine enge Gassen durchziehen den Ort, und manch ein Saloon erinnert an die alten Zeiten des Goldrausches. Auch unser Liegeplatz am Fuß des Mendenhall-Gletschers, des Hausgletschers von Juneau und einzigen Gletschers Alaskas, zu dem eine Straße führt, gefällt mir ganz besonders. Es gibt sogar einen kleiner Laden, der nicht nur wie die meisten Geschäfte in Alaska 24 Stunden am Tag geöffnet hat, sondern auch einige Frischwaren wie Brot, Käse, Speck, Eier und Butter verkauft. Unser Standardessen ist Lachs mit Pellkartoffeln. Rollo meint, so billig kommen wir nie wieder an Lachs.

Beim Mendenhall-Gletscher. Die Natur Alaskas bringt uns immer wieder zum Staunen.

Am 22. August wollen wir eigentlich weitersegeln in die nur 40 Meilen entfernte, berühmte Glacier Bay, ein Muß für jeden Alaskabesucher. Doch der Wetterbericht verheißt nichts Gutes: Sturmwarnung für die Glacier Bay und den Lynn Canal. Selbst in unserer Bucht pfeift es beträchtlich; deshalb erledigen wir in der warmen und gemütlichen Kajüte überfällige Schreibarbeiten und sind froh, auf einem vor Seegang geschützen Liegeplatz bleiben zu können.

In den lokalen Radionachrichten berichtet der Sprecher von einem Braunbären, der durch Sitka spazierte und nicht zu bewegen war, wieder in den Wald zurückzukehren. Schweren Herzens habe man ihn schließlich erschießen müssen. Offenbar hegen selbst Einheimische gewisse Zweifel an der Harmlosigkeit sogenannter Scheinangriffe von Braunbären ... Armer, vertrauensseliger Bur-

In der Glacier Bay

39 Alaska: Wir fühlen uns wie heimliche Eindringlinge in eine Welt, deren Anfang und Ende wir nicht kennen.

40 Das Eisfieber hat den Käpt'n gepackt. Seine Crew bleibt unruhig an Bord zurück.

41 Nur selten beleuchtet die Sonne die grandiose Landschaft der Glacier Bay.

42 Niedrigwasser im Hafen von Petersburg. Der Tidenhub dort kann bis zu sechs Meter betragen.

43 SOLVEIG IV vor dem malerischen Sundum-Gletscher in der Holkham Bay

44 Eines Morgens umfängt uns so dichter Nebel, daß wir für Stunden das nahe Ufer nicht mehr sehen.

45 Ein paar Tage erfreuen wir uns am Treiben in der ehemaligen Goldgräberstadt Juneau.

46 Alaska ist wie eine andere Welt – hier liegen die Grenzen für menschliches Leben.

47 Für Fischesser ist Alaska ein Paradies.

48 Einmal im Monat ist der Heilbutt- oder Lachsfang freigegeben. Schon Tage vorher werden Leinen und Köder präpariert.

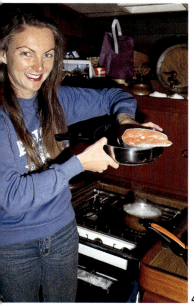

49

49 Wieder auf See

50 Im Nationalpark Glacier Bay. Nur schmale Pfade führen in die Tiefe der nordischen Regenwälder.

51 Morgenstimmung vor der Küste Südost-Alaskas

52 Nach einem Jahr Alaska wieder in der Südsee-Lagune von Malaita

50

53 Noch liegen sechs Monate ohne Hafen zwischen uns ur der Heimat. Werden wir den Belastungen gewachsen se

sche! Bis jetzt haben wir noch keinen Bären zu Gesicht bekommen, obwohl ich immer wieder die Ufer an unseren Ankerplätzen mit dem Fernglas absuche. Die Glacier Bay aber ist Nationalpark. Es müßte doch mit dem Teufel zugehen, wenn es dort nicht zu einer Begegnung mit Bären kommen würde.

Ein Aufenthalt im Schutzgebiet muß angemeldet werden und ist in der Regel nach Dauer und Teilnehmerzahl begrenzt, um das empfindliche Gleichgewicht der Natur nicht ungünstig zu beeinflussen. Auch deshalb wollen wir die wenigen Tage, die uns dort vergönnt sein werden, bei halbwegs schönem Wetter verbringen. Wir ankern in der Icy Passage vor einem wie verwunschenen Strand. Verwunschen besonders wegen des dichten Nebels, der sich wieder einmal über die Landschaft breitet. Hier wollen wir bis zur Wetteränderung bleiben, denn die Einfahrt in die Glacier Bay liegt nur wenige Meilen entfernt.

Tatsächlich reißen die Wolken bereits am nächsten Tag auf – wie ein Vorhang, der sich langsam hebt. Und vor unseren erstaunten Augen entsteht eine hinreißend schöne Kulisse der höchsten Gipfel Südost-Alaskas. Um 12.00 Uhr scheint die Sonne vom strahlend blauen Himmel.

Über Kanal 16 melden wir uns bei der Foststation an. Eine freundliche Frauenstimme bittet uns, in ihrem Büro in Bartlett Cove die erforderliche Genehmigung einzuholen. Dort erhalten wir eine Menge nützlicher Tips, auch über Bären.

„Fürchtet ihr euch vor Bären?" fragt Cheryl, die junge Forstangestellte, lächelnd.

„Nein, nicht besonders," erwidere ich vorschnell.

„Ihr solltet aber", meint sie ernsthaft und zieht ein Faltblatt über Bären und ihre Verhaltensweisen heraus. „Zwei Fotografen sind in diesem Sommer den Bären zu nahe gekommen", fügt sie mit einem Blick auf Rollo hinzu. „Die meisten Bärenopfer sind übrigens Fotografen, und es täte mir leid, wenn ich wieder einen Unfall zu melden hätte …"

Begleitet von diesen und anderen guten Wünschen, segeln wir noch am Nachmittag zu unserem ersten Ankerplatz im Glacier Bay National Park. Dort in der Blue Mouse Cove sehen wir zwar keine Bären, dafür aber ein herrliches Alpenglühen, das die leuchtend weißen Gebirgszüge mit einem rosa, später dann mit rötlichem Schimmer überzieht.

Mit den Gletschern haben wir zunächst mehr Glück als mit den Bären, denn am nächsten Tag können wir auf unserer Kreuzfahrt gerade noch zwei gewaltige Gletscherabbrüche bewundern, bevor sich der Wolkenvorhang wieder senkt und der übliche Regen einsetzt. Der Sommer in Alaska erinnert eigentlich mehr an einen Herbst, aber Rollo und ich lieben diese Jahreszeit. Kein Tag verläuft wie der andere, in der Natur ist ständig Bewegung, Verwandlung.

Zurück in der Blue Mouse Cove, wärmen wir uns erst einmal mit Rum und Tee kräftig auf. Die Kälte bei den Gletschern geht durch Mark und Bein. Bald erwachen unsere eingefrorenen Lebensgeister wieder, und für den morgigen Tag planen wir, falls es nicht zu sehr regnet, einen längeren Ausflug mit dem Schlauchboot in die versteckten Winkel der ausgedehnten Bucht. Wir wollen Ufer aufsuchen, wo wir Bären vermuten. Eigentlich glaube ich nicht mehr daran, einen zu Gesicht zu bekommen. Zu oft habe ich vergeblich durch das Fernglas geschaut und immer wieder dunkle Steinbrocken für Bären gehalten.

Doch diesmal kommt es endlich anders. Wir treiben mit unserem Schlauchboot in einer benachbarten Bucht, wieder blicke ich durch das Fernglas. Es ist Niedrigwasser. Am mit goldbraunem Seetang bedeckten Ufer liegen wie woanders auch eine Menge dunkler Felsbrocken.

„Wenn doch endlich mal so ein Brocken laufen würde", murmle ich vor mich hin. Aber was ist das? Da bewegt sich doch etwas Schwarzes! Tatsächlich, da ist er – ein Prachtexemplar von einem Schwarzbären!

Vorsichtig stupse ich Rollo an und deute wortlos in die Richtung. Sein Fotografenherz frohlockt. Ein Bär ist ihm bisher noch nicht vor die Linse gekommen. „Paddle mal ganz langsam näher", bittet er, während er das Objektiv der Leica wechselt. Er hält den Oberkörper ganz still, den Blick fest auf das Ziel gerichtet. Ich tue wie geheißen, und lautlos nähern wir uns dem Ufer. Vorsichtig tauche ich das Paddel einmal rechts ins Wasser, einmal links. Auch ich stehe wie eine Statue im Dingi, den Bären nicht aus den Augen lassend.

„Können Bären schwimmen?" flüstere ich.
„Ja", kommt es ebenso leise zurück.
Mein Herz klopft schneller, der Bär sucht unterdessen seelenruhig weiter nach Futter. Mit seiner großen Tatze greift er lässig nach dem einen oder anderen Kleintier, das ihm der reichlich gedeckte Tisch der Ebbe beschert hat. Noch etwa 30 Meter trennen uns vom Ufer. Rollo hält jetzt gebannt den Finger am Auslöser der Kamera. „Den erwische ich, das verspreche ich dir", murmelt er.

Eine sanfte Brise weht uns entgegen, deshalb hat der Bär noch keine Witterung von uns bekommen, und bekanntlich sind Bären ja kurzsichtig. Aufgeregt flattern unzählige Seevögel um ihn herum und machen ein Höllenspektakel. „Können die nicht ihren Schnabel halten?" zischt Rollo wütend. Aber sein Ärger ist unbegründet. Nicht im geringsten läßt sich der Bursche von dem Geschnatter irritieren. „Klick", macht die Kamera, und ich paddle unauffällig noch ein Stückchen näher. „Das reicht", meint Rollo jetzt zufrieden und drückt dabei erneut auf den Auslöser. Offensichtlich gibt es auch für Meister Petz an dieser Stelle nichts mehr zu holen, denn jetzt trollt er sich weiter am Ufer entlang. Wie gelassen und stolz sein Gang ist! 250 Pfund Gewicht kommen da sicher zusammen.

Als wir später das Ergebnis unserer Bärenfotos zu Gesicht bekommen, wird uns klar, warum die beiden Profifotografen so nahe herangingen, daß sie mit dem Leben bezahlen mußten. Wahrscheinlich haben ihre ersten Fotos ausgesehen wie unsere: viel Landschaft und irgendwo, wenn man ganz genau hinsieht, ein dunkler Fleck.

Bei 30 Knoten Gegenwind und kräftigen Regenschauern setzen wir unsere Reise ins Unbekannte fort. In der 20 Meilen südlich gelegenen Finger Bay werden wir für unser Durchhalten belohnt: Bei der Ansteuerung scheint sogar ein wenig die Sonne, und am Ufer entdecken wir einen ausgewachsenen Grizzly, der in aller Ruhe buchstäblich ins Gras beißt. Etwa zehn Minuten gönnt er sich für seinen vegetarischen Imbiß, bevor er im Dickicht verschwindet.

Eine wirklich aufregende Geschichte mit einem Bären passierte genau an der Stelle, von der wir vor einer Woche zu unserer Expedition aufbrachen. Als wir am Ende unserer Fahrt Cheryl in der National Park Forest Station wiedertreffen, begrüßt sie uns lachend: „Ihr wolltet doch Bären sehen. Wärt ihr mal hiergeblieben!" Und sie berichtet: „Vor fünf Tagen ging hier, direkt vor meiner Hütte, ein Bär spazieren. Nach ein paar Minuten marschierte er zum Strand und schwamm hinüber zum Ponton, dorthin, wo jetzt euer Boot liegt. Ihr hättet sehen müssen, wie er sich abmühte, auf den Steg hinauf zu kommen. Immer wieder versuchte er, mit seinen Hintertatzen Halt zu finden, und immer wieder rutschte er ab. Aber schließlich schaffte er's, und dann begann das große Schnuppern und die Suche nach etwas Freßbarem."

Zuerst untersuchte der Bär den Tisch, auf dem die Fischer ihren Fang zerlegten, nach Abfällen. Ohne Erfolg. Da blickte er sich um und schien nachzudenken. Zwei Motorboote, die am Ponton festgemacht hatten, erregten sein Interesse. Zielbewußt trottete er auf eines der beiden zu, blieb davor stehen und überlegte weiter. Schließlich setzte er die eine Tatze und nach kurzem Zögern auch die zweite aufs Deck und zog sich an Bord. Als er nach einem kurzen Rundgang auch hier nichts Lohnendes fand, probierte er es mit Boot Nummer zwei.

„Ihr hättet sehen sollen, wie er dort wieder alles von oben bis unten beschnupperte", fuhr Cheryl fort. „Und wie vorsichtig er sich bewegte, um auf dem schwankenden Boot nicht abzurutschen! Doch auch dieser Ausflug schaffte seinem hungrigen Magen keine Abhilfe. Also sprang er zurück auf den Steg. 'Wie zum Teufel komme ich jetzt wieder an Land?' fragte er sich wohl. Vorsichtig hielt er eine Tatze ins kalte Wasser. Schwimmen war eine Sache, aber Springen? Dieser Gedanke schien ihm überhaupt nicht zu behagen. Minuten vergingen, nichts geschah. Doch dann gab er sich innerlich einen Ruck, und mit einem großen Platsch landete er im Wasser, schwamm schleunigst zurück zum Ufer, schüttelte sich heftig und trottete schließlich frustriert zurück in den Wald, woher er gekommen war."

Ungläubig starren wir Cheryl an. Will sie sich über uns lustig machen? „Es ist wahr, ich mache keinen Spaß, ich konnte selbst nicht glauben, was ich da sah", versichert sie. Tatsächlich hat sie die Geschichte mit so vielen Einzelheiten geschildert, daß sie wohl stimmen muß.

Das große Bärenabenteuer ist uns also entgangen. Oder eher erspart geblieben? Bei all meiner Begeisterung für Bären würde mein

Herz sicher sehr laut schlagen, wenn sich der hungrige Bursche auf unserem Boot umgesehen hätte.

„Ladendiebe werden erschossen!"

Nach zwei komfortablen Tagen am Schwimmsteg der Forest Station, mit Wasser- und Stromanschluß, starten wir schließlich zur letzten Etappe unserer Alaska-Kreuzfahrt. Ziel ist das Fischerstädtchen Haines im Norden der Glacier Bay.

Irgendwie stelle ich mir unter Haines etwas Besonderes vor, vielleicht deshalb, weil es der nördlichste Punkt unserer Alaska-Unternehmung werden soll. Aber Haines liegt an einem Highway, der einzigen großen Fernstraße nach Fairbanks und dem 775 Meilen entfernten Anchorage. Der Ort kann also mit Autos und Bussen erreicht werden. Deshalb finden wir statt eines Fischerdorfs einen typischen Touristenort vor, in dem nicht nur Lebensmittel um ein Drittel teurer sind als anderswo, sondern auch jeder direkt oder indirekt am Tourismus verdienen will.

Obwohl hier nur 1 600 Einwohner leben, ist von dörflicher Atmosphäre nichts zu spüren. Kein Mensch grüßt auf der Straße oder blickt einem so direkt in die Augen wie in Sitka oder Petersburg. Auch Hunde laufen nicht frei herum, sondern werden an der Leine geführt, und der Hafenmeister hat am Steg eigens ein Schild anbringen lassen mit dem Hinweis: „NO DEPARTING WITHOUT PAYING!" (Nicht wegfahren ohne zu zahlen).

Um Geld und Sicherheit scheinen sich auch Ladeninhaber ernsthafte Sorgen zu machen, denn im Supermarkt entdecken wir ein weiteres Schild: „Shoplifters will be shot!" (Ladendiebe werden erschossen). Unter der Schrift steht die Zeichnung eines nicht gerade freundlich blickenden Polizisten, der mit Gewehr und Funkgerät bewaffnet ist.

Man ist offensichtlich bemüht, den Ort hübsch und sauber zu halten, und an jedem zweiten Heim finden wir eine Tafel, die über die weit zurückreichende Geschichte des Hauses informiert. In den USA zählt ja schon alles zur Geschichte, was älter als zehn Jahre ist.

Wie zur Bestätigung sehe ich in einem Geschäft Küchenwerkzeuge wie Schneebesen und Kochlöffel, die als echte Antiquität angeboten werden. Fast alle Gegenstände, die da in den Regalen stehen, sind Dinge unseres Alltags an Bord, aber in den USA bereits kostbare Sammlerstücke.

Abends besuchen wir eine breit angekündigte Veranstaltung: *Tänze der Indianer* heißt es auf den Plakaten. Doch statt Indianer tanzen zu unserer großen Enttäuschung zehn- bis zwölfjährige Schulkinder mit sogenannter Kriegsbemalung und in geradezu lächerlichen Kostümen. Und ihr Gehopse Tanz zu nennen, ist auch eine gewaltige Übertreibung. Für diesen Unsinn müssen wir immerhin umgerechnet 15 Mark Eintritt bezahlen. Die amerikanischen Zuschauer aber applaudieren eifrig. Nach der zweiten Darbietung verdrücken wir uns lieber leise, saugen die frische Abendluft tief ein und beschließen den Abend in unserer Kajüte bei Kerzenschein und Musik.

Nach diesem touristischen Ausflug – und nachdem wir brav unsere Liegegebühr, die ebenfalls um ein Drittel höher liegt als anderswo, beim Hafenmeister entrichtet haben – segeln wir, begleitet von Delphinen, zurück nach Juneau. Von dort aus wollen wir versu-

Auf unserem Mofa transportieren wir einfach alles, vom Wäschekorb bis zum Außenbordmotor.

chen, ein großes Kanumodell, das wir in den Salomonen erworben haben, nach Deutschland zu verfrachten.

Nach vergeblichen Erkundigungen bei der Post, die Pakete von Sondergröße nicht annimmt, entdecken wir in einem Einkaufszentrum einen Luftkurierdienst, der bereit ist, das Kanu zu versenden. In einem benachbarten Möbelgeschäft legt uns ein hilfsbereiter Mitarbeiter Pappkartons auf die Seite. Jetzt gibt es nur noch ein Problem: das Kanu hierher zu transportieren. „Ach was, wir holen es mit dem Mofa, und du nimmst es auf dem Rücksitz einfach in den Arm", meint Rollo. „Ich fahre auch ganz langsam", verspricht er.

Dieser „Rücksitz" aber ist nichts anderes als der Gepäckträger, denn unser Schnauferl ist nur für eine Person zugelassen. Wenn ich dieses eineinhalb Meter lange und fast einen Meter breite Auslegerkanu mit Bastsegel und kleiner Hütte, das heute in meinem Arbeitszimmer steht, so betrachte, dann muß ich mich selbst fragen, wie ich es damals auf dem Schnauferlrücksitz nach Juneau transportieren konnte. Zu den unhandlichen Abmessungen kommen noch rund acht Kilogramm Gewicht hinzu.

So sitze ich also hinten auf dem Gepäckträger und halte in beiden Armen das Modell mit seinem weithin leuchtenden Segel. Selbst für Alaska, wo man allerlei skurrile Kleidung und Gepäckstücke gewöhnt ist, muß dies ein unglaublicher Anblick sein. Wo immer wir anderen Fahrzeugen oder Fußgängern begegnen, starrt oder lacht man uns nach. Wir frieren entsetzlich, trotz mehrerer Schichten Kleidung. Die Jahreszeit ist inzwischen fortgeschritten, der Herbst hat begonnen, und außerdem hat Rollo vergessen, seine Handschuhe anzuziehen.

Auf jeden Fall habe ich nach diesem einstündigen Transport nicht nur lahme Arme, wir werden auch stadtbekannt, denn die Straße, auf der wir uns im Schneckentempo vorwärtsbewegen, benutzt ziemlich jeder, der in Juneau ein Auto besitzt. Seitdem begrüßt man uns in der Stadt nur noch mit: „Ach, ihr seid die beiden Verrückten mit dem Mofa!"

Rollo übernimmt fachgerecht die Verpackung in einem Nebenraum des Möbelgeschäfts, und kurz vor Ladenschluß schleppen wir unsere Beute zu der 400 Meter entfernten Luftfrachtagentur. Terry, die Sekretärin, staunt nicht schlecht, als wir versuchen, das Paket durch die Eingangstür zu schieben. Mit einem tiefen Seufzer landet es schließlich auf der Waage. Bei den Abmessungen drückt sie schnell beide Augen zu, so daß wir um den Sperrgut-Tarif herumkommen.

Für den nächsten Tag verabreden wir uns mit Terry auf dem Boot. Sie ist etwa 30 Jahre alt, ausgesprochen zierlich und sehr attraktiv mit ihren halblangen, blondgelockten Haaren. Und nicht unbedingt der Typ, bei dem man Abenteuergeist vermutet. Aber in Alaska läßt sich wohl kaum jemand für längere Zeit nieder, dessen Leben nicht auf die eine oder andere Weise abenteuerlich verlaufen ist.

Terry bringt ihre Kinder mit, zwei Mädchen im Alter von fünf und sechs Jahren. Bei heißem Grog und Erdnüssen tauschen wir Erlebnisse und Erfahrungen aus. Noch vor ein paar Jahren hauste sie allein mit ihren Kindern in einem Blockhaus, 40 Kilometer außerhalb von Juneau, ohne Elektrizität und ohne fließendes Wasser. „Doch als ich immer häufiger zu spät zur Arbeit kam", berichtet sie, „wegen der Bären, die morgens gerne um die Hütte schlichen, mußte ich in die Stadt ziehen. Schade, das Leben dort draußen hat mir sehr gefallen."

Ihre Kinder haben verschiedene Väter: Ihr erster Gefährte starb bei einem schweren Motorradunfall, und von ihrem zweiten Mann hat sie sich getrennt. Außerdem spielt sie noch aktiv in einer Softball-Mannschaft mit, ein Ballsport, der in Deutschland so gut wie unbekannt ist. „Ein ausgesprochener Männersport, aber mir macht es Spaß." Der Verein spielt häufig auswärts, Verletzungen gehören zum Alltag, doch das nimmt sie in Kauf.

Wieviel Mut, wieviel Aktivität in dieser Frau stecken! Als wir sie später einmal in ihrer Wohnung besuchen, werden wir von zwei zahmen, freifliegenden Wellensittichen und einem Mischlingshund begrüßt. Sie lebt wieder mit einem Mann zusammen – an Auswahl mangelt es in diesem Land ja nicht –, doch ganz offensichtlich liegt auch diese Beziehung in den letzten Zügen. Eine Frau, die trotz Beruf und Kinder jahrelang allein in der Wildnis zurechtkommt, stellt eben außergewöhnliche Ansprüche an einen Lebenspartner. Ich würde mich nicht wundern, wenn Terry eines Tages wieder in ihre Blockhütte zurückkehrte.

Für uns vergeht der Sommer viel zu schnell, doch um so glücklicher sind wir bei der Aussicht, im kommenden Jahr noch einen richtigen Frühling in Alaska erleben zu können. Wenn ich heute an die Monate in der wilden Urlandschaft zurückdenke und gefragt würde, was sich am tiefsten in meine Erinnerung eingegraben hat, dann ist es die ungeheuere Vielfalt und Größe der Natur Alaskas: die Weite und Unberührtheit der Bergriesen und Gletscher, die wild wachsenden Regenwälder, das Spiel der Gezeiten in den Fjorden und Buchten. Alaska ist wie eine andere Welt, hier liegen wirklich die Grenzen für menschliches Leben. Den strengen Gesetzen, dem Wirken der Umweltschützer und dem Idealismus der jungen Forstverwalter haben wir es zu danken, daß auch die Randgebiete Alaskas von Rauch und Schmutz unberührt bleiben. Dem Vordringen von Straßen und Fabriken wird entschieden Halt geboten. So ist ein einziger, riesiger Naturpark entstanden, dessen Gesetzen sich die Menschen unterordnen. Ob dies so bleiben wird?

8 Aufbruch

Mit Hilfe von Jerry, unserem freundlichen Zollbeamten, finden wir für SOLVEIG einen Platz im Hafen von Sitka, wo sie während der Wintermonate liegen kann. Und noch vor unserer Abreise nach Deutschland lernen wir in einer Bar ein junges Paar kennen: John und Megan. Die beiden suchen vorübergehend ein Dach über dem Kopf und sind nur zu gern bereit, auf der SOLVEIG zu wohnen.

Megan ist aus dem Büroalltag ausgestiegen und hat einen gut bezahlten Job in der Führungsetage einer Papierwarenfirma gekündigt, um mit John – ihrer großen Liebe – eine Zeitlang in Alaska zu leben. John wiederum jobt mal hier und mal dort und fuhr zuletzt als Kapitän auf einem Hafenschlepper. Vor allem Megan erschien uns zuverlässig genug, um unser teures Schiff in ihrer Obhut zurückzulassen.

Womit wir leider nicht rechnen: Megan trennt sich während unserer Abwesenheit von John, und als wir im Frühjahr wieder nach Sitka zurückkehren, finden wir SOLVEIG zwar noch schwimmend, aber sonst in erbärmlichem Zustand vor. In der Kajüte herrscht ein einziges Chaos: defekte Heizung, defekte Wasserleitung, eine durch Frost beschädigte Armatur im Duschraum, die Pantry voller Ruß und schwarzer, klebriger Kochtöpfe, überall schmutziges Geschirr mit alten Speiseresten, vom Herd selbst gar nicht zu reden. Ich bin sicher keine perfekte Bordfrau, aber bei diesem Anblick und diesem Geruch bin ich nahe daran, mich zu übergeben. Noch wissen wir nicht, daß dies nur ein Teil der Pannen ist, der Teil eben, den man auf den ersten Blick sehen kann.

Vordringlich müssen wir unser Mofa in Gang bringen. Mobilität ist bei der Vielzahl von Arbeiten, die auf uns zukommen, und den damit verbundenen Besorgungen absolut notwendig. Zudem ist der Hafen zwei Kilometer von der Stadt entfernt. Rollo nimmt Schnauferl erst einmal vollständig auseinander, einschließlich eines kompletten Reifenwechsels. Um die Reifen aufpumpen zu lassen, schieben wir es zu einer Tankstelle. Dann versucht er, den Motor zu starten. Im Dauerlauf rennt er mit dem Mofa die Straße entlang, aber nichts rührt sich. Also ausruhen und noch einmal von vorn. Natürlich gibt es weit und breit keinen Weg, der bergab führt.

„Schieb du mit von hinten", ruft Rollo und rennt noch einmal los. Doch dazu komme ich nicht mehr. Mit einem Satz springt unser störrisches Gefährt plötzlich an und wäre Rollo um ein Haar ausgerissen, wenn er nicht im letzten Moment aufgesprungen wäre. Rauchend, rülpsend und knatternd erwacht der kleine Motor zum Leben und bringt uns beide schließlich zurück zur SOLVEIG.

Ein Boot in Ordnung zu halten, wenn man darauf lebt, ist mit reichlich Arbeit verbunden. Ein Boot aber wieder in Ordnung zu bringen, nachdem es ein halbes Jahr nicht gepflegt wurde und Freunden als Gartenhaus gedient hat, bedeutet Arbeit ohne Ende. Wenn ich heute in meinen Aufzeichnungen nachlese, staune ich selbst, was es alles zu tun gab.

1. 5. 1989
Vormittags mit Schnauferl zur Laundry gefahren und Wäsche gewaschen. Später zusammen mit Rollo Armaturteil fürs Bad besorgt. Im Supermarkt finden wir durchsichtige Boxen mit Deckel, ideal für alle Dinge, die wir wegstauen und später leicht wiederfinden wollen.

2. 5. 1989
Spät aufgestanden. Nach dem Frühstück fährt Rollo zur Post, um Pakete aus Deutschland abzuholen. Ich räume das Bad auf und die Vorderkajüte. Rollo versucht später, im Motorraum die Heizung zu reparieren (Auspuffrohr, Zündkerze). John hat da leider viel Unheil angerichtet. Wenigstens hängen wir noch am städtischen Stromnetz, so können wir mit einem elektrischen Öfchen die Kajüte wärmen.

3. 5. 1989
Es ist mit einem Mal eiskalt geworden, die Oberlichter sind weiß gefroren. Brrh! Unser Öfchen ist da überfordert. Leider muß Rollo auch unseren Petroleumherd reparieren, daher kann ich im Augenblick nur elektrisch kochen. Wenn ich aber die Platte anstellen will, muß ich die Stromverbindung zu unserem Heizöfchen vorher unterbrechen, sonst wird das Kabel zu heiß und brennt durch. So stellt sich gelegentlich die Alternative: Wärme oder Essen, Heizen oder Kochen. Heute morgen siegte schließlich Rollos Appetit auf ein paar Tassen Tee.

4. 5. 1989
Ein Teil des Auspuffs ist repariert. Auch die Heizung läuft, aber mit zuviel Rauch. Das zerbrochene Rohr muß noch weiter abgedichtet werden.
Abendessen: Lachs mit Reis. Lachs ist hier frisch und preiswert, deshalb fällt es mir schwer zu widerstehen.

5. 5. 1989
Bis halb zehn geschlafen. Es ist aber auch zu kalt draußen und zu kuschelig warm in unserer Koje.
Haben glücklicherweise mit Ille telefonieren können. Hiobsbotschaft: Der Probefilm, den Rollo noch vor dem Abflug gedreht hat, ist zum großen Teil unscharf. Das bedeutet, daß die zweimalige Justierung des Objektivs in Deutschland nicht einwandfrei ausgeführt worden ist.
Anschließend zu einer zehn Meilen entfernten Bootswerkstatt gefahren. Gute Nachricht: Dort kann sowohl der Außenborder als auch der Generator überholt werden. Wenigstens etwas, das Rollo nicht selbst machen muß. Es bleibt sowieso noch genug für ihn übrig.

6. 5. 1989
Letztes Paket mit Ersatzteilen abgeholt. Hatte Schwierigkeiten, es mit dem Schnauferl zum Boot zu befördern, wegen des Starkwinds. Auf der Brücke fiel es vom Gepäckträger, platzte aber nicht auf. Später bemerkte ich im Rückspiegel ein Polizeiauto, das mir in

einigem Abstand folgte. Au weia, jetzt fragen sie dich nach der Lizenz, schoß es mir durch den Kopf. Ich fuhr weiter und bog nach 400 Metern links ab zu unserem Bootsliegeplatz. Als ich vom Schnauferl abstieg, drehte der Streifenwagen nur eine Runde auf dem Parkplatz und fuhr dann langsam zurück in den Ort. Ich atmete dankbar auf.

Abends Besuch vom neuen Hafenmeister – ein dänischer Eskimo, der in Sitka aufwuchs. Irrer Typ!

7. 5. 1989
Kalt, Regen. Mit ziemlichem Kopfweh aufgewacht. Die Bootsheizung raucht noch immer. Arbeit ohne Ende. Wir müssen unbedingt auch unseren Kassettenrecorder einbauen, denn das aus den Staaten importierte Radioprogramm ist ziemlich schwachsinnig und nervt. Auch wenn einmal „Kultur" angesagt ist, werden nur banale Theaterszenen gesendet, mit Lachkonserven an den festgelegten Pointen.

8. 5. 1989
Zum ersten Mal geduscht! Wir können den Heißwasserboiler jetzt über Landanschluß aufheizen.

Probefilm gekauft. Regenschauer. Klatschnaß im Supermarkt aufgewärmt und getrocknet. Dann im Regen gedreht und Film zum Fotogeschäft gebracht. Gegen 14 Uhr zurück zur SOLVEIG. In einer Regenpause zusammen mit Rollo zur Wäscherei. Während die Trommeln laufen, Karten geschrieben und mit zwei Dackeln geschmust. Rollo kauft in der Zwischenzeit eine neue Salzwasserpumpe.

Abends ziemlich müde zurück zur SOLVEIG.

9. 5. 1989
Viel geräumt. R. hat abends Bauchweh, aber die Wärmflasche hilft. Die ständigen Arbeiten im Boot mit viel Werkzeug und Durcheinander im engen Raum strengen an.

10. 5. 1989
Sonne ausgenützt und SOLVEIGS Außenhaut gewaschen. R. versucht wieder (zum wievielten Mal?), das Oberlicht über der Pantry abzudichten. Hoffentlich wird es doch noch dicht. Außerdem neue Windhutze auf dem Vorschiff montiert.

12. 5. 1989
Vorderkajüte auf den Kopf gestellt und unglaublich viel Schimmel unter den Bodenbrettern gefunden. R. nimmt den halben Motor auseinander, entrostet ihn und bringt anschließend neue grüne Farbe auf. Um uns herum emsiges Treiben der Fischer – in zwei Tagen ist Heilbutt-Fangtag. Auf allen Booten werden Köder und Leinen vorbereitet. Nur wenige Male in der Saison ist ganze 24 Stunden lang der Fang von Heilbutt erlaubt. Mit derart strengen Gesetzen wird aber der Bestand der Fischarten erhalten.

15. 5. 1989
Heilbutt-Tag – und das mieseste Wetter seit unserer Ankunft! Der Wind fegt mit mehr als 25 Knoten über den Sund, es ist eiskalt, und dazu Regen, Regen, Regen ... Die Männer der Küstenwache haben heute fünf Fischer aus dem Wasser gezogen, nachdem ihr Boot gesunken war. Nicht für viel Geld wollte ich jetzt mit der SOLVEIG unterwegs sein.

In den Abendnachrichten berichtet ein Überlebender von dem Unglück. Eine einzige Riesenwelle hat das Schiff zum Kentern gebracht, nach nur 15 Minuten ist es dann gesunken. Da werden Erinnerungen wach ...

16. 5. 1989
Ich bewundere die Alaskafischer. Während anderswo auf der Welt Stubenhocker eine Versicherung nach der anderen abschließen, um ihr ach so gefährdetes Dasein für die Ewigkeit zu erhalten, ist für diese Burschen das „Alles oder Nichts", das Leben oder Sterben, zum Alltag geworden. Wenn einmal im Monat der Heilbutt- oder Lachsfang freigegeben ist, müssen sie hinaus, egal wie stark es weht. Viele gescheiterte Existenzen sind darunter, gewiß, aber sie haben allesamt gelernt, zuzupacken.

Übrigens habe ich heute zum ersten Mal einen Autofahrer mit weißem Hemd und Krawatte gesehen, für Sitka eine Seltenheit.

17. 5. 1989
Der Preis für die Überholung von Außenborder und Generator beträgt umgerechnet 300 Mark. Stundenlohn also 85 Mark! Wir sollten von nun an alle Reparaturen, die Rollo am Boot selbst ausführt, in Stundenlohn umrechnen und das gesparte Geld zur Seite legen. Dann könnten wir uns eine Menge Extras leisten.

Bei der Fischfabrik großes Heilbutt-Ausladen. Wir erkundigen uns bei der Frau des Skippers der ELISABTH, ob sich der Fang gelohnt hat.

„Nun ja", meint sie, „wir haben unsere Kosten drin." Und fährt dann fort: „Ich hasse das Fischen und den Gestank, ich hasse die See und das Wasser, ich hasse es, über Fischen auch nur zu reden."

„Warum tust du es dann?" fragt Rollo amüsiert.

„Geld." Und nach einer kurzen Pause: „Aber ich wäre lieber arm und könnte wohnen, wo es mir gefällt, weit unten im Süden, in Kalifornien oder so."

Im Grunde warten all diese verzweifelten Abenteurer auf den einmaligen, ganz großen Fang, der ihnen den neuen Start im Süden ermöglichen soll. Wie einst die Goldgräber auf den großen Fund.

20. 5. 1989
Wir wollen Johns Geburtstag mit einem Abendessen an Bord feiern, aber es wird der reinste Horror. Ich habe mir viel Mühe gegeben. Aber John hat offensichtlich Rauschgift genommen, denn er ist völlig abgehoben. Habe so etwas noch nie erlebt: Er schüttet ein Glas Wein nach dem anderen buchstäblich in sich hinein, fast ohne zu schlucken. Ißt sowohl den Krabbensalat als auch das Fleisch mit den Händen, die er zwischendurch laut rülpsend ableckt. Visconti hätte hier für seinen Film *Das große Fressen* durchaus noch Anregungen bekommen.

Rollo ist so angewidert von dem Anblick, daß er den Appetit verliert, und auch ich kann mich nur mit Mühe zusammennehmen – der Gast ist schließlich König. Johns Hände zittern, seine Füße scharren unausgesetzt am Boden. Wenn ich daran denke, daß er den

Winter über die SOLVEIG bewohnt und bewacht hat, wird mir nachträglich angst und bange. Es hätte das Ende unseres Bootes sein können.

22. 5. 1989
Wir sind seit Mittag vom Landstrom abgeschaltet, und damit hat das elektrische Heizen und Kochen ein Ende. Prompt funktioniert auch die Dieselheizung nicht.

Oh, John, warum hast du uns das nicht nach Deutschland geschrieben? Dann hätten wir doch Ersatzteile mitbringen können. Vor das gleiche Problem stellt uns der Zünder des Petroleumherds: auch kaputt – und auch davon schrieb uns John nichts. Anfangs schwor er sogar, den Herd gar nicht benutzt zu haben, doch gestern in seinem Rausch erfuhren wir das Gegenteil. Langsam baut sich in mir ein gewaltiger Zorn auf ... Bin froh, wenn wir morgen Richtung Juneau auslaufen.

23. 5. 1989
Zum ersten Mal nach der Winterpause heißt es nun wieder: „Leinen los!" SOLVEIGS Auspuff spuckt fürchterlich viel weißen Qualm, es läßt auch während der Fahrt nicht nach. R. wird nervös, befürchtet Schlimmes: Zylinderkopfdichtung, zum Beispiel. Die Stimmung ist gedrückt. Für die Nacht ankern wir hinter einer kleinen Insel im Hoonah-Sund.

24. 5. 1989
Wunderbar ruhig gelegen und gut geschlafen. Neue Erkenntnis bezüglich Motor: Der weiße Qualm entsteht durch die Verdunstung des heißen Kühlwassers über dem eiskalten Seewasser, ist also völlig harmlos. Riesenerleichterung.

Auf der Weiterfahrt beobachten wir Delphine und Wale und ankern schließlich im Hawk Inlet. Traumwetter, Bombenstimmung.

25. 5. 1989
11.30 Uhr: Anker auf. Rollo genießt seinen Schlaf in der Nacht, nachdem er weiß, daß dem Motor nichts fehlt. Er nahm zusätzlich

noch eine Schlaftablette. Entsprechend benommen ist er heute morgen.

Wetter: sonnig und leichte Winde. Ideal also zum Weiterfahren. In vier Tagen kommt uns Ille besuchen. Drei Wochen lang werden wir ihr „unser Alaska" zeigen, bevor wir die große Überfahrt zurück in die Salomonen anpacken.

29. 5. 1989
Juneau. Abends Ille vom Flughafen abgeholt. Sie war überhaupt nicht müde und hat bis tief in die Nacht von daheim erzählt.

31. 5. 1989
Ein langes Frühstück mit Gesprächen über die aktuelle politische Entwicklung in Europa. Dann, mit einem Mal, bekomme ich hämmernde Kopfschmerzen und starkes Herzkopfen bis zum Hals hoch. Ich stehe auf, um mich in die Koje zu legen, komme aber nicht mehr so weit. Später erzählen Ille und Rollo, daß ich in mich zusammengesackt bin und sie mich auf dem Kajütboden liegend gefunden haben. Als ich aus weiter Ferne langsam wieder zu mir komme, liegen auch Ille und Rollo flach auf den Kojen im Salon und lallen irgendetwas. Was ist geschehen?

Es regnete, Kälte und Feuchtigkeit hatten sich ausgebreitet. Trotzdem wollten wir warm und gemütlich frühstücken. Deshalb stellten wir den Generator zum Laden der Batterien und für das Betreiben der Heizung ins überdachte Cockpit. Und damit nahm das Übel seinen Lauf: Die Auspuffgase des Generators gerieten in den Frischluft-Ansaugebereich der Bordheizung. So drangen mit der Zeit durch den Luftstrom der Heizung immer mehr Abgase mit Kohlenmonoxyd in den Salon. Ich fiel zuerst um, weil ich dem Lüfter gegenüber saß, das Gift also genau in die Nase bekam. Als nächstes kippte Ille um, nachdem sie versucht hatte, mich vom Boden wegzuziehen.

Minuten später schoß es Rollo wie ein Blitz durch den Kopf: der Generator! Der Auspuff! Im selben Augenblick versagten ihm die Knie. Auf allen vieren kroch er ins Cockpit, um mit letzter Kraft den Motor abzuschalten und das Luk aufzureißen. Schließlich fand sich auch Rollo auf einer Koje wieder.

Wie lange wir drei bewußtlos flachlagen, können wir nicht mehr genau feststellen. Jedenfalls bleiben wir den ganzen Tag an Bord. Wir fühlen uns zu elend für irgendwelche Ausflüge, und der Schreck über die Beinahe-Katastrophe steckt uns in den Knochen.

19. 6. 1989
Ketchikan. Es ist der südlichste Hafen Alaskas und unser letzter Stopp vor der Überfahrt zu den Salomo-Inseln. Nach drei Wochen Urlaub, wie er kaum schöner hätte sein können, fliegt Ille heute morgen zurück nach Frankfurt.

25. 6. 1989
Ein Brief nach Hause: „Liebe Ille, nun bist du schon eine Woche nicht mehr an Bord, und wir haben noch nicht einmal bei dir angerufen. Aber die Tage auf dem Slip haben eine Menge Kraft gefordert – so romantisch alles von außen auf den ersten Blick erschien. Wie du weißt, war dieser Slip die einzige und vor unserer Weiterfahrt letzte Möglichkeit, das Boot in Südost-Alaska aufs Trockene zu bringen, um einige notwendige Erhaltungsarbeiten durchzuführen und einen neuen Unterwasseranstrich aufzubringen, ohne den wir die Überfahrt nicht antreten könnten.

„Uns empfing in der alten Werft, die offenbar jetzt von Laien geleitet wird, die totale Desorganisation. Das ‚Büro' war zum Spielzimmer für den dreijährigen Jungen der Sekretärin umfunktioniert, mit Schaukelpferdchen, Dreirad, Bauklötzen, zerfetzten Bilderbüchern, Schnuller, Fläschchen, Windeln, kurzum mit allem, was ein Kinderherz erfreut. Noch mehr jedoch freute sich der Kleine über den Rechencomputer, hämmerte fröhlich auf die Tasten und zog die Akten vom Schreibtisch, um dann mit Wonne in den umherfliegenden Papieren zu wühlen. Seine Mutter, etwa 22 Jahre jung, störte das alles überhaupt nicht, sie interessierte sich weder für ihren Sohn noch für die Belange der Werft oder ihrer Kunden. So hatte sie auch vergessen, an welchem Tag und um welche Uhrzeit SOLVEIG herausgehoben werden sollte, daß es sich um ein Segelboot handelte, und so weiter ... Um es abzukürzen: Fast hätten wir in letzter Minute auf den Slipaufenthalt verzichten müssen. Grund: SOLVEIGS Abmessungen. Sie war für den Lift zu groß.

„Abgesehen davon hatte man R. bereits bei seinem ersten Besuch im Büro darauf hingewiesen, daß die Firma grundsätzlich keinerlei Verantwortung übernehmen würde. Wenn also der Lift von den Angestellten nicht fachgerecht bedient wurde und daraufhin Schäden am Boot entstanden, dann mußten wir sie selbst bezahlen. Nun gut, dachten wir, was soll schon passieren? Womit wir nicht rechneten, waren die nicht übereinstimmenden Maße des Bootes mit denen des Lifts und – jetzt halt' dich fest – daß die Jungs, die seit zwei Tagen hier arbeiteten, noch niemals in ihrem Leben einen Travellift bedient hatten. Es waren zwei Studenten, die einen lukrativen Ferienjob suchten.

„Zum Schluß war es Rollo, der die ganze Aktion leitete. Zentimetergenau nach seinen Anweisungen legten die Jungen die Gurte um das Boot. Als SOLVEIG schließlich Stunden später in den Fängen des Ungetüms hing, sich unter entsetzlichem Stöhnen und Quietschen die beiden Gurte immer fester um sie zogen, als die Motorwinde begann, das Boot anzuheben, da bin ich einmal mehr auf dieser Reise in einer Stunde um ein Jahr gealtert.

„Später stellten wir fest, daß es auf dem Gelände keinen Tropfen Wasser gab. Damit hatten wir nun überhaupt nicht gerechnet. Und unser eigener Tank stand auf Reserve. Von WC oder Waschmöglichkeiten gar nicht zu reden. Selbst für den Abfall war keine Tonne vorhanden. Wir mußten ihn in Plastiksäcken aufbewahren. Aber wir hatten – o Wunder – Glück mit dem Wetter, und für beide Anstriche schien die Sonne.

„Inzwischen schwimmen wir wieder, erschöpft zwar, aber erleichtert, in der Stadtmarina. Um den 12. Juli herum wollen wir endgültig die Leinen loswerfen."

Der Todeswall

Aus dem geplanten Start wird zunächst nichts. Der Grund dafür ist ein Artikel in der örtlichen Zeitung. Dieser Bericht bringt uns die Erklärung für den mysteriösen Zwischenfall vor ziemlich genau einem Jahr, als unser Boot mitten auf dem Ozean mit gefüllten

Segeln, wie von einer Geisterhand festgehalten, plötzlich stehenblieb. Was wir jetzt in der Zeitung lesen, läßt mich an der Menschheit verzweifeln, ich stehe regelrecht unter Schock.

Da steht es: Die Japaner verwenden im Ozean frei treibende Netze von hundert Kilometern Länge! Und in ihnen verfangen sich alle Tiere, die im Ozean leben: Delphine, Wale, Robben, Schildkröten und Millionen von Seevögeln. Über tausend Fangschiffe asiatischer Nationen legen jede Nacht diese Netze aus und lassen sie dann treiben. „Todeswall" wird so ein Netz genannt. Und jede Nacht sterben mehr Tiere in diesem Wall als bei der gesamten Exxon-Valdez-Ölpest.

Kein Zweifel, wir waren damals in einem solchen Treibnetz gefangen. Daher hatten wir kein Geräusch gehört, keine Schläge empfunden, nur das unheimliche Gefühl, festgehalten zu werden.

Das Ausmaß der Massentötung auf unseren Weltmeeren ist so ungeheuer, daß es mir schwerfällt, diesen Wahnsinn niederzuschreiben. Es geht um den Fang von Lachsen, Thunfischen und Tintenfischen. Treibnetze sind dabei die einfachste Fangmethode. Eine Methode, die in *Time* so beschrieben wird: „Es ist, als ob man bei der Jagd nach Wild jedes Tier im Wald vergiften würde ..."

Sofort nehmen wir Kontakt auf mit „Seacops", einer Umweltorganisation, die einheimische Fischer zur Bekämpfung der Treibnetze ins Leben gerufen haben. Von dort erhalten wir weitere wichtige Informationen, Videofilme und Dokumente. Und wir schwören uns gegenseitig, nach der Rückkehr von dieser Reise aktiv für ein weltweites Verbot der Treibnetze einzutreten.

Auf unserer anschließenden Überfahrt in die Tropen verfolgen wir mit besonderer Aufmerksamkeit über Kanal 16 die Funkkontakte der Fangschiffe. Oft finden sie nachts statt, und immer sind es Asiaten, die miteinander sprechen. Jetzt erst begreifen wir, warum uns letztes Jahr auf hoher See fast keine Delphine mehr begleitet haben: Es gibt sie nicht mehr! Sie ersticken in den mörderischen Treibnetzen der Fischindustrie und werden als nutzloser Beifang beim Einholen der Netze über Bord gekippt.

Am vierzehnten Seetag entdeckt Rollo eine große orangefarbene Boje. In schwarzer Schrift ist darauf die Zahl 20 zu lesen. Außerdem erkennen wir eine Antenne mit Signalleuchte. In etwa zwei bis drei

Meter Abstand segeln wir heran, um sie zu fotografieren. Eine dicke Trosse führt nach unten, an der das Netz befestigt ist. Auf unserem neuen Echolot, das wir eigens für diese Überquerung angeschafft haben und das einen kleinen Bildschirm besitzt, sehe ich anstelle des sonst grünlichen Bildes, das tiefes Wasser anzeigt, mit einem Mal dicke, breite, schwarze Streifen. Das muß das Netz sein, mit unzähligen Fischen darin.

Am liebsten würden wir diese Boje mit einer Handgranate zerstören, aber SOLVEIG ist kein Kriegsschiff. Und natürlich wäre es nur der berühmte Tropfen auf einem unendlich großen, glühenden Stein.

Ich frage mich wirklich, woher eine bestimmte Industrie sich das Recht nimmt, die Ozeane, die offiziell als „Erbe der Menschheit" bezeichnet werden und deshalb uns allen gehören, allein für ihren Gewinn auszuplündern. Der durch neue Techniken ermöglichte Zugriff auf die Nahrungsreserven der See darf doch nicht wie ein Einbruchswerkzeug in eine riesige Vorratskammer benützt werden – und das straflos!

Auf unserer weiteren Überfahrt nach Süden beschäftigen wir uns nur mit diesem Thema und denken über Pläne nach, wie wir als einzelne gegen eine übermächtige Industrie zur Felde ziehen können.

Am 26. August passieren wir zum letzten Mal die Datumsgrenze, und dank der intensiven Wolkenbrüche, die sich über SOLVEIGS Deck ergießen, gönnen wir uns eine Extra-Dusche.

Strenge Sitten auf Tarawa

Vierzig Tage auf See liegen inzwischen hinter uns, noch etwa eineinhalb Wochen werden wir bis zu den Salomo-Inseln benötigen. Immer wieder studieren wir die Seekarte, den einzigen „greifbaren" Anhaltspunkt für unseren gegenwärtigen Standort, bis Rollos Finger plötzlich auf einem kleinen schwarzen Punkt stehenbleibt.

„Was hältst du von einem Stopp auf Tarawa?" fragt er unvermittelt.

Tarawa ist ein winziges Atoll in der Gruppe der Kiribati-Inseln, nur wenige Meilen nördlich des Äquators gelegen. Ich bin von der Idee begeistert und schlage sofort im Südseehandbuch nach, um etwas über die Inselgruppe zu erfahren.

Die Bevölkerung dieser Inseln war früher recht kriegerisch veranlagt, und ihre Häuptlinge müssen nach unserem heutigen Empfinden ziemlich grausam gewesen sein. Man trug Panzer aus Kokosfasern und kämpfte mit Kokosholz-Schwertern, die mit messerscharfen Spitzen aus Haizähnen versehen waren. Ihre Helme fertigten die Insulaner aus der Haut der stacheligen, furchteinflößenden Kugelfische. Immerhin blieben die Inseln so vom Sklavenhandel verschont, da Händler dieses Gebiet mieden, und auch heute noch liegen die sechzehn Atolle fernab der großen Schiffahrtsrouten.

Diese Inseln, die einst durch Anschwemmung von Erde auf den riesigen Korallenriffen entstanden, sind meist nur 300 Meter breit, dafür aber fünfzehn bis hundert Kilometer lang. Die Ansteuerung des Atolls ist ohne Spezialkarte, die wir nicht besitzen, ziemlich gewagt, da das Außenriff unter den Wasserspiegel gesunken und nicht zu sehen ist. Wir bergen die Segel und steuern unter Motor langsam am unsichtbaren Riff entlang, immer das Echolot im Auge behaltend. Dabei herrscht erheblicher Seegang, und die Schaumkronen der Wellen sind von der Brandung auf dem Riff nicht zu unterscheiden.

Nach drei Stunden harten Segelns ankern wir schließlich hinter einer offensichtlich neu erbauten Pier. Leider ist dieser Platz sehr unruhig. Dabei haben wir uns so sehr auf eine geschützte Lagune gefreut. Von der Anstrengung der Überfahrt und der unglaublichen Hitze wie gelähmt, pumpen wir im Zeitlupentempo das Schlauchboot auf und setzen den Außenborder ein. Ja, die kühlen Monate in Alaska gehören nun der Vergangenheit an. Von nun an werden wir für alle Arbeiten wieder die drei- bis vierfache Zeit und Kraft brauchen.

Bei unserer Erkundungsfahrt mit dem Schlauchboot entdecken wir im inneren Hafen eine kleine Pier, an der eine japanische Yacht festgemacht hat. Der etwa 35 Jahre alte Skipper winkt uns heran und fragt, ob wir mit unserem Boot nicht bei ihm längsseits gehen wollten. Wir sind begeistert, machen auf der Stelle kehrt und segeln mit der SOLVEIG durch die schmale Einfahrt in den Hafen. Eine halbe Stunde später belegen wir die Leinen bei unserem japanischen Freund. Die Wassertiefe reicht gerade noch aus, das heißt, bei Ebbe haben wir nur die berühmte Handbreit Wasser unterm Kiel.

Koti, so heißt der junge Japaner, segelt allein und ist vor neun Monaten von Japan in die Südsee aufgebrochen. Sein Englisch klingt noch abenteuerlicher als meines, aber wir nehmen auch die Hände zu Hilfe. Er zeigt uns, daß sein Dingi durch die Sonneneinstrahlung viele Löcher bekommen hat und daß seine Segel morsch geworden sind. Mindestens einen Monat will er hier bleiben, um wenigstens die dringendsten Arbeiten selbst zu erledigen.

Am nächsten Morgen um neun Uhr kommt das gesamte Einklarierungsteam an Bord. Die sehr lieben Menschen bleiben eine Stun-

APRIL FOOL nannte der Japaner Koti sein Boot,
denn als Tat eines Narren empfand er seine Alleinfahrt.

de bei uns, sind aber erst die Vorhut. Für die offizielle Einreisegenehmigung fahren wir später mit einem kleinen Bus auf die Nachbarinsel, die erst seit kurzem durch einen Damm angeschlossen ist. Neben Motorrollern dienen kleine Busse als Hauptverkehrsmittel, und man muß nicht lange warten, bis einer hält. An den Namen, die auf der Motorhaube mit bunten Farben aufgepinselt sind, erkennt man die Vorliebe der Insulaner für Videos: Rambo und 007 haben offensichtlich auch in der Südsee Einzug gehalten.

Bei der Immigration bekommen wir ein Visum zum Preis von jeweils 20 australischen Dollar, außerdem werden unsere Köpfe fotografiert (für das Verbrecheralbum?), das kostete weitere 3.50 Dollar. Aber danach entläßt man uns in die Freiheit, und wir unternehmen unseren ersten Bummel durch die dörfliche Hauptstadt. Auf der langgestreckten Koralleninsel, die eigentlich nur ein bewohntes Riff ist, gibt es eine einzige Straße. In einem kleinen Allerweltsladen finden wir gekühlte Limonade und drei frische grüne Gurken, die letzten dieser Woche.

Es sind Polynesier, die hier leben, eine Mischung aus Tonganern und Samoanern. Seit dem Zweiten Weltkrieg kam noch etwas japanisches Blut hinzu. An der Bauweise ihrer Hütten kann man die samoanische Herkunft noch deutlich erkennen: keine Wände, nur Matten zum Schutz gegen Regen, die bei Bedarf heruntergelassen werden und hölzerne Nackenstützen als „Kissen" zum Schlafen. Aber auch tonganische Bräuche haben sich erhalten. Umgedrehte Bierflaschen begrenzen die Gräber, und bei einigen Hütten entdecken wir ebenfalls diesen ungewöhnlichen Schmuck. Die Menschen lachen oder winken uns zu – Tarawa ist wohl kein Ort, wo große Probleme gewälzt werden.

In den folgenden Tagen entwickeln sich unsere beiden Yachten zu einem Anziehungs- und Treffpunkt des Ortes. Von Sonnenaufgang bis Sonnenuntergang hocken abwechselnd Kinder, Jugendliche und Erwachsene am Kai und beobachten jeden Handgriff, jede Bewegung von uns dreien. Koti ist allerdings weit schlimmer dran, denn sein Boot liegt ja direkt am Steg. Jeder Bissen, den der Ärmste in den Mund schiebt, wird beäugt und von den Kindern mit Gekicher kommentiert. Diese etwas aggressive polynesische Lebensart geht sicher auf den samoanischen Einfluß zurück.

Doch eines Abends wird Koti für seine Duldsamkeit entschädigt: Für ganze zwei Dollar kann er bei heimkehrenden Fischern einen Beutel voll fliegender Fische erstehen. Stolz kommt er zurück und beginnt in geradezu atemberaubender Geschwindigkeit, die Fische mit seinem scharfen Messer zu putzen. „Ich mache uns allen ein Sushi, das japanische Nationalgericht", verkündet er mit leuchtenden Augen. Bei Rollo ziehen sich in düsterer Vorahnung die Magennerven zusammen.

Eine halbe Stunde später klopft es leise an die Bordwand, und strahlend reicht uns Koti das Ergebnis seiner Kochkunst: hauchdünn geschnittene Filetscheibchen, roh, auf einem großen Teller dekoriert, dazu eine Schüssel Sojasauce. „Du mußt den Fisch in die Sauce eintunken und dann essen", erklärt er. „Das schmeckt einfach phantastisch." Für Koti ist es so selbstverständlich, rohen Fisch zu verspeisen, wie für uns gegrillte Hähnchen. Sein Angebot können wir unmöglich ablehnen.

Zum Glück zieht er sich diskret wieder auf sein Boot zurück. Rollos Gesicht ist die Erleichterung deutlich anzumerken. Bei mir siegt die Neugierde, und mit den Stäbchen, die Koti vorsorglich mitgeliefert hat, probiere ich die für europäische Zungen ungewohnte Delikatesse. So übel schmeckt sie gar nicht. In die scharfe Sojasauce getaucht, verliert der Fisch sofort seinen rohen Geschmack. Aber Rollo ist nicht zu bewegen, auch nur einen Happen davon zu kosten. Allein die Vorstellung, rohen Fisch zu essen, erweckt bei ihm unüberwindbaren Widerwillen, ja geradezu Ekel. So beschließe ich, die kleinen Filets später zu panieren und zu braten. Armer Koti – immerhin kann ich ihm ehrlich berichten, daß ich seine Zubereitungsart sehr interessant finde.

Der nächste Tag ist ein Sonntag, und zum ersten Mal haben wir Ruhe vor den lieben Kleinen. Koti wirkt sichtbar entspannt, wundert sich aber, daß nicht gearbeitet wird. „In Japan jeden Tag Arbeit", sagt er.

„Auf dem Boot jeden Tag Arbeit." Ich deute auf Rollo, der mit der Reparatur unseres Wellengenerators beschäftigt ist.

Koti lacht und setzt dann den Versuch fort, die Löcher in seinem kleinen Dingi zu finden und zu verkleben. Wochen später allerdings sehen wir ihn in Honiara am Strand eifrig damit beschäftigt, aus

Holzresten ein neues Beiboot zu zimmern. „Das Schlauchboot werfe ich weg – nix gut", ruft er uns zu. „Morgen Schiff ahoi, und wir machen Rundfahrt!" Sein selbstgebautes Dingi wird dann zwar halb so groß wie seine Segelyacht, aber das macht ihm nichts aus. Er zieht es einfach hinterher, und die Rückfahrt nach Japan ist ja noch fern...

Am Abend dieses arbeitsreichen Sonntags, es beginnt bereits zu dämmern, hören wir eine helle Stimme in Schweizerdeutsch vom Kai rufen: „Hallo, ist jemand an Bord?"

Als Rollo hinausblickt, traut er seinen Augen kaum. Da steht ein bildhübsches blondes Mädchen – vielleicht zwanzig Jahre alt – und winkt herüber.

„Wie um alles auf der Welt kommst du auf die Insel?" ruft Rollo verdutzt.

Wenig später plaudern wir drei im Cockpit bei einigen Rumdrinks über unser Woher und Wohin. Bee, so heißt die charmante Schweizerin, stammt aus Winterthur bei Zürich und ist als Passagier auf einem Containerschiff angereist, dank der Beziehungen ihres Vaters, der selbst als Kapitän über die Meere schippert. Er war es auch, der sie zu diesem Abenteuer angeregt hat.

Seit drei Monaten lebt sie nun bei einer einheimischen Familie auf Tarawa, und in zwei Wochen soll die Reise weitergehen nach Sydney. „Bist du traurig, die Insel wieder zu verlassen?" frage ich neugierig.

„O Gott, nein", stöhnt sie. „Ich kann für Jahre keinen Reis und keinen Fisch mehr sehen. In Sydney werde ich als erstes ein großes Stück Schwarzwälder Kirschtorte verspeisen."

Auch Spaghetti mit Tomatensauce und Parmesankäse, die ich dann im Salon serviere, sind für Bee ein regelrechtes Festessen. Nach einiger Zeit – es ist vielleicht acht Uhr geworden – hören wir vom Kai ein Schnalzen. Bee wird unruhig, reagiert aber nicht sofort.

„Gilt das dir?" fragt Rollo schmunzelnd.

„Ich glaube schon." Es ist ihr offensichtlich peinlich. Zögernd steigt sie ins Cockpit. Am Kai steht ein einheimischer junger Mann, ihr Freund wahrscheinlich, denken wir. Doch weit gefehlt: Er ist einer der Söhne ihrer Gastfamilie und hat für den Abend die Aufgabe übernommen, auf Bee aufzupassen, was sie als „freie Schweizerin" schrecklich findet.

„Ich habe dir doch gesagt, du brauchst nicht auf mich zu warten!" ruft sie ihm entnervt zu.

Aber der Junge macht keinerlei Anstalten, nach Hause zu gehen. „Ich kann selbst auf mich aufpassen!" Bees Stimme klingt jetzt bestimmt. Keine Reaktion. Erst als Rollo und ich versprechen, Bee später heimzubegleiten, gibt er sich schließlich zufrieden und zieht von dannen. „Ihr könnt es euch nicht vorstellen: Keinen Schritt kann ich alleine tun! Wenn ich noch länger hierbleiben müßte, ich würde verrückt werden", schimpft Bee.

Wir erfahren, daß es für eine Frau weder üblich noch ratsam ist, abends allein spazieren zu gehen, denn leider haben Videos und Alkohol selbst auf diesem entlegenen Fleckchen Erde Einzug gehalten. Die häufigsten Gründe für einen Aufenthalt im Gefängnis sind Trunkenheit und schlechtes Benehmen, wenn man dem Polizeibericht der Lokalzeitung glaubt.

Unser Ausklarieren für die Salomo-Inseln gestaltet sich noch wesentlich langwieriger als schon die Einreise, obwohl uns Nei, eine junge einheimische Angestellte der Behörde, mit der wir uns angefreundet haben, dabei hilft. Einen ganzen Nachmittag lang begleitet sie uns von einem Amt zum nächsten - teils mit, teils ohne Erfolg, da die zuständigen Offiziellen nicht ohne weiteres zu finden sind.

Auch Nei hat ihre Probleme im Südseeparadies. Sie ist verheiratet, und ihr ganzer Stolz ist das mit ihrem Mann gemeinsam erbaute Betonhäuschen. Doch dafür mußten die beiden eine Menge Schulden machen. Deshalb arbeitet er jetzt neun Monate im Jahr auf einem deutschen Containerschiff, und während seiner Abwesenheit wird Nei sowohl von seiner als auch von ihrer eigenen Familie streng bewacht. Als sie einmal abends zusammen mit ihrer Nichte dennoch heimlich tanzen gehen will, verwehrt ihr der Türsteher des Klubs den Eintritt. „Du bist verheiratet!" herrscht er sie an. „Geh nach Hause!" Ja, hier herrschen strenge Sitten, sicher auch zur Freude christlicher Gottesdiener. Etwa die Hälfte der Einwohner ist katholisch, die andere Hälfte protestantisch.

„Weißt du, woran man bei uns erkennt, wer katholisch ist?" fragt mich Nei. Ich blicke sie nur fragend an. „Die katholischen Frauen haben mindestens acht Kinder", sagt sie verschmitzt.

„Und was bist du?"

„Ich bin protestantisch, habe zwei Kinder, und das reicht", erklärt sie selbstbewußt.

Frauen können die Pille kostenlos erhalten, aber unter den Katholiken ist diese Vorsorge streng verboten: der Wahnsinn einer unzeitgemäßen Religionsausübung. Wie ein roter Faden zog sich dieses leidige Thema auf unserer Weltumsegelung von Südseeinsel zu Südseeinsel. Argument der Kirche: „Kinder sind von Gott gewollt!" Berechtigte Frage von Nei: „Und wo ist der Gott, der sie ernährt?"

Diese Frage ist besonders verständlich auf einem so engen Flekken Sand und Erde, wie es ein Atoll ohne Quelle, ohne Felder oder Vieh nun einmal darstellt.

Ein gewagter Entschluß

Nach zwei Tagen sind schließlich alle Formalitäten abgewickelt, und am 6. September vermerke ich in meinem Tagebuch: „Wieder auf See! Noch 950 Meilen bis zu den Salomos. Schwacher Wind, doch starker Strom mit uns. Nun ja – so geht's auch."

Am 7. September passieren wir den Äquator. Neptun erhält seinen obligatorischen Rumdrink, und SOLVEIGS Crew flambiert mit dem Rest Eierpfannkuchen, gefüllt mit Orangenmarmelade. Nichts, aber auch gar nichts fehlt zu unserem Seglerglück.

Prächtiges Passatwetter begleitet die Fahrt, in den Nächten strahlt der Himmel mit einem leuchtenden Sternenmeer, und begeistert schreibe ich nach einer Woche: „Malaita voraus! Um 16 Uhr runden wir das Kap und kreuzen damit unseren Ausfahrtkurs nach Alaska vor einem Jahr. Es ist ein so eigenartiges Gefühl, als kämen wir nach Hause. 12 000 Seemeilen ‚Umweg' auf unserer Weltumsegelung sind wir in dem einen Jahr gesegelt – von Süd nach Nord und umgekehrt. Wir haben zweimal den Äquator und zweimal die Datumslinie überquert. Ich bin unglaublich dankbar und glücklich, daß alles gutgegangen ist."

Als ich diese Zeilen festhalte, ahne ich noch nicht, daß unser „Umweg" nur der Auftakt war für ein weit größeres Abenteuer – ein Abenteuer, das uns noch viel mehr Kraft und Einsatz abverlangen wird.

Am 9. November fällt die Mauer in Deutschland.

An dem Tag ankern wir vor einem schneeweißen, palmenbestandenen Sandstrand in einer herrlichen Bucht der Insel Owa Raha. Aufgeregt verfolgten wir im Radio die sich schier überschlagenden Meldungen. Und zum ersten Mal auf der Reise haben wir nur noch einen Gedanken: Wir wollen so schnell wie möglich nach Deutschland zurückkehren, die alte Heimat von Rollo wiedersehen.

Rollo verbrachte seine Schulzeit in Dresden. Niemals hätte er auch nur davon geträumt, was nun Wirklichkeit geworden ist: daß er zu jeder Zeit, wann immer er will, seine Heimatstadt besuchen, ja sogar dort leben kann!

Aber noch liegt die halbe Welt zwischen uns und der Heimat. So beschließen wir schließlich nach langen Gesprächen und Überlegungen, von Australien aus direkt nach Deutschland zurückzusegeln und auf jede weitere Fahrtunterbrechung im Indischen Ozean und Atlantik zu verzichten. Über 16 000 Meilen lang ist die Strecke um das Kap der Guten Hoffnung nach Europa.

Cairns, Australien, im Oktober 1990
Rollo hat mir die gesamte Proviant-Bevorratung für sechs Monate und das Stauen aller Konserven anvertraut, er verläßt sich blind auf meine Einkäufe. Ein halbes Jahr auf See liegt vor uns – ohne die Möglichkeit, Lebensmittel einzukaufen oder Wasser zu ergänzen.

Vorausplanen fällt mir besonders schwer. Nervosität und die Angst, etwas Wichtiges zu vergessen, belasten mich mehr als die unvorhergesehenen Probleme, die während der Fahrt auftauchen können. Nächtelang verfolgen mich Alpträume, schweißüberströmt springe ich oft aus der Koje, nehme einen Zettel und notiere hastig, was mir plötzlich als fehlend eingefallen ist.

Einerseits sehne ich den Tag herbei, an dem es nach den wochenlangen Vorbereitungen endlich losgeht und der Druck des Vorausdenkens von mir genommen wird. Auf der anderen Seite aber genieße ich jede einzelne Stunde in dem netten Städtchen Cairns mit all seinen Restaurants und Geschäften. Manchmal ertappe ich mich bei dem Gedanken, daß es möglicherweise das letzte Mal in meinem Leben sein könnte, daß ich einen Fuß an Land setze. Aber ich will es ja nicht anders.

An der vor uns liegenden Non-Stop-Fahrt reizt mich neben dem unvorstellbaren Erlebnis, auf das ich unglaublich neugierig bin, vor allem auch der psychische Aspekt. Ich fühle in mir zwei Seelen. Einerseits genieße ich eine gewisse Sicherheit und Geborgenheit, doch immer wieder spüre ich einen Trieb in mir, meine eigenen Grenzen zu suchen. Wo liegen diese Grenzen? Wieviel Gleichmaß, wieviel Eintönigkeit auf See halte ich aus? Wieviel Angst? Wird meine Bindung an Rollo stärker werden oder sich abschwächen? Werde ich mich in dem halben Jahr verändern oder mich selbst besser kennenlernen?

Auf jeden Fall will ich mich dazu zwingen, möglichst genau Tagebuch zu schreiben ...

Wichtigster Raum an Bord: die Werkstatt

Aus der Sicht des Skippers 3

Unser gemeinsam gefaßter Entschluß, zunächst nach Australien zu segeln und von dort eine sechsmonatige Fahrt nach Deutschland über drei Ozeane und ohne Zwischenhafen anzutreten, stellte alle unsere bisherigen Planungen auf den Kopf.

Wir wollten jetzt nicht nur schneller zurück in die Heimat, sondern auch an das Ende unserer Weltumsegelung einen sportlichen Höhepunkt setzen. Immerhin hatten wir zweimal den Pazifik in jeweils zwei Monaten überquert, ohne dabei in seelische oder materielle Not zu geraten. Wir glaubten deshalb, uns auf das Boot und uns selbst verlassen zu können.

Der Passat verlor seine Kraft, erste Flauten und einige harte Windböen aus Westen kündigten bereits den Wechsel der Jahreszeit an. Unser Ankerplatz vor Owa Raha und die meisten der bisher so geschützten Buchten in den Salomonen waren nicht mehr sicher genug für einen längeren Aufenthalt. Wieder einmal, es war inzwischen November geworden, stand eine Orkanzeit vor der Tür.

Wir traten zunächst die Rückfahrt nach Honiara an, um dort Lebensmittel, Wasser und Treibstoff zu bunkern und uns endgültig bei den Regierungsstellen, die uns über einen Zeitraum von zwei Jahren großzügig immer wieder eine Verlängerung unserer Aufenthaltserlaubnis gewährt hatten, zu verabschieden.

Aber teilweise schon stürmisches Wetter, ausgedehnte Regenfälle und Orkanwarnungen verzögerten die Fahrt und unsere Vorbereitungen in Honiara. Erst Ende Februar setzten wir wieder Segel; allerdings nur selten, denn sehr leichte Winde, meist aus Westen, also uns entgegen, herrschten vor, so daß wir den Motor zu Hilfe nehmen mußten.

So schlichen wir uns von Insel zu Insel, verzichteten in der Regel auf Landgänge und näherten uns langsam den Gewässern vor Neuguinea. Da die Einklarierung dort sehr schwierig und kostspielig ist und wir auch gar nicht mehr Zeit hatten, dort länger zu verweilen, ankerten wir nur für einige Tage sozusagen heimlich in den Lagunen des Lousiade-Archipels.

Alle unsere Gedanken waren auf die große Fahrt nach Europa gerichtet und darauf, wie wir in Australien die Vorbereitungen am besten beginnen und durchführen konnten. Als günstigsten Hafen für die Grundüberholung der SOLVEIG hatten uns australische Yachties das Segelsportzentrum Cairns empfohlen, und dorthin setzte ich, nachdem eine stabile Wetterlage eingetreten war, unseren Kurs ab.

Es war inzwischen April geworden, die Orkanzeit näherte sich ihrem Ende, und wir konnten davon ausgehen, daß wir in Cairns keinen schweren Sturm mehr zu fürchten hatten. In einem fremden Land und unter Bedingungen, die wir erst allmählich kennenlernten, zogen sich die Arbeiten am Boot in die Länge. Aber auch wegen der sehr schwierigen und von den Jahreszeiten auf den verschiedenen Erdhälften bestimmten Zeitplanung für die Non-Stop-Fahrt durften wir unser großes Abenteuer keinesfalls vor Mitte Oktober beginnen.

Jede Weltumsegelung mit einem kleinen Boot muß sich nach den Jahreszeiten und ihren Wetterbedingungen richten. Die Fahrt von Australien nach Europa über den Indischen Ozean und den Atlantik – ohne längere Unterbrechung in Südafrika, wie sie normalerweise von allen Yachten eingeplant wird – ist mit großen Risiken verbunden. Gehörige Ängste und Zweifel belasteten deshalb meine Überlegungen. Nur im Vertrauen darauf, daß ich in Angelika eine inzwischen über Jahre erfahrene und erprobte Partnerin bei mir wußte, durfte ich überhaupt diese Unternehmung angehen.

Von November an, mal früher, mal später, beginnt der Monsun zwischen Australien und Neuguinea, seine Richtung zu ändern. Statt Ostwind herrscht Westwind vor, und gegen diesen ist gerade die schmale, von Riffen durchsetzte Torres-Straße in Westrichtung kaum zu durchkreuzen. Ganz abgesehen von der fast 1 000 Seemeilen langen Strecke im Süden Indonesiens bis zur Weihnachtsinsel.

Später im Südindischen Ozean, im Raum der Inseln Reunion und Mauritius, muß man bereits im Dezember mit Orkanen rechnen. So ist es ratsam, die Überfahrt im Oktober oder schon im September zu beginnen, wenn der Passat noch in voller Stärke und zuverlässig das gesamte Seegebiet überstreicht. Normalerweise würde man dann drei Monate später, also um Weihnachten herum, einen Hafen Südafrikas erreichen. Die Umsegelung des Kaps der Guten Hoffnung wiederum sollte nicht vor Mittel Januar, also im Hochsommer der

Südhalbkugel, wenn die Sturmhäufigkeit am geringsten ist, unternommen werden.

Wieder wäre danach eine Hafenzeit günstig als Verzögerung der Weiterfahrt, denn bekanntlich ist der Nordatlantik im April noch stürmisch und unberechenbar. Die meisten Yachten steuern deshalb den Englischen Kanal und die Nordsee erst im Juni oder Juli an.

Die Wetterfrage bei einer Fahrt ohne Zwischenaufenthalte, die es uns ermöglicht hätten, jeweils in der besten Jahreszeit die Reise fortzusetzen, war für mich deshalb viel belastender als der Gedanke an die lange Einsamkeit.

Über das Zusammenleben mit Angelika machte ich mir keinerlei Sorgen, wohl aber über die Erhaltung der Geräte, der Elektronik und des Motors. Elektrische Leitungen korrodieren, Kabel und Tauwerk schamfilen, scheuern sich durch, Segel werden morsch und zerreißen, Dieselkraftstoff kann in der Wärme durch Bakterien zersetzt werden, und selbst Plastik wird spröde und bricht mit der Zeit.

Sieben Jahre schon war unser Boot im Wasser und meist der Tropensonne ausgesetzt gewesen. Jetzt noch einmal sechs Monate Sonne, Regen, stürmische Winde und ständige Bewegung – würde das Material durchhalten? Konnte es die übermäßigen Belastungen verkraften? Das waren die Fragen, die mich Tag und Nacht quälten.

Und immer, das wußte ich aus Erfahrung nur zu gut, würden Ausfälle dort stattfinden, wo man sie am wenigsten vermutete.

Je näher der Termin der Abfahrt rückte, ich hatte ihn auf Ende Oktober geschoben, desto mehr wuchs bei uns beiden die innere Anspannung, und nur die Hoffnung auf ein günstiges Geschick ließ uns den Kopf oben behalten.

9 Sechs Monate Wasser, Wind und Einsamkeit

Cairns, den 25. 10. 1990
Der letzte Anruf bei meiner Mutter. Ich habe, glaube ich, eine Menge Unsinn geredet, um mir meine Aufregung und Nervosität nicht anmerken zu lassen. Die kommenden Monate werden für Ille schwerer werden als für mich, weil sie mit der ständigen Unsicherheit und Angst um uns leben muß. So gesehen möchte ich nicht mit ihr tauschen.

26. 10. 1990
Wir klarieren beim Zoll aus und besorgen Whisky, Gin und Wodka duty free. Im Augenblick sind meine Nerven allerdings so angespannt, daß der Gedanke an Alkohol eher Widerwillen hervorruft. Zum Schluß füllen wir noch zusätzliche Wasserkanister auf, so bleibt außer unseren 500 Litern im Tank noch eine eiserne Reserve von 140 Litern.

27. 10. 1990
Leinen los in Cairns! Endlich – endlich – endlich ... Zwei Monate intensivster Vorbereitung liegen hinter uns. Am liebsten würde ich mich jetzt beim Segeln davon erholen, na ja, wer weiß – vielleicht werden ja die ersten Wochen auf See wirklich etwas zu unserer Entspannung beitragen?

Es ist SOLVEIGS letzte Überfahrt und vor allem ihre längste. Wir haben mehr aus dem Boot hinausgeworfen, verschenkt oder verkauft als hineingepackt, abgesehen von reichlichen Lebensmittelvorräten. Aber auch diese sind ziemlich genau auf sechs Monate bemessen. Viel wichtiger ist es, für uns Platz zu haben und das Boot nicht zu überladen.

Solange wir im Great-Barrier-Riff an der Küste entlang segeln, werden wir für die Nacht ankern, denn trotz unseres neu angeschafften GPS-Navigationsgeräts, das alle paar Minuten eine Position ausspuckt, sind wir nicht bereit, auch nur das kleinste zusätzliche Risiko einzugehen. Nur heute nacht wollen wir durchsegeln – die Anfangsmeilen der vor uns liegenden zwanzigtausend sind wichtig für unsere Moral.

28. 10. 1990
Ein nicht gerade ermutigender Beginn der großen Fahrt: Der GPS hat uns schon in dieser ersten Nacht im Stich gelassen, er zeigte fünf Stunden lang keine Position an.

Nie wieder segle ich ohne Not und freiwillig in totaler Finsternis zwischen Riffen. Es war beängstigend. Statt Erholung von den anstrengenden Wochen in Cairns war höchste Konzentration und exakte Navigation die ganze Nacht über angesagt. Ich bin sehr, sehr müde.

29. 10. 1990
Die automatische Bilgenpumpe stellt sich nicht mehr ab, und der Barograph hat – korrosionsbedingt – aufgehört, seine Luftdruckkurven zu zeichnen. Hoffentlich sind diese Pannen nur mißglückte Generalproben.

30. 10. 1990
Wir wollen noch bei Tageslicht das unbewohnte Hannah Island erreichen, um dort zu ankern und die Geräte in Ordnung zu bringen. Die meisten Inseln im Great-Barrier-Riff sind übrigens nicht bewohnt.

Für mich ist das Segeln im Schutz des riesigen Riffgürtels, ohne die Dünung des offenen Ozeans, ein ruhiger Beginn. So kann ich mich langsam an die Bewegungen des Bootes gewöhnen, ohne dabei seekrank zu werden. Auf der anderen Seite ist das Sitzen im Cockpit bei Wind und Sonne und das ständige auf die Riffe Starren anstrengend und ermüdend.

Landschaftlich finde ich das berühmte Great-Barrier-Riff eher enttäuschend, für Nicht-Taucher alles andere als ein attraktives Segelrevier. Ankerplätze sind rar, außerdem weht von April bis Dezember eine steife Brise mit 20 bis 30 Knoten und macht das Wasser durch aufgewirbelten Sand trübe.

17.00 Uhr: Anker fällt vor Hannah Island. Zigtausende von Vögeln scheinen hier zu hausen. In Scharen kommen sie von ihrem Tagesausflug zurück, fliegen zu beiden Seiten ganz nah an der SOLVEIG vorbei zu ihrem Nest. Unheimlich laut hören wir das Schlagen ihrer Flügel, es übertönt die Brandung auf den Riffen. Welch eine ungestörte, heile Natur!

31. 10. 1990

Pro Tag dürfen wir höchstens drei Liter Wasser verbrauchen. Aber mit Hilfe meiner Blumenspritze voll Süßwasser komme ich ganz gut klar: zuerst wasche ich mich mit Salzwasser und Salzwasserseife, dann spüle ich mit Salzwasser nach, und schließlich besprühe ich meine Haut mit der Blumenspritze. Der Verbrauch von Süßwasser ist dabei kaum meßbar.

Ebenso verfahre ich mit dem Geschirr. So fangen die Handtücher nicht so schnell an zu riechen. Auch unsere Wäsche werde ich später so behandeln und nur zum Schluß in Süßwasser tauchen.

Für Tee bleiben auf diese Weise einenviertel Liter übrig und für warme Mahlzeiten etwa gleich viel. Kartoffeln lassen sich übrigens ohne geschmackliche Einschränkung mit Salzwasser kochen.

6. 11. 1990

Nach fünf Tagen im Great-Barrier-Riff haben wir heute um 12.30 Uhr den Indischen Ozean erreicht. Ein ganz neues Seegebiet für mich.

Aus der Sicht des Skippers 4

Gerade für diese Fahrt durch die Riffe hätte ich mir die genauen Positionen vom GPS gewünscht. Die Enttäuschung über das neue Gerät war groß, aber auch ein elektronisches System kann eben versagen.

Wir befanden uns bei Kap York, der Nordspitze des australischen Kontinents. Das Kap sieht recht imposant aus und läßt durchaus erkennen, daß hier das große Festland zu Ende ist.

Am 21. August 1770 entdeckte Kapitän Cook Kap York und wußte, nachdem er einen Hügel auf einer der vorgelagerten Inseln bestiegen und Ausschau gehalten hatte, daß dies die Nordwestspitze Australiens oder von New South Wales war, wie er das Land nannte, an dessen Strand er die britische Flagge hissen würde. Und er wußte auch, daß er die Meerenge zwischen Australien und Neuguinea gefunden hatte.

Nur wenige Meilen zuvor war er mit seinem Schiff auf eines der unzähligen Riffe gelaufen und hatte schweren Schaden an der ENDEAVOUR genommen, der erst viel später in Batavia, dem heutigen Djakarta, ausgebessert werden konnte. Cook bezeichnete die Durchfahrt durch die Riffe als die navigatorisch schwierigste Episode seiner ganzen Forschungsreise. Auch jeder Weltumsegler von heute ist froh und ein wenig stolz, wenn er das Gewirr von Inseln und Riffen der Torres-Straße hinter sich gebracht hat und den Indischen Ozean vor sich sieht.

Die schier unglaubliche Leistung von James Cook, des genialen Seefahrers und Entdeckers, kommt mir jedes Mal in den Sinn, wenn ich eine der Stationen seiner Forschungsreisen berühre. Hellsichtig schrieb er vor zwei Jahrhunderten über die Ureinwohner Australiens: „Aus dem, was ich über die Eingeborenen berichtet, mag mancher den Schluß ziehen, sie seien die elendesten Kreaturen auf Erden; doch in Wirklichkeit sind sie weit glücklicher als wir Europäer. Sie befinden sich in völliger Unkenntnis der überflüssigen wie der notwendigen Annehmlichkeiten, welchen das höchste Streben der Europäer gilt."

Hitze und Flaute

6. 11. 1990
Ich fühle mich endlich frei; das ständige Aufpassen, Ausguckhalten, Positionüberprüfen, Peilungnehmen, Echolotbeobachten ist überstanden. Riffsegeln macht nur Spaß, wenn ich Zeit habe, aber für uns war es die Ansteuerung zum Indischen Ozean, und es hieß, so schnell wie möglich vorwärtskommen.

Jeder Tag später kann den Beginn des Westmonsuns bedeuten, also Gegenwind. Etwa 2 000 Meilen Ozean liegen von hier aus noch im Monsungebiet, und die Jahreszeit ist schon weit fortgeschritten.

17.00 Uhr: Rollo arbeitet wie ein Besessener an seinen Filmkameras und Ladegeräten. Mit dem Plan, einen eigenen Film über die Rückfahrt nach Deutschland zu drehen, haben wir uns Schweres angetan. Die zusätzliche Arbeitsbelastung mit den 16-mm-Kameras sowie zwei Videogeräten, Tonband, Stativen usw. ist weit größer als vorher angenommen. Dabei sollten wir es eigentlich wissen, es ist ja nicht die erste Seefahrt mit Filmarbeit. Aber kaum sind wir längere Zeit an Land, vergessen wir all die Anstrengung, die jede, aber auch jede Tätigkeit im rollenden Boot mit sich bringt.

7. 11. 1990
Laut Wetterkarte hätten wir in dieser Jahreszeit nicht mehr viel Passatwind zu erwarten. Aber er ist da! Mit vollen 20 bis 25 Knoten. Der für den Indischen Ozean zuständige Neptun hat ganz offensichtlich meinen gestern gespendeten Whisky sehr wohlwollend entgegengenommen.

Heute nacht begleitete uns von drei bis sieben Uhr morgens, auf dem Rettungsring sitzend, ein Landvogel. Ein Stück per Anhalter mitzusegeln, machte ihm wohl Spaß.

Zum Frühstück gibt es das letzte vorgetoastete Weißbrot aus Cairns. Aber zwei Super-Salamis, die wir in einem deutschen Geschäft entdeckt hatten, haben wir noch nicht angerührt. Mal sehen, wie lange die Kartoffeln in der Hitze halten.

16.00 Uhr: Der Passat war schön, intensiv – und kurz! Gerade noch zehn Knoten gönnt er uns, so daß wir nun vor dem Wind kreuzen: mal nach Südwesten, mal nach Nordwesten, um wenigstens etwas Fahrt zu behalten.

20.00 Uhr: Zu früh gejammert! Seit dem tiefroten Sonnenuntergang weht ein Nordost mit zwanzig Knoten. Phantastisch! Außerdem besuchen uns wieder zwei Anhalter, diesmal sind es Seeschwalben. Eine hockt achtern auf der Sailomat-Windfahne, die andere versucht, auf der obersten Sprosse der Badeleiter ihr Gleichgewicht zu halten.

21.00 Uhr: Wir hören unter dem Schiffsboden Delphine pfeifen. Ihr Gesang geht unter die Haut.

8. 11. 1990
24.00 Uhr: 29 Knoten Wind. Fock und Besan geborgen, trotzdem machen wir noch sieben Knoten Fahrt.

03.00 Uhr: Das Boot hat eine Boje gestreift. Als wir ins Cockpit springen, sehen wir ein großes, hell erleuchtetes Fischerboot, und das Aufblitzen von weiteren Bojen in großen Abständen. Vom australischen Zoll in Cairns wissen wir, daß hier in der Arafurasee zahlreiche illegale Treibnetzfischer aus Südostasien ihr zerstörerisches Werk tun. Hoffentlich sind „unsere" Delphine nicht ins Netz geraten!

08.00 Uhr: Ich habe regelrechte Alpträume gehabt: der Golfkrieg fand bei mir zu Hause am Tegernsee statt. Ich floh vor Tieffliegern und versteckte mich in der SOLVEIG. Wurde dabei von Soldaten entdeckt, die das Boot kaperten. Dann Szenenwechsel: Ich kam zurück nach Hause und fand unseren Hund in erbarmungswürdigem Zustand an einer kurzen Kette festgebunden. Statt der prächtigen Bäume, die in unserem Garten wachsen, war alles planiert. Entsetzt floh ich und wachte endlich auf. Es dauerte lange Zeit, bis ich begriff, daß ich mich zwischen Australien und Neuguinea befinde.

15.00 Uhr: Rollo spricht seine Eindrücke in die Videokamera – ich beneide ihn um seine Formulierungen, seine Fähigkeit, trotz Übermüdung ohne Fehler zu sprechen.

18.00 Uhr: Der Wind wird wieder sehr schwach, daher gibt es zum Abendessen Spaghetti mit Schinkenwürfeln. Deutsche Welle bringt Nachrichten: Willy Brandt erreichte für hundert Deutsche und zwanzig ausländische Geiseln die Ausreise aus dem Irak. Ein

Wahnsinn, was sich da abspielt. Eine friedliche Lösung käme einem Wunder gleich.

9. 11. 1990
10.00 Uhr: Wir beginnen uns an den Segelalltag zu gewöhnen. Beim ausführlichen Studieren der Windkarte für den Indischen Ozean beschließen wir, Christmas Island weit südlich zu passieren. So sind wir — hoffentlich — schneller im Passatgürtel. Betrüblich ist nur: Ohne Inselnähe können wir keine Nachricht über die dortige Station nach Hause senden, denn weiter als zehn Meilen reicht unser UKW-Gerät nicht. Aber irgendwo werden wir sicher einmal Glück mit einem Containerschiff haben.

18.00 Uhr: Wind 17 Knoten. Ich habe meine Kopfhaut mit Haarwasser massiert. Vierzehn Tage ohne Waschen machen sich bemerkbar.

19.00 Uhr: Tiefroter Sonnenuntergang — Wind nur noch sieben Knoten von achtern. Schleichen mit knapp zwei Knoten nach Westen.

10. 11. 1990
Sehr heiß. Nur noch ein leichter Windhauch, messen ihn mit vier bis fünf Knoten. Der Wetterbericht von Radio Darwin, den wir noch empfangen können, verspricht leider für den vor uns liegenden Seeraum eine ausgedehnte Flaute. Tiefroter Sonnenuntergang — die Sonne sieht aus wie ein Heißluftballon. Rollo hat Schmerzen unterhalb der Rippen und Atembeschwerden. Er muß sich beim Einstellen der Filmkamera innerlich verletzt haben. Wenigstens liegt das Boot jetzt halbwegs ruhig, so daß er sich auf der Koje entspannen kann.

12. 11. 1990
Heiß. Wind weiterhin schwach, aber wir kommen langsam weiter. R. geht es besser, er bleibt aber auf der Koje liegen. Ich habe das Sonnensegel aufgespannt, um so einen Teil des Decks zu kühlen, vor allem auch Rollos Koje.

16.00 Uhr: Über Kanal 16 höre ich einen Notruf: Feuer im Maschinenraum eines indonesischen Krabbenfischers. Die Besatzung ist bisher nicht in der Lage, es selbst zu löschen. Ihre Position ist etwa 300 Meilen westlich von uns. Darwin Radio hat den Notruf an alle Schiffe weitergeleitet. Die Besatzung muß wahrscheinlich ihr Schiff aufgeben.

13. 11. 1990
Ich bin so niedergeschlagen, daß ich nicht einmal Lust habe, Tagebuch zu führen. Alles scheint sich gegen uns verschworen zu haben. Die ganze Nacht haben wir mit Segelmanövern und Kursänderungen verbracht.

Der ohnehin kaum spürbare Wind weht alle zwanzig Minuten aus einer neuen Richtung. Dazu kommt jetzt eine starke Gegenströmung. Das Ergebnis: ein Etmal von ganzen zwölf Meilen! Zwölf Meilen in 24 Stunden! Wo soll das enden? Dabei klang die Vorhersage von Radio Darwin noch so verheißungsvoll: zehn bis fünfzehn Knoten Südostwind. Vielleicht wegen meiner Übermüdung bin ich gereizt und nervös.

Die Orkanzeit im Südindischen Ozean hat bereits begonnen, und wenn wir irgendwann einmal bei dieser Schleichfahrt in die Gegend von Mauritius kommen, brauchen wir schon eine Menge Glück, um nicht in einen Sturmausläufer zu geraten.

Wenigstens lassen Rollos Schmerzen weiter nach. Wahrscheinlich ist er auch deshalb optimistischer eingestellt als ich.

14. 11. 1990
Unsere Glücksfee meint es nicht gut mit uns, obwohl der Tag so fröhlich anfing: mit ausgiebigem Salzwasserbad einschließlich Haarwäsche an Deck. Selbst Rollo, der sonst Salzwasser weniger schätzt, was das Waschen betrifft, wurde von mir angesteckt.

Doch seit elf Uhr läuft nichts mehr! Gipsy, unser teures GPS-Navigationsgerät, das wir eigens für diese Fahrt angeschafft haben, hat endgültig seine Tätigkeit eingestellt. Wegen der Hitze vielleicht? Auf dem kleinen Bildschirm sind nur noch bedeutungslose Zeichen zu erkennen. Wir beschließen, den alten Satnav versuchsweise anzuschließen, aber auch der arbeitet nicht mehr zuverlässig.

Für mich heißt das, zunächst auf den Besan steigen, die GPS-Antenne abschrauben, wieder hinuntersteigen. Dann mit der alten Antenne wieder hinauf und im Seegang die Schrauben und Muttern festziehen. Für die Verkabelung muß Rollo provisorisch löten, weil kein Stecker mehr da ist. Aber als wir nach etlichen Arbeitsstunden das Gerät schließlich einschalten, gibt es nur verrückte Alarmtöne von sich.

Das war's also: zwei Satellitennavigatoren, und keiner funktioniert! Und das gleich im ersten Monat unserer langen Reise. Nun könnte man ja sagen, was macht das schon, schließlich haben wir einen Sextanten, und im Gegensatz zu manchen Kapitänen ausgeflaggter Containerschiffe weiß Rollo auch damit umzugehen. Aber wenn man sich erst einmal daran gewöhnt hat, alle Stunden bzw. Minuten eine Position zu erhalten, dann empfindet man das Arbeiten mit dem Sextanten als vergleichsweise antiquiert. Wie das Übermitteln von Nachrichten zu Pferde.

Abgesehen davon erinnere ich mich noch gut an unsere Kenterung vor Grönland, zu Beginn unserer Weltumsegelung. Auch damals fielen alle Geräte aus. Tagelang segelten wir wie blind im dichten Nebel, ohne die Sonne zu sehen und ohne die Position des Schiffes zu kennen. Ich habe eigentlich gehofft, so etwas nie wieder erleben zu müssen.

Sowohl am Kap der Guten Hoffnung als auch in der Nordsee werden wir höchstwahrscheinlich stürmisches Wetter oder Nebel antreffen, dazu dichten Schiffsverkehr. Und wir mittendrin, auch den Meeresströmungen ausgeliefert, die uns so weit versetzen können, daß wir am Ende in Untiefen geraten oder stranden ...

Mir rinnt der Schweiß in Strömen herab, meine Zunge klebt, ich bin voller Sorge.

15. 11. 1990

Wir haben die halbe Nacht an dem alten Satnav-Gerät gearbeitet und dann gespannt und nicht ohne Angst gewartet, ob es eine Position ausrechnen kann. Ein bestimmter Teil des Computers scheint blockiert. Doch um 23.30 Uhr empfängt er einen Satelliten und errechnet die Position.

Bei mir sitzt der Schreck noch zu tief, als daß ich mich wirklich darüber freuen könnte. Habe auch bis jetzt nichts gegessen. Ich bin ziemlich erschöpft, alle Knochen tun mir weh von der Montage gestern am Mast. Die Hitze, verbunden mit totaler Windstille, wird immer bedrückender.

Seit heute morgen begleitet ein junger Sturmvogel das Boot. Mit Keksen versuche ich ihn anzulocken, ohne Erfolg. R. rafft sich zu einem Statement vor der Filmkamera auf.

16. 11. 1990
Nachts getrieben – immer noch Flaute. Vor zwölf Jahren, als Rollo auf seiner zweiten Weltumsegelung hier durchkam, hatte er ähnliche Schwierigkeiten. Für mich ist das nur ein schwacher Trost, denn er war drei Wochen früher in diesem kritischen Seegebiet, also hatte er drei Wochen Vorsprung, um nicht in die Orkanzeit zu geraten.

Die feuchte Hitze ist so unglaublich lähmend – jeden Morgen spanne ich seit Tagen unser Sonnensegel übers Deck. Es fällt schwer, mit dem Wasser zu sparen, ich könnte ununterbrochen trinken. Behelfe mich stattdessen mit Eukalyptusbonbons.

Pro Tag ist für Rollo und mich nur ein Glas Wasser drin, und das sparen wir uns bis Sonnenuntergang – die schönste Stunde des Tages!

18.00 Uhr: Boje von einem Netz gefunden, das wohl schon monatelang treibt, ein sogenanntes Geisternetz. Völlig sinnlos werden alle Tiere getötet, die sich darin verfangen: nicht nur Fische, sondern auch Delphine, Schildkröten und Seevögel. Wir haben unseren Kurs in Richtung Boje geändert und die Leine zum Netz mit einem scharfen Messer durchtrennt, so daß es jetzt auf den Meeresgrund sinken kann. Die Boje war schwer, und es war auch nicht leicht, die dicke Trosse zu durchschneiden.

17. 11. 1990
Nachts über 30 Grad heiß, bin draußen im Cockpit geblieben. Immer noch kein Wind. Die pechschwarze Meeresoberfläche funkelt und schillert, Millionen Sterne spiegeln sich darin wider.

18. 11. 1990
Zum ersten Mal wieder 70 Meilen als Etmal. Ja, man wird bescheiden ... Zur Feier dieses Ereignisses gibt es abends Spargel aus der Dose mit Kartoffeln.

R. versichert mir immer wieder, wenn wir erst im Passat segeln, werden wir jeden Tag weit über 100 Meilen zurücklegen. Doch wann wird das sein?

19. 11. 1990
Heute 20 Knoten Gegenwind, wir können nur noch mit Mühe etwas West machen. Ist es schon der Monsun? Nach Beginn der Monsunzeit wird es sehr schwer für uns, überhaupt noch nach Westen zu kommen!
Nachrichten: Saddam Hussein will nach Weihnachten innerhalb von drei Monaten die ausländischen Geiseln freilassen.

20. 11. 1990
Nachts keinen Schlaf gefunden, wir sind erschöpft, müde und kaputt. Bei 150 gesegelten Meilen gegenan kamen wir nur 60 Meilen nach Westen. Wie lange geht das zermürbende Spiel noch weiter? Ich habe zu nichts Lust. Rollo und ich verfolgen abwechselnd oder gleichzeitig den Windrichtungsanzeiger, in der Hoffnung auf eine Änderung.

21. 11. 1990
Das Kreuzen hoch am Wind nimmt und nimmt kein Ende. Wir haben zwar 70 Meilen nach Westen geschafft, aber um welchen Preis! Alle zwei Stunden eine Wende – auch nachts –, um die teilweise vorhandene Strömung auszunutzen. Kochen entfällt zur Zeit, da das Boot gegenan hart in die Wellen einsetzt und ich zu kaputt bin. Gespräche finden kaum noch statt und wenn, dann über eine eben bemerkte leichte Winddrehung. Nichts anderes interessiert im Augenblick als endlich einmal vernünftiger Wind. Leider kommen wir der Insel Timor immer näher.

22. 11. 1990
Es hat sich nichts geändert an unserer Lage.

23. 11. 1990
Nachrichten: Margaret Thatcher ist zurückgetreten.

Endlich haben wir Timor passiert. Wind aber meist entgegen, trotzdem mehr West gemacht. Stimmung steigt wieder.

24. 11. 1990
Unser Süßwasser macht uns Sorgen. Aus dem Tank kommt eine braune Brühe, die ich mehrmals durch ein Stofftuch filtern muß, damit der Tee halbwegs genießbar wird. R. hat Entkeimungsmittel nachgeschüttet und den Wasserfilter gewechselt.
 Der Wind ist unverändert, was nach wie vor Kreuzen bedeutet. Der Passat ist wohl noch weit weg. Lutsche viele Eukalyptusbonbons, um den permanenten Durst zu unterdrücken. Fast beneide ich die amerikanischen Soldaten in der Wüste, die laut altem *Spiegel* pro Mann neunzehn Liter Wasser am Tag verbrauchen ...

25. 11. 1990
Die Pfunde, die ich mir in Australien angefuttert habe, sind längst verschwunden. Auch R. hat sichtbar abgenommen. Wir essen wenig, um nicht soviel Durst zu bekommen.

26. 11. 1990
Seit drei Wochen haben wir nicht eine Nacht durchgeschlafen. Entsprechend wackelig bin ich auf den Beinen. Segelsetzen und -bergen kostet mehr Kraft als sonst. Wir haben nur ein Ziel vor Augen: endlich den Passat zu finden! Viertausend Meilen Segeln durch das orkangefährdete Gebiet des Indischen Ozeans liegen dann vor uns. Bis Ende Dezember sollten wir Mauritius passiert haben, denn im Januar ist der Höhepunkt der Orkansaison: 32 Stürme laut Wetterkarte. Im Dezember verzeichnet der Jahresdurchschnitt dagegen nur zwei.

28. 11. 1990
Hoffentlich rächt sich unser viel zu später Start von Cairns nicht eines Tages. Nach wie vor liegen unsere Etmale weit unter hundert Meilen. Um aber noch vor Januar Mauritius zu passieren, brauchen wir Etmale zwischen 120 und 140. Ich gehöre wirklich nicht zu den Pessimisten, aber diesmal wird mir bange. Bergsteiger können bei

drohenden Wetterstürzen wenigstens umkehren, wir müssen alles nehmen, wie es kommt.

Ich bin ziemlich deprimiert, frage mich, ob ich überhaupt noch Tagebuch schreiben soll. R. wirkt nach außen zuversichtlich, trotzdem sehe ich ihn immer wieder über der Windkarte des Ozeans sitzen und brüten.

29. 11. 1990
Gott sei Dank habe ich mich gestern verrechnet. Bis Mauritius sind es rund 3200 Meilen. Also reicht es, wenn wir im Schnitt 100 bis 120 Meilen täglich schaffen. Aber auch die müssen gesegelt werden. Und bei unsicheren oder schwachen Winden ist das ein hartes Stück Arbeit – oder eben gar nicht möglich.

30. 11. 1990
Nach Mitternacht endlich einmal geschlafen, da SOLVEIG auf recht gutem Kurs segelt. Gegen vier Uhr früh höre ich auf einmal fürchterliches Fluchen und Schimpfen. Das ist kein Traum, sondern Rollo: Ein Fliegender Fisch ist durch die offene Luke auf seiner Koje gelandet. Der inzwischen tote Fisch muß schon länger neben Rollo gelegen haben, denn aufgewacht ist er erst durch einen Stich seiner Schwanzflosse. Plötzlich hat er das kalte, glitschige Ding in der Hand!

Da kann man nur sagen: ein gesegneter Schlaf! Nicht auszudenken, wenn der nasse Fisch auf meinem Rücken gelandet wäre. Wahrscheinlich wäre mir vor Schreck die Luft weggeblieben.

12.00 Uhr: Erstmalig leichte Südtendenz des Windes. Aber sehr schwach. Wir waren beide ziemlich fleißig: Wasserpumpe ist repariert (inzwischen läuft auch keine braune Brühe mehr aus dem Hahn), diverse Kontakte sind von Korrosion befreit, und für die Solarplatte hat Rollo einen Stecker gebastelt; so können wir Akkus für Film- und Videokameras mit Hilfe der Sonne nachladen. Der Cockpitboden ist gereinigt, und ich habe das fürchterlich nach Fisch stinkende Leintuch gewaschen.

18.00 Uhr: Wind fast null. Wir motoren ein Stunde, auch zum Nachladen der Batterien. Der Sprit wird weniger und weniger.

1. 12. 1990
Nur drei bis fünf Knoten Wind, dafür aber aus Südsüdwest. In zweieinhalbstündiger Arbeit setzen wir die Genua, die im Vorschiff unter allerlei Gerätschaften und Planen verstaut war. Mit diesem großen Flautensegel machen wir immerhin dreieinhalb Knoten nach Westen. Ob es an Bord noch einmal ein anderes Thema als den Wind geben wird? In Deutschland wird morgen der neue Bundestag gewählt, und Präsident Bush bietet Hussein Gespräche an.

2.12. 1990
Es gibt ihn also doch noch, den Passat! Gestern nachmittag haben wir ihn gefunden – oder er uns? Stimmung an Bord geradezu euphorisch. Wir zischen mit sechs bis sieben Knoten Fahrt durch das Wasser. Herrlich! Das werden Etmale!
  12.00 Uhr: 160 Meilen seit gestern.
  18.00 Uhr: Dieser Tag gehört golden eingerahmt. Ein Tanker auf dem Weg in den Persischen Golf hat unseren Kurs gekreuzt. Ich rufe über Kanal 16 und habe Glück. Als der Kapitän hört, daß wir noch fünf Monate auf See sein werden, erklärt er sich sofort bereit, unsere Nachricht nach Hause zu übermitteln. Und so funkt dann Rollo – ich bin viel zu aufgeregt – sein erstes Telegramm auf See. Schön langsam buchstabiert er die Adresse meiner Mutter mit Hilfe des internationalen Alphabets: Zulu – India – Lima – Charlie – Hotel – Echo – Romeo ... Eine halbe Stunde später erhalten wir von dem freundlichen Kapitän noch die Bestätigung: Das Telegramm konnte über Norddeich Radio weitergeleitet werden. Wir sind so aufgeregt, daß wir bis Mitternacht nicht schlafen können. Welch ein Gefühl zu wissen, jetzt in dieser Minute wird unsere Nachricht aus dem Indischen Ozean meine Mutter erreichen. Für sie ist das sicher einer der schönsten Adventstage. Für mich auf jeden Fall.

3.12. 1990
In Deutschland ist die Wahl beendet. Großer Erfolg für die FDP – sprich für Genscher. Elf Prozent, das kann sich sehen lassen. CDU 41 Prozent, SPD 33 Prozent, PDS 9,1 und Bündnis 90/Grüne Ost 6,6 Prozent.

Wir filmen den ganzen Vormittag, leider unter großen Problemen. Das schwere Pendelstativ am Besan ist unser Sorgenkind. Obwohl wir es sicherheitshalber nach jeder Filmaufnahme abmontieren, schreitet die Korrosion unaufhörlich fort. R. braucht zwei Stunden, um allein die Mechanik wieder in Gang zu bringen, mit Fetten, Ölen, Hammer und Schraubenzieher. Auch läuft das Pendel nicht mehr gleichmäßig, da sich die eingebaute Kugel immer mehr abreibt.

Abends hören wir Beethovens drittes Klavierkonzert mit S. Richter von Kassette.

4. 12. 1990
Seit nunmehr drei Tagen rauschen wir mit sechs bis acht Knoten nach Westen. Etmale von 160 Meilen sind zur Zeit normal. So ein Segeln habe ich noch nie erlebt. Bin regelrecht high. Täglich geht die Sonne für uns später unter, und in Kürze werden wir die Uhren zum zweiten Mal um zwei Stunden zurückstellen. Dann sind wir nur noch sechs Stunden der Greenwich-Zeit voraus. Diese tägliche Zeitverschiebung der Sonnenauf- und untergänge ist für mich der einzig sichtbare Beweis, wie wir Meile um Meile vorankommen, uns der Heimat nähern.

15.00 Uhr: Wäsche gewaschen. Die Farbe der Geschirrtücher entwickelt sich langsam zum bekannten Einheitsgrau der Segler- oder Rucksack-Abenteurerwäsche.

5. 12. 1990
Sehr unruhige Nacht mit häufigen Winddrehungen, durch Regenschauer verursacht.

Inzwischen habe ich mich daran gewöhnt, bis etwa Mitternacht zu schlafen, um anschließend die Wache zu übernehmen. Den verlorenen Schlaf hole ich am frühen Nachmittag nach.

Zum Frühstück eine Kassette von Radio Bayern III gehört, einschließlich Staumeldungen. R. filmt fleißig, ich bin sehr faul und erfreue mich am Passatsegeln. Meine augenblickliche Lektüre ist *Winter – A Berlin Family 1899–1945* von Len Deighton: gut geschildert und gleichzeitig ein Nachhilfeunterricht in Geschichte.

54 Unbeschwertes Segeln – Stunden des Glücks

55 Die Orkanzeit im Süd-indischen Ozean hat bereits begonnen. Wenn wir weiter von Flauten festgehalten werden, brauchen wir eine Menge Glück, um nicht in einen Sturm zu geraten.

56 Es gibt ihn also doch noch, den Passat! Die Stimmung an Bord steigt wieder.

57 Der Traum vom Segeln. Aber nur selten ist uns solches Wetter beschert.

58 Halbzeit: 8000 Meilen liegen hinter uns.

59 Vor der australischen Küste leistet uns ein Sturmvogel Gesellschaft.

60 Wir lassen das Panorama von Kapstadt mit dem Tafelgebirge an uns vorbeiziehen.

61 Der Ozean ist ständig in Bewegung.

62 „Schäfchenwolken", blasser Sonnenuntergang, fallende Barographenkurve. Gefällt uns gar nicht.

61

62

63 Mit Bangen beobachten wir das Anschwellen des Sturms.

64 Im Nordatlantik

65 Mit Trichter und Schlauch leiten wir das Regenwasser in unseren Tank.

66 Eine Sturmbö nähert sich. Wir müssen reffen.

65

66

67 Begrüßung in Emden
(Foto: Udo Eberhard)

68 Nach 16 000 Seemeilen macht SOLVEIG IV zum erstenmal wieder fest. (Foto: Udo Eberh

6. 12. 1990
Zum letzten Mal Frühstückseier gegessen. Ab jetzt gibt es fünf Monate kein Ei mehr. Na ja, das werden wir überleben. Über zwanzig Fliegende Fische lagen heute morgen an Deck, hier scheint die Natur noch heil zu sein. Im Pazifik sind Fliegende Fische schon seltener geworden.

7. 12. 1990
Und wieder haben wir die Uhren um zwei Stunden zurückgestellt. Jetzt sind wir noch sechs Stunden der Greenwich-Zeit voraus. Im Gebiet um das Kap der Guten Hoffnung sind wir dann, was die Uhrzeit betrifft, nur noch eine Stunde von MEZ entfernt. Eine Milchmädchenrechnung, ich weiß, denn die Seemeilen, die dann noch vor uns liegen, bedeuten weitere drei Monate auf See. Aber trotzdem, die Vorstellung, daß die Sonne etwa zur gleichen Zeit in Deutschland auf- oder untergeht, bedeutet für mich, der Heimat innerlich näher zu sein.

Es wird merklich kühler, und so werde ich heute abend wieder Wolldecken in unsere Bezüge einziehen. Mittags jetzt nur noch 27 Grad.

Ich bin sehr froh, daß wir nach wie vor so gut vorankommen, obwohl der stürmische Südostpassat einen enormen Seegang aufbaut und das Boot unter Genuabesegelung entsprechend herumgeworfen wird. Wohl auch deshalb habe ich mit permanenter Müdigkeit zu kämpfen. Kochen, Abspülen, Abtrocknen erfordert starke Überwindung.

Gute Nachricht: Alle Irak-Geiseln sollen freigelassen werden.

8. 12. 1990
R. arbeitet den ganzen Tag am Wellengenerator, da wir nicht mehr genug laden. Das Getriebe verliert Öl, und das Öl verteilt sich auf dem Keilriemen. R. hat den Generator samt Halterung abmontiert und die entsprechenden Schrauben nachgezogen. Eine sehr unangenehme Arbeit, weil die Schrauben nur schwer zugänglich sind. Um zwölf Uhr ist es geschafft, und wir laden jetzt wieder mit sieben bis zwölf Ampere. Zur Belohnung „schenke" ich R. eine Dusche sowie Dosenlachs mit Reis zum Mittagessen.

Die Deutsche Welle kommt zur Zeit sehr gut herein.

9. 12. 1990
Zweiter Advent. Ich habe völlig vergessen, in Cairns Kerzen und Weihnachtsschmuck einzukaufen. Vorausdenken ist wirklich nicht meine Stärke, obwohl ich Vorfreude sehr genießen kann. Aber Weihnachtsstimmung kommt eben in den Tropen und auf See nicht so recht auf. Rollo allerdings ist regelrecht erschrocken, daß wir keinen Weihnachtsschmuck dabeihaben. Will er wirklich feiern?

Werde nun versuchen, aus einer alten Haushaltskerze einen Adventskranz zu basteln. In vier Teile schneiden und auf einem runden Holzbrett anbringen, so müßte es gehen.

19.00 Uhr: Der Kranz ist fertig.

10. 12. 1990
Kräftiger Wind, Genua geborgen, Boot rollt wie betrunken. Viel im Halbschlaf geträumt, auch von aktuellen Bayreuth-Inzenierungen, es muß wohl Lohengrin gewesen sein; jedenfalls erlebte ich nur den Schlußvorhang. Eisernes Schweigen im Publikum, kein Applaus. Ich war so entsetzt darüber, daß ich alleine zu klatschen begann und andere zum Mitklatschen animieren wollte. Ohne Erfolg. Aus Verzweiflung darüber und voller Mitleid mit dem Ensemble fing ich an zu weinen. Später diskutierte ich mit (immerhin!) Wolfgang Wagner über traditionelle und moderne Inszenierungen der Opern seines Großvaters.

Ein weiterer Traum war dann um einiges prosaischer: Halbzeit auf unserer Non-Stop-Weltumsegelung. Drei Monate Seefahrt lagen hinter uns. Befand mich mit R. vor unserem Arabella-Supermarkt in München und schlug vor, für die verbleibenden drei Monate frische Lebensmittel mitzunehmen. Bekam dann aber Bedenken: „Wenn uns jemand sieht?" Beschloß deshalb, in einen anderen Stadtteil zu fahren, wo uns niemand kannte. Zum ersehnten Einkauf der Köstlichkeiten ist es aber leider nicht gekommen, denn ich bin vorher von dem elenden Geschaukel der SOLVEIG aufgewacht.

08.00 Uhr: Wir gönnen uns zum Frühstück holländischen Zwieback. Ist schließlich auch nicht zu verachten.

12.00 Uhr: Wir setzen wieder die Genua, da der Wind auf 20 Knoten zurückgegangen ist. Nachmittags intensive Filmarbeit.

12. 12. 1990
Schon zwölf Tage sorgenfreies und entspanntes Passatsegeln liegen hinter uns. Entsprechend entspannt und glücklich ist unsere Stimmung. Wir sind eins mit dem Boot, mit dem Meer. Diese Wochen der Harmonie und Ruhe werden wir nie wieder zusammen erleben, und ich werde sicher so manches Mal in Deutschland voller Sehnsucht an diese Zeit im Indischen Ozean zurückdenken. Aber vielleicht macht auch gerade das Unwiederholbare dieser letzten Fahrt mit unserer SOLVEIG das Erleben jedes einzelnen Tages so bedeutend. Das sind Stunden, die ich am liebsten in eine Konservendose füllen würde, um sie später an Land – bei Bedarf – zu öffnen und neu zu genießen.

14. 12. 1990
Seit gestern mittag segeln wir mit ausgebaumter Fock direkt vor dem Wind. Rollo ist körperlich sehr erschöpft, er hat gestern wieder den ganzen Tag gefilmt, Filme eingelegt, herausgenommen, beschriftet, Akkus nachgeladen, Pendelstativ gefettet, um nur einen Teil seiner Arbeiten zu nennen. Er war heute morgen auch seelisch deprimiert.

Das ständige Segeln mit Höchstgeschwindigkeit und maximalem Tuch zehrt auch an meinen Kräften. Nach wie vor schaffen wir täglich 140 bis 150 Meilen. Sobald wir aber aus dem orkangefährdeten Gebiet herauskommen, wollen wir unsere Besegelung wieder verkleinern.

15. 12. 1990
Sehr grobe Dünung, daher fast nicht geschlafen. Beinahe hätten wir die Fock geborgen, wir haben dann aber doch die Zähne zusammengebissen und durchgehalten. Die Belohnung folgt mittags: 155 Meilen! Das macht Laune. Noch gut 1000 Meilen, dann sind wir aus dem Orkangebiet heraus.

16. 12. 1990
Heute nacht mußten wir leider doch die Fock bergen, da der Wind ständig bei 25 bis 28 Knoten blieb und wir Angst bekamen um die

Sicherheit von Segeln und Takelage. Mittags große Körper- und Haarwäsche im Cockpit bei grober Dünung. Aber es muß sein. Für die ganze Aktion brauche ich zwei Stunden. Jetzt fühle ich mich herrlich frisch und sauber. Es fällt schwer, mir vorzustellen, daß in einer Woche Weihnachten sein soll und in zwei Wochen ein neues Jahr beginnt.

17. 12. 1990
Die Dünung hat weiter zugenommen. Arbeiten und Essenzubereitung gestalten sich äußerst schwierig, deshalb begnügen wir uns mittags mit Kakao und Keksen. Verzichten auf die Fock.

Ich möchte gerne für Weihnachten eine Fotomontage basteln. Hoffentlich läßt in den nächsten Tagen die enorme Dünung nach, damit ich mich ans Werk machen kann. Manche Brecher sind so gewaltig, daß die Relingstützen tief ins Wasser tauchen.

Auch meine Koje – im Augenblick auf der Luvseite – ist alles andere als gemütlich. Immer wieder muß ich mich festkrallen, um nicht herunterzufallen. Natürlich könnte ich mich achtern auf die Leekoje legen, aber erstens haben wir den Raum mit Ausrüstung voll, und zweitens sitzt sowohl bei R. als auch bei mir der Schock der Kenterung vor Grönland noch tief, den wir in diesem Raum erlebt haben. Seitdem vermeiden wir es, auf Überfahrten dort zu schlafen. Außerdem wollen wir jederzeit schnell ins Cockpit springen können, und das ist nur mittschiffs möglich.

18. 12. 1990
Nachts Schauer und harte Böen. Ständig sind Kurskorrekturen notwendig, und so komme ich nicht zum Schlafen. Entsprechend durchgebeutelt fühle ich mich. Gestern abend habe ich R. noch zu einem Rumdrink überredet, damit er besser schlafen kann. Der Erfolg war durchschlagend, dafür hat er heute morgen ziemliches Kopfweh – meine nächtlichen Aktivitäten blieben von ihm unbemerkt.

12.00 Uhr: Etmal 155 Meilen. Die Insel Rodriguez liegt nur 400 Seemeilen entfernt, wir werden sie aber nicht zu Gesicht bekommen. Ob diese Dünung einmal abnimmt?

15.00 Uhr: Ein bildhübscher Tropikvogel mit halbmeterlangen roten Steuerfedern begleitet uns eine Stunde lang.
19.00 Uhr: Wir bergen die kleine Fock und hoffen auf Schlaf heute nacht. Essen ist schwieriger als Kochen, denn ich bilde mir Rollos Lieblingsessen Spaghetti mit Tomatensauce ein. Dabei halten wir die Teller auf den Knien, uns immer im Rhythmus der Dünung bewegend. Trotzdem wäre mir einmal beinahe die ganze rote Pracht auf den Boden gerutscht.

19. 12. 1990
07.00 Uhr: Diese Nacht habe ich erfolgreich, das heißt, meist schlafend, hinter mich gebracht. Aber wir machen uns Sorgen um die Selbststeuerung. Die Halterung der Schubstange unter der Achterkoje hat sich gelockert, außerdem läuft das Boot immer wieder aus dem Kurs. Was ist los mit dem Seegang? Werden die Wellen unruhig, weil sich das Ende der Passatzone nähert?
10.00 Uhr: R. hat die Befestigungsbolzen der Steueranlage nachgezogen. Hoffentlich ist das Problem damit gelöst. Die Dünung läßt endlich etwas nach, oder bilde ich es mir dank meines ausgeschlafenen Zustands nur ein?
Nachrichten der Stimme Amerikas: Ein Krieg mit dem Irak scheint unvermeidlich – das Ultimatum zur Räumung Kuweits läuft am 15. Januar ab. Hussein macht keine Anstalten einzulenken. Geduld von Bush merkbar am Ende.

21. 12. 1990
Bis zum Kap sind es noch rund 2500 Meilen – und hoffentlich davon 600 bis 700 Meilen im Passat. Danach wird es wohl heißen: Zähne zusammenbeißen und durch! R. hat vorsichtshalber mein Rumfaß neu verzurrt, damit es bei einem großen Brecher nicht plötzlich in die Kajüte fliegt.
Nachrichten: russischer Außenminister Schewardnadse zurückgetreten, Börse abgestürzt.

22. 12. 1990
Damit es an Weihnachten nicht gar so trist ist an Bord, habe ich heimlich während Rollos Wache einen Tannenbaum aus grünem

Einwickelpapier geschnitten, ihn auf einen Pappkarton geklebt und mit Hilfe von Klebeband und Schleifchen Süßigkeiten an die „Zweige" gehängt.

23. 12. 1990
Plötzlich Sturmböen aus allen Richtungen – wir müssen beidrehen. Ist dies das Ende der Passats? Ich hoffe auf Besserung morgen, denn ich würde Weihnachten gerne auf ruhigerem Wasser feiern.

24. 12. 1990
Was für ein Weihnachtsmorgen! Statt „Leise rieselt der Schnee" könnte ich singen: „Stürmisch kocht die See ..." Mit bis zu acht Windstärken weht es aus Südosten, dazu Regenschauer mit tiefschwarzen Wolken. Wir bleiben beide die ganze Nacht auf, damit wir notfalls schnell an Deck springen können, um zu reffen. Hoffentlich beruhigt sich das Wetter wenigstens gegen abend.

In den Elf-Uhr-Nachrichten hören wir, daß in North Queensland ein Orkan mit 200 Knoten (fast 350 km/h) Windgeschwindigkeit tobt. Alle Verbindungen sind abgeschnitten, Überflutungen und Buschfeuer breiten sich aus. Wie es wohl unseren Freunden in Cairns gehen mag? Für sie fällt Weihnachten wohl ebenfalls aus.

16.30 Uhr: Ich serviere im Cockpit Zitronentee mit gemischten Plätzchen, sogar Spekulatius sind darunter. Der Wind hat auf 28 Knoten nachgelassen, aber die See ist grob.

18.30 Uhr: Unser Weihnachtsabend im Indischen Ozean beginnt mit Orgelmusik von Bach, aufgenommen in der Dresdner Hofkirche. Während Rollo noch die Kassette einlegt, zaubere ich meinen Tannenbaum auf den Kartentisch und entzünde die vier weißen Kerzen des vorbereiteten Adventskranzes auf seinem Holzteller. R. traut seinen Augen nicht, stottert immer wieder: „Wann, um alles in der Welt hast du ..."

Unsere Weihnachtsstimmung scheint sich sogar auf SOLVEIG zu übertragen, denn eine ganze Stunde lang verhält sie sich ruhig.

26. 12. 1990
Seit gestern haben wir richtiges Festtagswetter. Am liebsten würde ich es einpacken und bis zum Kap der Guten Hoffnung mitnehmen.

Wir wälzen die Wind- und Strömungskarte von Januar und überlegen die günstigste Route. Langsam wächst die Spannung. Andererseits sage ich mir aber, SOLVEIG hat die Kenterung bei Grönland überstanden, da wird sie bestimmt auch die Stürme am Kap meistern. Und trotzdem – das Kap ist schon ganz anderen Schiffen zum Verhängnis geworden!

27. 12. 1990
Obwohl sich auf einer Überfahrt die Zeit unendlich lange dehnt, habe ich momentan das Gefühl, sie läuft mir weg. Tagelang bin ich nicht mehr zum Lesen gekommen, so sehr hält mich der Bordalltag in Atem. Aber am meisten Zeit, Kraft und Nerven kostet die Filmarbeit.

Wenn R. vor der Kamera einen Situationsbericht abgibt, bedeutet das für uns jedesmal Stativ aufbauen, es so mit einer Leine verzurren, daß es im rollenden Boot hält, Film in die Kamera einlegen, Szene mit Scheinwerfer ausleuchten, Tonbandgerät anschließen und Akkugerät kontrollieren, um nur ein paar Details zu erwähnen. Für einen Zweieinhalb-Minuten-Bericht brauchen wir mindestens drei Stunden. Dabei ist die tägliche Pflege der Kameras samt Zubehör noch nicht einmal mitgerechnet. In der mit Salzpartikeln getränkten, feuchten Luft wäre die Lebensdauer sowohl der Video-, als auch der Film- und Fotokameras ohne zusätzliche Wartung sehr begrenzt.

17.00 Uhr: Der Himmel ist voller Schäfchenwolken, und am Horizont erkenne ich eine schwarz-graue Front.

19.00 Uhr: Sehr blasser Sonnenuntergang, Barographenkurve geht bergab. Gefällt mir gar nicht. Auch R. ist beunruhigt.

Wie Treibgut zwischen Wellenbergen

28. 12. 1990
In der Nacht hielt sich das Wetter noch. Aber was dann auf und über uns hereinbrach, haben weder Rollo noch ich jemals vorher erlebt. Um ehrlich zu sein, ich dachte, ein Orkan nähert sich uns.

Als ich gegen sieben Uhr morgens hinausblicke, sehe ich noch immer die dunkle Front von gestern vor uns, doch jetzt gefüllt mit dicken Regenschauern, die sich langsam, ohne sich von irgendetwas ablenken zu lassen, auf uns zu bewegen. Aufgeregt rufe ich: „Rollo, schau dir das an! Ich glaube, wir können kostenlos unseren Wassertank auffüllen."

Rasch ziehen wir Ölzeug an, und Rollo richtet unseren eigens dafür genähten Segeltuchtrichter zum Wasserauffangen her. Eine halbe Stunde später wird es so dunkel, daß wir in der Kajüte eine Lampe anzünden müssen, um noch etwas zu sehen.

Mit diesem trichterförmigen Sack fangen wir Regenwasser auf.

Und dann geht es los. Sofort. Als ob jemand einen Hahn aufgedreht hätte. Das ist kein Regen, das sind Wasserfälle, die vom Himmel auf das Boot herabstürzen. In einer halben Stunde ist der Wassertank bis obenhin voll, dazu zwei Zwanzig-Liter-Kanister. R. und ich sind trotz Ölzeug von oben bis unten triefnaß.

Aber irgend jemand dreht erneut an einem Hahn, denn gleich darauf heult der Wind mit Stärke neun. Mit gerefftem Groß und achteinhalb Knoten Speed schießen wir in die Wellentäler. Nach zehn Minuten plötzlich eine Winddrehung. Wir reagieren zu spät. Trotz Bullenstander kommen Baum und Groß mit einem ohrenbetäubenden Schlag nach Steuerbord, knallen ins Want.

„Wird der Mast brechen?" schießt es mir durch den Kopf. Ich stürze hinaus – ohne Ölzeug, denn zum Anziehen ist keine Zeit mehr, und will das Tau von der Bugklampe, auf der es belegt ist, lösen.

Ein unvorstellbarer Zug liegt darauf, aber irgendwie schaffe ich es trotzdem. Bei 26 Grad Außentemperatur schlottere ich an allen Gliedern vor Angst, Kälte und Nässe. Inzwischen kocht das Meer. Riesige Brecher von buchstäblich allen Seiten schießen übers Deck. Wir kriechen in die schützende Kajüte und beobachten nervös die weiter fallende Barographenkurve.

Gegen Mittag läßt der Sturm nach, doch die Kurve will sich nicht stabilisieren. Mit letzter Kraftanstrengung koche ich eine Kleinigkeit, aber geschmeckt hat es nicht mehr. Nach dem Essen beginnen wir, systematisch alles an Deck wegzuräumen und zu verzurren, was sich noch irgendwie bewegen könnte. Wir binden ein zweites Reff ins Groß und drehen bei.

Vor uns hat sich eine noch größere und noch dunklere Wolkenfront gebildet – so schnell, daß wir sie erst kurz vor dem zweiten Reffen bemerken. Rollo will gerade die brodelnde, aufgewühlte See filmen, doch als ich entdecke, was sich da auf uns zuwälzt, rufe ich schnell: „Laß die Kamera – wir müssen sofort reffen!"

Wir haben Glück. Der Wind begnügt sich mit bescheidenen 30 Knoten. Wenn wir aber leichtsinnig gefilmt hätten, wäre es anders gekommen, da bin ich sicher. Nach einer halben Stunde ist auch dieser Spuk vorbei. Zurück bleiben ein kräftiger Westwind, also uns entgegen, und Dünungswellen von Norden – Süden – Westen und

Osten. Ich weiß nicht, ob ich jemals in meinem Leben so gebeutelt und umhergeworfen wurde. Zum ersten Mal seit den vier Wochen auf See wird mir übel, und das Mittagessen sucht sich den kürzesten Weg nach draußen.

Das ist wohl das Ende unseres Passatsegelns. Am Abend endlich fängt sich die Kurve des Barographen, was sich sofort günstig auf meinen Magen auswirkt: Mit etwas Zwieback und einer Büchse Cola – mein Allheilmittel für den Magen – verkrieche ich mich in die Koje.

29. 12. 1990
Gegenwind! Das bedeutet hartes Segeln in hohe Dünung hinein. Bewegungen des Bootes schier unerträglich. Mit unseren Kräften steht es nicht zum besten.

Endlich im Passat! Die Stimmung an Bord ist geradezu euphorisch.

30. 12. 1990
Immer noch Westwind, aber die Dünung läßt nach. Seitdem wir unseren Tank haben auffüllen können, schwelgen wir geradezu in Waschluxus: Jeder hat von nun an zweieinhalb Liter Wasser zum täglichen Verbrauch zur Verfügung, bis zum Ende der Reise.

31. 12. 1990
Der letzte Tag eines wahrhaft erlebnisreichen Jahres! Und ein letztes Mal Silvester auf der SOLVEIG. Neptun schenkt mir eine Bilderbuchnacht. Ich sitze allein im Cockpit – es ist 23.30 Uhr – Vollmond – Sternenhimmel – leichter Wind. R. ist gerade in seine Koje geschlüpft, nachdem wir bis jetzt draußen saßen und das gemeinsam verbrachte Jahr in Gedanken passieren ließen.

An einem Tag wie heute fällt es schwer, daran zu denken, daß wir nach unserer phantastisch schönen, acht Jahre langen Reise SOLVEIG verkaufen sollen, was ja bedeutet, daß wir kein Boot mehr haben werden, das im Hafen auf uns wartet. Andererseits jedoch spüre ich, daß neue, wichtige Aufgaben von uns bewältigt werden müssen. Jetzt geht es darum, aus den Erfahrungen und Erkenntnissen, die wir während der vergangenen Jahre gesammelt haben, Taten werden zu lassen.

Ich kann mein Leben nur dann als sinnvoll begreifen, wenn ich versuche, mit den mir zur Verfügung stehenden Mitteln zu arbeiten und zu kämpfen. Wie könnte ich es vor meinem Gewissen verantworten, auf unserer Erde für mich immer nur die Rosinen herauszupicken, die Freiheit des Segelns zu genießen, ohne auf der anderen Seite mich für den Erhalt der Natur mit aller Kraft einzusetzen.

Konkret: Ich bringe es einfach nicht mehr fertig, Delphine, die unser Boot begleiten, nur als Filmmotiv zu sehen, um damit mich oder andere Menschen zu erfreuen. Das Wissen um ihre systematische Vernichtung durch die Treibnetzfischerei zwingt uns zum Handeln. Solange wir allerdings auf den Weltmeeren segeln, können wir nichts, aber auch gar nichts für sie tun.

2. 1. 1991
Die Temperatur fällt auf 20 Grad. Ich trage wieder lange Hosen, und nach dem Abendessen gibt es einen Whisky zum Aufwärmen.

3. 1. 1991
Endlich – heute morgen eine Winddrehung! Natürlich verbunden mit den üblichen Böen und Schauern, aber dafür können wir – wenn auch hoch am Wind – West machen. In den letzten Tagen waren wir viel zu weit nach Süden geraten.

Bis zum Kap sind es jetzt noch 1200 Meilen. Entsprechend wächst unsere Spannung und unsere Angst, was uns dort erwartet. Extrem hoher Barographenstand: 1022 Millibar, Ostwind 20 Knoten.

Am Vormittag kann ich zwei Stunden tief schlafen, nachdem sowohl die letzte als auch die vorletzte Nacht keinen Schlaf erlaubte. Häufige Kurswechsel waren notwendig, und vor allem wurden wir von der konfusen Dünung erbarmungslos hin und her geworfen. In der Früh flog ich aus meiner Koje und landete am Boden. Dabei habe ich mir den Unterkiefer angeschlagen. Nun ja, auch auf SOLVEIG kommen wieder andere Zeiten. Hoffentlich bald ...

4. 1. 1991
Wind spürbar abnehmend – gerade noch zehn Knoten. Diesige Stimmung draußen. Wir sitzen viel im Cockpit und sprechen über die politischen Ereignisse. Wie wird sich die Welt verändert haben, wenn wir in etwa vier Monaten Deutschland erreichen? Und was wird in den kommenden Wochen passieren? Gibt es Krieg gegen den Irak? Und wie geht es in der Sowjetunion weiter?

5. 1. 1991
SOLVEIG treibt in totaler Flaute! Der Nebel hat sich so verdichtet, daß wir gerade noch hundert Meter Sicht haben. Drei Stunden lang nähe ich an einer gerissenen Naht des Großsegels. Leider findet R. die passenden Nadeln erst, nachdem ich die Arbeit vollendet und rote Fingerkuppen habe.

Nachrichten: In vier Tagen trifft Baker den irakischen Außenminister in Genf. Es heißt, dies sei die letzte Chance für den Irak, einen Krieg zu vermeiden.

Auf dem Boot, wo jede Ablenkung von draußen fehlt, nehmen die politischen Weltnachrichten einen ungeheueren Raum ein. Sie gewinnen eine Bedeutung, die sie in Deutschland in dieser Form für uns nie hätten. Sie sind ja auch unsere einzige Verbindung mit der übrigen Welt.
18.00 Uhr: Leichter Südostwind, wir setzen alle drei Segel.
20.30 Uhr: Wind wieder schwächer. Vor uns schwarze Wolkenfront. Regen? Barograph steht immer noch hoch – über 1020 Millibar.

6. 1. 1991
Die schwarze Wolkenfront verschwindet nach Sonnenuntergang ins Nichts, und wir erleben statt dessen eine fast sternklare Nacht. Während unserer wachfreien Zeit schlafen wir um die Wette und auf Vorrat. Eine derartig leichte Brise in dieser Gegend müssen wir einfach ausnützen. Entsprechend ausgiebiges Frühstück heute morgen.

Um zwölf Uhr ein feierlicher Augenblick: Alle Borduhren werden um zwei Stunden zurückgestellt – damit haben wir die deutsche Sommerzeit. Diese Vorstellung ist so erhebend, daß wir beschließen, für die kommenden vier Monate die Uhren zu lassen, wie sie sind, auch wenn wir vorübergehend andere Zeitzonen erreichen.

Unsere Mahlzeiten nehmen wir heute ganz vornehm am Tisch ein. Ich verzichte sogar darauf, die Sets vorher naß zu machen, damit sie nicht rutschen. SOLVEIG gleitet aufrecht und stolz über die glatte Wasserfläche, die sich so ruhig und träge vor uns ausbreitet, als ob sie niemals einem Sturm gestatten würde, sich ihrer zu bemächtigen. Einem Sturm, der aus einer unendlichen Ebene plötzlich Berge und Täler entstehen läßt, die jede Sekunde ihre Größe verändern und die von einem Augenblick zum anderen ein stolzes Schiff in ein kleines Stück Treibgut verwandeln, das mühsam versucht, aufrecht zu bleiben, um von den Wellenbergen nicht überrollt zu werden.

17.00 Uhr: Barograph beginnt zu fallen. Dichter Nebel.
21.00 Uhr: Wir können schon über Mittelwelle einen Radiosender aus Südafrika empfangen.

7. 1. 1991
Um Mitternacht alle Segel geborgen. Wir können es kaum fassen: Flaute in diesem Gebiet! Aber ich bin dankbar für jeden ruhigen Tag, an dem wir uns ausruhen und Kräfte sammeln können. 880 Meilen sind es noch bis zum Kap. Wir erlauben uns beiden eine Haarwäsche mit Dusche.

Der Nebel ist blauem Himmel und Sonne gewichen, entsprechend ist das Thermometer auf 28 Grad angestiegen. Unsere Handtücher und T-Shirts habe ich in Salzwasser gewaschen und mit etwas Süßwasser nachgespült. Trotzdem, ganz nah darf ich meine Nase nicht dran halten.

12.00 Uhr: Leichter Nordwind, wieder alle drei Segel gesetzt.

18.00 Uhr: Wind nur noch fünf Knoten, die Segel schlagen fürchterlich. Der Barograph fällt weiter, am Himmel bilden sich Schäfchenwolken – nicht gerade Schönwetterboten!

20.00 Uhr: Stetig zunehmender Wind aus Nord, ich fürchte, die Nacht wird unruhig. Sonnenuntergang hinter dunklen Wolken versteckt.

8. 1. 1991
Eine nervenaufreibende Nacht liegt hinter mir. Mit dem Käpt'n hat es Ärger gegeben. Grund: Er wollte die Fock I trotz 27 Knoten Wind stehen lassen, um mit Maximalspeed weiter zu segeln. Ich war dafür, die Segel zu verkleinern. Ich hasse es, nachts – besonders bei auffrischendem Wind – plötzlich Segel bergen zu müssen, wenn sie zu zerreißen drohen. Das Tuch ist ja schon ziemlich mitgenommen. R. gab zwar nach, war aber ziemlich gereizt. Geschlafen hat keiner von uns.

Im Morgengrauen dann die kleine Fock gesetzt. Nach vier Stunden mußten wir endlich alle Segel bergen. Draußen hat sich ein regelrechtes Sauwetter entwickelt: Windböen zwischen 35 und 40 Knoten, Regenschauer, dichte, grau-schwarze Wolken, und nach wie vor fällt der Barograph. Wie weit noch, frage ich mich?

In der Kajüte ist es feucht und klamm geworden. Mit heißem Tee und Knäckebrot versuchen wir, uns zu stärken.

12.00 Uhr: Am Groß ist eine Lattentasche und die Latte weggeflogen. Es scheint, daß meine Nähkünste auf dieser Fahrt mehr und mehr gebraucht werden. Dabei hatte ich früher in Handarbeit eine Fünf! Barograph hält sich jetzt bei 1008 Millibar, Wind hat etwas nachgelassen. Wir setzen Besansegel und kleine Fock. Sobald sich die Dünung etwas beruhigt, mache ich mich an die Näharbeit, diesmal aber mit richtiger Segelnadel.

13.00 Uhr: Barograph fällt noch einmal um zwei Millibar – von vorher 1022 auf jetzt 1006!

19.00 Uhr: Sechs lange Stunden im Nieselregen Segel geflickt mit Hilfe von Kombizange, Spezialnadel zum Vorbohren und Handschuhen. Jetzt ist die Naht zwar fertig, ich aber auch. Ich kann kaum mehr den Stift halten, so geschwollen sind meine Finger.

Eine gute Nachricht: steigende Barographenkurve. Doch draußen sieht es sehr ungemütlich aus. Wilde Dünung, in die SOLVEIG regelrecht hineinschießt und -fällt.

9. 1. 1991
Auf der Seekarte sind es nur noch zwei Daumenlängen bis zur afrikanischen Küste. Heute nacht ist der Barograph in einem 50-Grad-Winkel wieder auf 1022 Millibar gestiegen. Und entsprechend ging es auch zu!

Um Mitternacht schließlich geben wir die zermürbende und ermüdende Segelei auf und drehen bei. So verschaffen wir uns fünf Stunden Entspannung.

06.00 Uhr: Herrlich! Ich hatte schon vergessen, wie schön das ist, wie sehr uns das Ausruhen gefehlt hat. Auch R. wirkt wie neugeboren – er leidet unter Schlafmangel noch mehr als ich. Nun ist er voller Initiative und Tatendrang, und so machen wir uns gleich nach dem Frühstück an Filmaufnahmen der noch immer aufgewühlten See.

Das Hantieren mit der schweren 16-mm-Kamera und dem Akku bei stampfenden Bewegungen des Bootes erfordert ein absolutes Höchstmaß an Wachheit, Konzentration und Kraft. Immer wieder schießen Brecher über Deck, die geeignet sind, der Kamera eine unerwünschte Dusche zukommen zu lassen.

Um gute Filmeinstellungen auf See einzufangen, brauchen wir wirklich jedes Gramm zusätzlicher Energie, das wir aktivieren können. Bei schönem Segelwetter und einer durchschlafenen Nacht ist das kein Thema, wenn auch die Dauerbewegungen des Bootes an sich schon ermüdend sind.

Aber interessant werden die Bilder eben erst, wenn Segeln kein Vergnügen mehr ist, sondern man all seine Kraft braucht, sich und das Boot über Wasser zu halten. Doch dann fehlt die Initiative zu solchen Anstrengungen. Vor allem aber bin ich überzeugt, daß ich das Schicksal herausfordere, wenn ich in lebensbedrohlichen Situationen zur Kamera greife, statt mich um das Boot zu kümmern.

R. ist übrigens seit Beginn der Non-Stop-Fahrt unglaublich fleißig. Es klingt absurd, aber bis jetzt hat er noch keine Zeit gehabt, ein Buch zu lesen. In den wenigen Minuten, die ihm neben schriftlichen Aufzeichnungen, Reparaturen – heute fiel der Schalter der Wasserpumpe aus – und nicht zuletzt Segeln und Navigieren noch bleiben, hört er Nachrichten, vorzugsweise von der BBC.

Auch bei mir sieht es im Augenblick mit dem Lesen schlecht aus – ich bin ganz einfach zu müde und genervt, um mich auf irgendeinen Text zu konzentrieren. Wann immer ich eine Möglichkeit sehe, versuche ich, tagsüber etwas Schlaf nachzuholen.

R. hat sich durch seine Einhandsegelei angewöhnt, in der Nacht einfach innerlich abzuschalten – außer in Seegebieten mit Schiffahrtsrouten. Ohne diese Fähigkeit hätte er wohl keine zwei Solo-Erdumrundungen durchgestanden.

Ich dagegen werde nachts nervös, blicke immer wieder durch das Luk in die schwarze Nacht hinaus, um festzustellen, ob wirklich kein Schiff in der Nähe ist.

Wir haben zwar ein Radarwarngerät montiert, aber es erfaßt nicht jeden möglichen Winkel, wo sich ein anderes Schiff befinden könnte; außerdem arbeitet es nur, wenn das Radargerät des fremden Schiffes eingeschaltet ist. Deshalb ist es für meine nächtlich angespannten Nerven nur sehr bedingt hilfreich. Daß meine Wachsamkeit Rollos Schlaf eher begünstigt als beeinträchtigt, versteht sich von selbst ...

10. 1. 1991
Ich kann mich nicht erinnern, bisher auf unserer Weltumsegelung derartige Wettergegensätze erlebt zu haben. Nach einem wahrhaft spektakulären Sonnenuntergang mit einem Himmel, der regelrecht

brannte, heute ein wolkenloses, strahlendes Blau und achterlicher Wind. Wer hätte gedacht, daß wir uns mit Wind von achtern dem gefürchteten Kap nähern? Trotz schlagender Segel und langsamer Fahrt (zwei bis drei Knoten) entspanne ich in vollen Zügen.

Die aktuellen Weltnachrichten allerdings deprimieren mich: Das letzte Gespräch zwischen Außenminister Baker und dem Iraker Assis ist noch vor Ablauf des Ultimatums am 15. Januar gescheitert. Nun rechnen selbst die Optimisten fest mit Krieg.

13.00 Uhr: Man merkt die Nähe zum Kap. Wir haben ein Schiff auf Gegenkurs ausgemacht. Außerdem können wir jetzt sogar tagsüber einen Mittelwellensender empfangen.

19.00 Uhr: Am Himmel Schönwetterwolken, roter Sonnenuntergang. Abendessen am Tisch!

11. 1. 1991

02.00 Uhr: Wind dreht auf Nord, wird kräftiger. Wir setzen die kleine Fock und machen schnelle Fahrt.

08.00 Uhr: Wieder beginnt der Baro zu fallen, vorerst noch langsam. Das beschert uns eine ideale Segelbrise mit 20 Knoten aus Nordost, dazu Sonne mit blauem Himmel. Wir können jetzt bereits vier UKW-Sender aus Südafrika hören. Ich hoffe, bei wenigstens einem den Wetterbericht zu erwischen. Rund 500 Meilen liegen noch vor uns, womöglich die härtesten auf diesem Abschnitt. Jedenfalls bin ich für jede einzelne Stunde „normalen" Segelns dankbar.

11.00 Uhr: Fast ununterbrochen höre ich Radio und ziehe mich an dem klaren UKW-Empfang hoch. Es ist doch schön, auf diese Weise ein wenig die Nähe des Landes zu spüren, und ich bekomme so eine kleine Idee von der Atmosphäre in Südafrika. Einige Stationen senden in afrikanischer Sprache, andere bringen ein englisches Programm.

Im Augenblick höre ich gerade ein Interview mit einer Amateurfunkerin. Sie berichtet über die Rettung zweier in Seenot geratener Segler. Vor zehn Tagen – an Neujahr – wurden sie von schwerem Wetter überrascht, ihre Yacht kenterte dreimal. Es drang soviel Wasser ein, daß sie ihr Boot aufgeben mußten. Nach einem dramatischen Funkkontakt, in dem es der Frau gelang, ihre gegenwärtige Position zu übermitteln, flüchteten sie sich in die Rettungsinsel.

Der Kurzwellenempfänger ist sechs Monate lang unsere einzige Verbindung mit der Außenwelt.

Nach 36 Stunden konnten sie geborgen werden, nicht zuletzt auch dank ihres automatischen Notruf-Geräts, eines sogenannten EPIRB. Die Radiostation brachte den vollen Wortlaut des original aufgezeichneten Funkgesprächs. Die vor Todesangst erstickte Stimme der Frau zu hören, war furchtbar.

Es fällt mir schwer, nicht daran zu denken, daß wir weder über Amateurfunk noch über ein EPIRB-Gerät verfügen. R. hält nicht allzu viel davon. Sein Hauptargument gegen diese Funkgeräte: Wenn man in einer Notsituation statt zu funken all seine Kraft und Energie einsetzt, das Boot über Wasser zu halten, dann gelingt dies auch in den meisten Fällen. Manch eine Besatzung wurde schon geborgen, nachdem sie ihr Schiff vorzeitig aufgegeben hatte. Später fand man es dann an irgendeiner Küste angetrieben – schwimmfähig und ohne Leck.

Das Gefühl der Eigenverantwortlichkeit für das Schiff ist ohne Funkgerät sicherlich größer. Auch halten Schiffe bekanntlich mehr aus als Menschen. Und trotzdem, wenn ich ehrlich bin, gegen so ein Notrufgerät hätte ich nichts einzuwenden ...

13.30 Uhr: Gerade konnten wir einen detaillierten Wetterbericht für die Küste Südafrikas empfangen. Danach erwartet uns heute oder morgen der nächste Sturm. Außer dem fallenden Baro läßt im Augenblick allerdings nichts auf Sturm schließen. Trotzdem rollen wir vorsichtshalber die große Fock, die noch an der Reling festgebunden ist, zusammen, verschnüren sie und befestigen das Bündel zwischen den Wanten. So bleibt das Vordeck frei für die kleine Fock, beziehungsweise Sturmfock.

20.00 Uhr: So ist es recht! Wolkenloser Abendhimmel, herrlicher Sonnenuntergang, ein wieder langsam steigender Barograph und die beste Nachricht: keine Sturmwarnung mehr vom Seewetterbericht.

22.30 Uhr: Flaute, große Dünungswellen, Segel schlagen so stark, daß wir sie bergen müssen. Ein wilder Tanz der SOLVEIG in der konfusen See beginnt. An Schlaf ist natürlich mal wieder nicht zu denken. Trotzdem bin ich erleichtert, daß uns diese Nacht ein Sturm erspart bleibt.

12. 1. 1991
Ich wage es kaum niederzuschreiben, aber uns wurde wieder ein Traumsegeltag geschenkt. Und das in diesen Breiten! Vor lauter Dankbarkeit habe ich Neptun die zweite Hälfte meines Abendwhiskys spendiert. Jeder Tag ohne Gegenwind zählt für mich doppelt.

Der hiesige Wetterbericht gilt immer nur für zehn Stunden, so schnell ändern sich die Luftdruckverhältnisse. Schließlich treffen am Kap der Guten Hoffnung auch die verschiedensten Faktoren zusammen: zwei Ozeane, hohe, den Wind beeinflussende Gebirgszüge und entgegenlaufende Meeresströmungen. Deshalb sind die Vorhersagen auch von Bucht zu Bucht verschieden. Oder anders gesagt: Es gibt keinen einheitlichen Wetterbericht für die Küste Südafrikas, sondern nur von East London bis Algoa Bay oder von Cape Agulhas bis Mossel Bay.

Wir hören jetzt stündlich Weltnachrichten, die mir wieder einmal bewußt machen, in welch einer Oase ich mich auf unserer SOLVEIG befinde.

13. 1. 1991
Dieses Etmal macht Laune. Dank Strömung haben wir seit gestern 150 Meilen zurückgelegt. Dafür pfeift es auch gehörig mit 30 bis 35 Knoten. Aber die Windrichtung Nordost ist ideal für unseren Westkurs. Nachts wechseln wir uns alle drei Stunden auf Wache ab, wegen der Großschiffahrt. Wir können aber beide in der wachfreien Zeit nicht schlafen. Sind einfach zu aufgeregt. Bis zum südlichsten Punkt unserer Weltumsegelung fehlen nur noch 360 Meilen. Dann wird unser Kurs noch Norden führen.

Die Filmerei heute war wieder ziemlich anstrengend bei den wilden Tänzen, die SOLVEIG derzeit veranstaltet. Vor allen Dingen ist es schwer vorauszusehen, wann, wo und wie die riesigen Wellenberge brechen werden. Ein Brecher hat Rollo samt Kamera flach auf den Rücken geworfen, obwohl ich ihn festzuhalten versuchte. Bei dieser Knochenarbeit darf ich nicht daran denken, daß wir nur zehn Prozent des Materials für den Film werden verwenden können. Also ist neunzig Prozent unserer Mühe für den Abfall!

14. 1. 1991
Seit nun zweieinhalb Monaten gilt für uns eine andere Zeitrechnung. Wenn es um Ereignisse in der Vergangenheit oder Zukunft geht, sprechen wir nie von Kalenderdaten. Statt dessen heißt es: „Wenn wir im Atlantik sind, dann ..." Oder: „Das war doch noch in der Torres-Straße." – „Nein, da bin ich ganz sicher, es muß im Indischen gewesen sein, südlich von Timor ..." Wochentage haben ihre Bedeutung verloren, wichtig ist allein, daß wir unserem Ziel näherkommen.

15. 1. 1991
Ostwind – ein seltener Glücksfall in dieser Gegend zu dieser Jahreszeit. Kap Agulhas ist nur noch 65 Meilen entfernt. Ich sitze fast ständig draußen, beobachte die Albatrosse mit ihren riesigen, meterbreiten Schwingen.

Morgens allerdings, als ich zum routinemäßigen Rundblick ins Cockpit steige, sehe ich nur wenige hundert Meter entfernt einen Supertanker frontal auf uns zuhalten. Diese Ungetüme sind ja praktisch manövrierunfähig. Wenn seine Maschinen gestoppt würden, käme der Koloß erst nach mehreren Meilen zum Stehen.

Ich zwinge mich zur Ruhe, als ich Rollo rufe. Aber für ihn ist diese künstliche Ruhe wohl das Signal, sofort aus der Koje zu springen. Der Blick nach draußen und Motor anwerfen sind eins. Er reißt das Steuer herum, Groß und Besan schlagen back. „Cape Asia" kann ich ohne Brille lesen, als der Koloß auf Rufweite an uns vorbeirauscht. Im Steuerhaus ist offensichtlich niemand!

Vor 15 Jahren stieß Rollo auf seiner Solveig iii nachts mit einem Tanker zusammen. Daß er dabei weder sein Leben noch das Boot verlor, hat er wahrscheinlich einem Sondereinsatz von Schutzengeln zu verdanken. Überflüssig zu bemerken, daß nach internationalem Seerecht Motorschiffe grundsätzlich Segelschiffen ausweichen müssen. Mindestvoraussetzung dafür wäre allerdings regelmäßiges Ausguckhalten oder ein Radargerät, das ständig eingeschaltet ist und dabei auch beobachtet wird. In der Praxis sieht es leider anders aus. Was zählt, ist das Recht des Stärkeren.

10 Durch Sturm und Kälte auf Heimatkurs

15. 1. 1991
Abends tritt eine rapide Wetterverschlechterung ein. Innerhalb von fünfzehn Minuten steht uns der Wind mit 30 Knoten entgegen. Im Radio Sturmwarnung. Aus den 30 werden 45 Knoten, also Stärke neun. Wir treiben vor blanken Masten und mit festgezurrtem Steuerrad.

24.00 Uhr: SOLVEIG wird derart hin und her geworfen, daß mir schlecht wird. Ich muß mich übergeben. Versuche, mich achtern auf meine Koje zu legen. Gelingt nicht, zu unruhig.

01.00 Uhr: R. und ich kauern im Ölzeug vor dem Kartentisch, beobachten den Windmeßanzeiger und die Kurve des Barographen. Ich halte die aufrechte Haltung nicht mehr aus, muß mich wieder übergeben. Setze mich dann neben R. auf die Leekoje im Salon. Wir versuchen, etwas zu schlafen, indem wir uns die einzige Koje teilen, in der es noch auszuhalten ist. Jeder liegt auf einer Hälfte in der Embryostellung.

02.00 Uhr: R. sitzt am Kartentisch, gelegentlich öffnet er das Schiebeluk, um sich einen Eindruck vom Seegang zu verschaffen und nach Schiffen Ausschau zu halten. „Zwei", meldet er, „eins davon in der Nähe."

03.00 Uhr: Die Position des anderen Schiffes hat sich kaum verändert, was mich bei der Wellenhöhe und dem Sturm von vorn auch nicht erstaunt. Wir sind innerhalb von fünf Stunden bereits 15 Seemeilen zurückgetrieben.

04.00 Uhr: R. sieht immer noch die Lichter des Schiffes, jetzt aber weiter entfernt.

07.00 Uhr, Nachrichten: Das Ultimatum der UN zur Räumung Kuweits ist abgelaufen. Der Reporter spricht sogar vom möglichen

Beginn des Dritten Weltkriegs. Auch in der UdSSR sieht es böse aus: Litauenkonflikt. Militärs setzen sich gegenüber Gorbatschow durch.

07.30 Uhr: Der Sturm wütet mit unverminderter Stärke weiter. Als ich bei Tageslicht zum ersten Mal das Schiebeluk öffne, um hinauszuschauen, bin ich wie erstarrt. Niemals vorher, selbst nicht bei unserer Kenterung im Nordmeer, habe ich derartige Wellenberge gesehen. Um von einem Gipfel zum nächsten hinaufgetrieben zu werden, braucht SOLVEIG mehrere Minuten. Dazwischen brechen Wellen schäumend vor, neben und hinter dem Boot, hinterlassen eine breite, weiße Straße. Einige krachen donnernd gegen die Bordwand, legen das Boot weit auf die Seite, und Tonnen von Wasser überströmen das Deck. Schnell schließe ich das Schiebluk, um die Kajüte halbwegs trocken zu halten.

08.00 Uhr: R. entdeckt zu seinem großen Schreck, daß sich zwei Antennenkabel am Besanmast gelöst haben: das Kabel vom UKW-Gerät und das vom Satnav. Sie fliegen in weitem Bogen in der Luft, und es ist nur eine Frage der Zeit, bis sie sich vollends losreißen werden. Ohne UKW-Gerät in den kommenden Wochen und Monaten zu sein, würde bedeuten, daß wir keine Nachricht mehr nach Hause übermitteln können. Nicht auszudenken, wie meine Mutter darauf reagieren würde. Und ohne Satnav würde unsere Navigation spätestens im Englischen Kanal sehr schwierig.

Verzweifelt überlegen wir, wie wir die Kabel noch retten können. Ich sammle all meine Kräfte und klettere ein Stück am Mast hoch, um sie mit Bändseln vorerst provisorisch zu befestigen. Rollo – er hat wirklich Nerven! – greift anschließend tatsächlich zur Filmkamera. So gut ich kann, helfe ich. Stütze und halte ihn, damit er nicht das Gleichgewicht verliert. Das erfordert unglaubliche Kraft, denn mir ist immer noch schlecht. Außerdem bin ich innerlich gegen diese Aufnahmen. Ich will das Schicksal nicht provozieren.

11.00 Uhr: Film- und Fotoarbeit zu Ende, meine Kraft ebenfalls. Kann gerade noch einen Tee aufbrühen, dann ist Schluß. Ich ertrage nicht einmal den Anblick von Knäckebrot und Butter, sondern verziehe mich nach achtern. Dort falle ich seelisch in ein tiefes Loch, durchlebe eine Weltschmerzphase. Alles, aber auch alles scheint mir sinnlos: unsere Segelei, meine Anwesenheit auf dieser Welt, der beginnenden Krieg im Nahen Osten. Die aktuelle politische Weltlage macht mich so fertig, daß ich R. bitte, bei den Nachrichten Kopfhörer aufzusetzen, damit ich nichts hören muß. Dieser verzweifelte Zorn hat sich vielleicht deshalb in mir aufgebaut, weil negative Nachrichten das einzige sind, was wir von draußen erfahren.

R. ist lieb um mich besorgt, wohl auch sehr verwundert, denn Tränen sind bei mir selten. Doch wenn die „Sicherung" einmal herausgesprungen ist, dauert es eine ganze Weile, bis ich mich wieder fange.

15.00 Uhr: Der Sturm hat möglicherweise seinen Höhepunkt überschritten, aber auch das tröstet mich nicht. Von mir aus können wir hier treiben bis zum Jüngsten Tag!

18.00 Uhr: Koche R. eine Zwei-Minuten-Suppe und verziehe mich auf meine Koje.

Soweit der gestrige Tag. Der Wind hat nachgelassen, aber aus Süden läuft eine enorme Dünung. Mit unserer knappen Dieselreserve für Notfälle beschließen wir, langsam gegenan zu motoren, bevor der Wind am Ende wieder zulegt und wir noch weiter zurückgetrieben werden. Ich bin zwar auf den Beinen, fühle mich aber noch schwach. Immerhin ist meine schwarze Weltsicht einer grauen gewichen. Die Ereignisse vom Golfkrieg lasse ich mir lieber in gemilderter Form von R. berichten, denn dem Originalton der Weltnachrichten fühle ich mich nicht gewachsen. R. dagegen läßt keine Sendung aus.

Um 15 Uhr erreichen wir unsere alte Position von vorgestern. 30 Meilen sind wir in den letzten 24 Stunden zurückgetrieben.

Leider ist eine weitere Naht im Großsegel aufgerissen. Vorerst kleben wir sie mit einem Spezialtape zusammen.

16.00 Uhr: Der Wind dreht auf Süd, ist aber sehr schwach. Um uns schweben Albatrosse und unzählige Sturmvögel. Faszinierend, wie sie ganz dicht über den Wellenkämmen durch die Luft gleiten, ohne ihre Flügel zu bemühen.

18.00 Uhr: Ein Supertanker passiert die S󠁯OLVEIG. Die Dünungswellen sind so hoch, daß der ganze Tanker in ihren Tälern verschwindet und für uns nicht mehr zu sehen ist.

18. 1. 1991
08.00 Noch 60 Meilen bis zum Kap der Guten Hoffnung. Wind schwach. Nachrichten: Raketenangriff auf Israel. Bush beschwört Israel, nicht in den Krieg einzugreifen.

10.00 Uhr: Setzen Groß und Fock I, da es aufbrist aus günstiger Richtung. Machen bis zu sieben Knoten Fahrt. Vielleicht schaffen wir das Kap noch bei Tageslicht? Stimmung an Bord bleibt dennoch gedrückt.

Rund um die Uhr berichtet die BBC über den Kriegsverlauf. Mir genügen nach wie vor Rollos Kurzberichte darüber. Wie wird Deutschland, wie wird Europa, wie wird die Erde aussehen, wenn wir im Mai zurückkommen, wenn wir wieder auftauchen aus unserer ganz anderen Welt? Wollen wir überhaupt zurückkommen? O je, was für Gedanken!

15.00 Uhr: Kap der Guten Hoffnung voraus! Vorerst noch ganz im Dunst, trotzdem beeindruckend, diese kantigen Gebirgszüge.

17.00 Uhr: Wir segeln bis auf fünf Meilen an das Kap heran. Die Nachmittagssonne beleuchtet das imposante Felsmassiv. Diesen Anblick werde ich so schnell nicht vergessen. Wir filmen und fotografieren. Welch ein Glück, daß das Wetter mitspielt.

19. 1. 1991
Wieder kräftiger Gegenwind, wir drehen bei. Es ist nicht angenehm, da um uns herum starker Schiffsverkehr herrscht und wir ziemlich bewegungsunfähig sind. Zeitweilig geraten wir in die Tankerroute, sehen dann nachts bis zu neun Schiffe auf einmal.

Sobald der Wind achterlich einkommt, wollen wir nahe an Kapstadt vorbeisegeln, um über die Küstenfunkstelle meine Mutter anzurufen. Hoffentlich klappt das! Noch niemals vorher haben wir über eine Küstenfunkstelle telefoniert.

16.00 Uhr: Glück im Unglück: Der Kompaß für die Selbststeuerung ist ausgefallen, aber R. hat tatsächlich einen kompletten neuen Ersatzkompaß mit Kabel dabei und findet ihn sogar. Das neue Kabel bei den wilden Bewegungen des Bootes zu verlegen, ist allerdings eine Geduldsarbeit. Zwei Stunden Schweiß.

20. 1. 1991
Ein Tag zum Einrahmen! Im Morgengrauen setzen wir Segel und steuern mit achterlichem Wind an der landschaftlich spektakulären Küste, dem Kap-Gebirge, entlang. Die Zwölf Apostel, der Tafelberg und Lion's Head, so die Namen der Berge, präsentieren sich im schönsten Vorzeigelicht und entschädigen für vorangegangene Qualen.

Und dann, auf ruhigem Wasser vor Kapstadt, der spannende Augenblick: das Telefonat mit meiner Mutter. Ihr bleibt tatsächlich die Stimme weg, vor Aufregung verliert sie die Fassung; auch mein Herz klopft gewaltig. Die Verständigung ist so gut wie bei einem Ortsgespräch. Ich erzähle ihr, daß uns ihr Talisman bei dem schweren Sturm beschützt hat und daß wir in den kommenden Wochen zunächst einmal mit günstigen Passatwinden rechnen dürfen. Über unsere gemischten Gefühle, schon im April im Nordatlantik segeln zu müssen, spreche ich lieber nicht.

Der bekannte Einhandsegler Wilfried Erdmann, der 1972 mit seiner Frau Astrid eine Weltumsegelung als Hochzeitsreise unternahm, hätte beinahe im Nordatlantik – er war zur gleichen Jahreszeit unterwegs – Boot und Leben verloren. Ein Orkan hatte schwere Schäden am Boot angerichtet. Aber für uns ist dieser Abschnitt noch weit weg. Jetzt werde ich mich erst einmal an jedem einzelnen Breitengrad erfreuen, der uns dem Tropengürtel näherbringt.

21. 1. 1991
Auf dem geschützten Wasser hinter Robben Island, der berühmten Gefängnisinsel, führen wir die dringendsten Reparaturen durch. Ich steige noch einmal auf den Besanmast und befestige die losen Kabel neu, die sich im Sturm aus dem Mast gearbeitet haben.

Am Nachmittag dann meine Lieblingsbeschäftigung: Segel flikken. Aber bei Sonne und auf halbwegs glattem Wasser ist auch das nur halb so schlimm. Trotzdem fällt es mir schwer, das so wunderbar gelegene Kapstadt und damit die Möglichkeit zu gründlichen Reparaturen achteraus verschwinden zu sehen. Aber wir sind zum Durchhalten fest entschlossen.

Aus der Sicht des Skippers 5

Zum dritten Mal hatte ich das Kap gerundet. Eigentlich ohne größere Probleme, wenn ich an meine Alleinfahrten dachte. Dennoch war ich gedrückt und mutlos, als wir hinter Kapstadt ruhiges Wasser erreichten. So elend hatte ich mich lange nicht mehr gefühlt, und mir kamen Zweifel, ob es überhaupt richtig gewesen war, diese Non-Stop-Fahrt zu beginnen.

Gewiß, Angelikas Nervenzusammenbruch, als ausgerechnet während des Sturms die bedrückenden Nachrichten aus Irak zu hören waren, hatte auch mir zugesetzt. Dennoch zeigte sich ihre unheimliche Energie, ihr wahrer Heldenmut, als sie bei Windstärke acht und in diesem Zustand auf den Mast kletterte, um die bedrohlich im Wind fliegenden Kabel einzufangen und wieder zu befestigen.

Ich hatte sie gebeten, auf diese Kletterei zu verzichten. Meine Angst, sie könnte über Bord gehen, war übermächtig. Aber sie wußte: An diesen Kabeln hing die einzige Möglichkeit, mit ihrer Mutter Verbindung zu halten und unsere Navigation zu sichern. An den nahen Hafen und ein Aufgeben unserer Planung dachte sie nicht eine Sekunde.

Nun, da wir die unmittelbaren Gefahren hinter uns hatten, war es an mir, meine Bedenken und Ängste für mich zu behalten und Angelika meine schlechte Stimmung nicht fühlen zu lassen.

Es waren nämlich ganz andere Umstände, die meine Stimmung absacken ließen. Ich hatte endlich die Möglichkeit gehabt, einen längeren Blick über die Bordwand zu werfen und im ruhigen, klaren Wasser ein Stück des Schiffsbodens zu erkennen. Der sah grausam aus: Entenmuscheln, eine an der anderen, dicht bei dicht, und fast zehn Zentimeter lang! Ein Wunder, daß wir überhaupt noch segeln konnten. Im übrigen hemmte der Bewuchs nicht nur die Fahrt, sondern auch die Leistung des Propellers und damit die Ladung der Batterien über den Wellengenerator. Und es würde noch schlimmer werden, denn von Stunde zu Stunde, von Tag zu Tag wuchsen die Muscheln unerbittlich. Ich war körperlich nicht in der Lage, stundenlang unter das Boot zu tauchen und die sehr fest sitzenden, zähen

Gebilde abzukratzen. Ihre Entfernung machte selbst auf der Werft später noch Schwierigkeiten.

Für ein Segelboot ist die Farbe, die Oberfläche des Unterwasserschiffs das, was für ein Auto die Reifen sind. Alle Hersteller investieren höchste Sorgfalt und jahrelange Forschung, um ein bestmögliches Profil zu finden, von dem letzten Endes ganz wesentlich das Fahrverhalten und die „Straßenlage" des Fahrzeugs abhängen. Gleichermaßen zerbrechen sich Segler und Konstrukteure der Rennyachten seit Jahrzehnten die Köpfe, ob eine leicht angerauhte oder eher superglatte Farbschicht dem Boot zu mehr Geschwindigkeit verhilft.

Was wir da unter Wasser an Oberfläche hatten, glich einem Auto, das auf den Felgen fährt oder über einen Schotterweg rumpelt. Die schnelle, gut konstruierte SOLVEIG war zu einer lahmen Kiste geworden. Konnten, würden wir unter diesen Voraussetzungen überhaupt noch hoch am Wind segeln können, um 5000 Kilometer gegen den Nordostpassat anzuknüppeln? Ich dachte ernsthaft darüber nach, ob wir vielleicht besser in weitem Bogen nach Südamerika und in die Karibik segeln sollten, um den Wind im Rücken zu behalten und dann mit den Westwinden weiter nördlich den Ozean nach Osten zu überqueren.

Und warum die ganze Misere? Weil es aus Naturschutzgründen nicht mehr erlaubt ist, die früher üblichen, bewuchshemmenden Giftfarben für Yachten anzuwenden. Die teuerste Antifouling, die in Cairns in drei Lagen aufgebracht worden war, taugte einfach nichts. Damit hatte ich wirklich nicht gerechnet, wir waren schließlich erst drei Monate unterwegs.

Ich war nicht nur niedergeschlagen, sondern auch wütend. Was sollte diese Art von Naturschutz, die Ächtung von grammschweren Giftstoffen, solange Tausende von Frachtern, großen und kleinen, ihre Bilgensuppe voll Öl und Dreck tonnenweise in die See pumpten?

Ob jemals ein Fisch durch die Farbe eines Bootes gestorben ist? Dagegen wird der Fischerei erlaubt, Jahr für Jahr zig Tausende von Tonnen Fisch, der als Beifang in die Netze gerät, zu vernichten, tot oder verletzt in die See zurückzukippen.

Und gerade jetzt flossen im Irak wieder Millionen Liter Öl aus mutwillig zerstörten Quellen in die See, vernichteten Riffe, Fische und Vögel. Wir aber würden hilflos in einem kaum mehr steuerbaren Boot gegen Wind und Seegang ankämpfen müssen. Mir kam die Welt vor wie ein Irrenhaus.

Als erstes versuchten wir, die beiden Antennenkabel wieder in den Besanmast einzuziehen, wo sie aber nur für kurze Zeit hielten, da wir sie nicht mehr innen befestigen konnten. So mußte auch diese Reparatur wie viele andere nur behelfsmäßig ausgeführt werden. Es zeigte sich deutlich, daß das Material an vielen Stellen ermüdet oder beschädigt war und daß wir uns für den Rest der Fahrt mehr oder weniger notdürftig behelfen mußten.

Obwohl wir dennoch allen Grund gehabt hätten, in glänzender Stimmung die Umrundung des gefürchteten Kaps zu feiern, herrschte nur gedämpfter Optimismus an Bord, wozu die ständige und immer stärkere Übermüdung ihren Teil beitrug.

Wieder den Tropen entgegen

22. 1. 1991
Wir sind nun im Atlantik, und der zweite Abschnitt unserer Non-Stop-Fahrt hat begonnen. Noch 8 000 Seemeilen (rund 14 000 Kilometer).

Nach dem Telefonat mit Ille fühle ich mich der Heimat sehr nahe. Für mich ist die vor uns liegende Strecke eigentlich eine verlängerte Ansteuerung unseres Zielhafens. Ich habe das Gefühl, die größere Hälfte der endlosen Überfahrt geschafft zu haben.

15.00 Uhr: Südwestwind, Stärke 30 Knoten. Wir bergen das Groß und laufen mit der Fock vor dem Wind.

23. 1. 1991
Langsam beginne ich den Starkwind zu hassen. Zwar kommt er aus Südwest – also für uns günstig –, aber 30 bis 35 Knoten mit grober See und Brechern, die übers Boot schießen und es immer wieder aus dem Kurs werfen, sind doch etwas viel. Laut Windkarte ist das aber für den Südatlantik hier normal. So weit weg liegt das stürmische

Kap ja noch nicht. Mit der kleinen Fock allein machen wir jetzt sieben bis acht Knoten Fahrt, und das bei dem unglaublich dicken Muschelbewuchs am Schiffsboden! Heutiges Etmal: 160 Meilen.

Auf den Teil der Reise bis zum Äquator habe ich mich besonders gefreut, denn die Windstärken sollen mit der Zeit ab- und die Temperaturen zunehmen.

Die Golfkriegs-Nachrichten werden für mich immer deprimierender. Ich weiß bald nicht mehr, wovon mein Kopf mehr schmerzt: von den Strapazen an Bord oder von dem Nahost-Wahnsinn, der uns ja alle betrifft.

24. 1. 1991
07.00 Uhr: Das gleiche Wetterbild wie gestern. Wir müssen uns, so scheint es, den Passat wieder hart erkämpfen. Nachts kaum Schlaf, da das Boot häufig aus dem Kurs lief. Alle Knochen schmerzen, auch für den Kopf hätte ich gerne eine zusätzliche Stütze. Wir halten uns beide krampfhaft an der Koje fest, um nicht in eine Ecke geschleudert zu werden.

Einfachste Küche ist angesagt. Mittags Ölsardinen mit Knäckebrot, abends werde ich wohl eine Büchse Ravioli wärmen.

R. und ich sind sehr, sehr erholungsbedürftig. Nur gut, daß ich bei Kapstadt noch nicht gewußt habe, welche Strapazen wir aushalten müssen, sonst hätte ich vielleicht doch Landlust bekommen ... Jedenfalls beten wir jetzt abwechselnd, daß unsere Selbststeuerung diesen Seegang noch weiter aushält.

Nachrichten: Genscher in Israel, bietet finanzielle Hilfe an. Empfang äußerst kühl. Israel wird den Nationen niemals vergeben, die mitgeholfen haben, den Irak aufzurüsten.

25. 1. 1991
In der Nacht drehen wir bei, um bei dem starken Wind die Selbststeuerung zu schonen. Zuerst freue ich mich, endlich wieder eine Nacht durchschlafen zu können, muß dann aber feststellen, daß bei dem permanenten Rollen und den Brechern, die das Boot immer wieder zudecken, an Entspannung nicht zu denken ist. Mir dröhnen die Ohren vom Windgeheule. Mit penetranter Regelmäßigkeit fliegen Schapps auf, leere Wasserkanister landen auf dem Boden.

Diese Art Segeln geht an die Substanz.

R. versucht sich in der Achterkajüte auszuruhen, kommt aber nach Mitternacht reuig in den Salon zurück. Er setzt sich auf meine Leekoje, aber bevor er völlig übermüdet noch im Sitzen einnickt, schlage ich vor, unsere Seesäcke, die hinter den Rückenpolstern verstaut sind, herauszunehmen und in die Vorderkajüte zu räumen, um daraus mit hochgeklappten Polstern eine Art Doppelkoje für uns zu bauen.

„Das ist viel zuviel Arbeit", wehrt er ab.

„Mir macht sie nichts aus", erwidere ich. „Ich bin sowieso wach."

„Also gut", gibt Rollo nach. „Wenn es noch vor drei Uhr früh ist, lohnt sich die Mühe, sonst laß es lieber bleiben." Er schaltet das Licht an, blinzelt zur runden Borduhr und grinst: „Zehn nach drei!"

Eine halbe Stunde später liegen wir dennoch eng aneinandergekuschelt in meiner hart erkämpften Doppelkoje und schlafen nach kürzester Zeit in den heutigen Tag hinein. Über drei Stunden Schlaf, welch ein Geschenk! Um sieben Uhr setzen wir wieder die kleine Fock, und seitdem rauschen wir mit sieben Knoten weiter nach Nordwesten. Mittags läßt der Wind etwas nach, und unsere Selbststeuerung tut brav ihre Arbeit.

Genieße den Südatlantik ...

26. 1. 1991
Neptun schenkte der gestreßten SOLVEIG-Crew ganze zwölf Stunden Schlaf. Herrlich!

Um neun Uhr gefrühstückt und unsere letzte Salami aus Cairns angeschnitten. Die hat sich wirklich gehalten!

Seit heute mittag endlich der lang ersehnte Passathimmel. Elegant gleitet unser Schiffchen über die tiefblauen Wellen – wie angenehm sind auf einmal die Bewegungen geworden! Dabei kommt auch unser Seelenleben wieder ins Gleichgewicht.

Langsam wird es wärmer. Auf 20 und 21 Grad steigt schon das Quecksilber. Ich sitze wieder draußen im Cockpit auf meinem Lieblingsplatz. Noch trage ich Jeans, Hemd und Schuhe, aber gewiß nicht mehr lange. Die tiefblaue Farbe der gleichmäßigen Wellenzüge im Passat könnte süchtig machen. Das sind Stunden, die Kraft geben. Und Kraft werde ich sicher brauchen.

27. 1. 1991
Jetzt haben wir die unfreundlichen Breiten endgültig – oder besser gesagt: für die nächsten zwei Monate – hinter uns. Nochmals eine ganze Nacht Schlaf ist wie ein Geschenk. Ich spüre, wie nötig ich ihn gehabt habe.

Wie sehr Schlafmangel einen Menschen auch seelisch belastet, davon kann ich inzwischen ein Lied singen. Die Nerven liegen blank, man ist schnell gereizt, und im Zweifelsfall ist dann das Glas halb leer statt halb voll. Für heute aber gilt auf jeden Fall die zweite Möglichkeit.

28. 1. 1991
Seit Mitternacht sind wir abwechselnd auf den Beinen, da Regenschauer immer wieder den Wind ablenken. Um 13.00 Uhr bergen wir dann die Segel, aber nur, um sie zwei Stunden später wieder zu setzen.

Nun schleichen wir mit zwei bis drei Knötchen nach Nordwesten. Schuld daran ist der stetig zunehmende Bewuchs, den wir jetzt immer mit Sorge beobachten, wenn das Boot Lage hat. Die Muscheln sind fünf Zentimeter lang und wachsen dicht an dicht.

Im Augenblick hat die Dünung vollständig aufgehört, und das Boot liegt fast so ruhig wie auf einem Binnensee. Mit Genuß brühe ich mir eine Tasse Kaffee – normalerweise trinke ich aus Bequemlichkeit mit R. zusammen Tee. Es ist wirklich erstaunlich, welche Energien sich bei mir entwickeln, sobald die Bewegungen im Boot erträglich werden.

Großer Kummer: Die beiden Kabel vom UKW-Funk und dem Navigationsgerät haben sich im Besanmast wieder gelöst. Ich werde wohl nochmals auf den Mast klettern müssen, um sie zusammen mit R. und mit Hilfe einer dünnen Holeleine wieder durch den Mast zu ziehen.

29. 1. 1991
Rollo versucht, den elektronischen Steuerkompaß, der seit dem Kap nicht mehr korrekt anzeigt, zu reparieren. Dazu verlegt er ein anderes Muttergerät samt Kabel neu und schließt alles an: eine Geduldsarbeit, vor allem das Verlegen des Kabels ... Geholfen hat es leider nicht. Wohl oder übel müssen wir uns von nun an mit dem guten alten Magnetkompaß an der Steuersäule begnügen, der nach acht Jahren im Cockpit, stets Regen, Sonne und Salzwasser ausgesetzt, reichlich mitgenommen ist.

22.00 Uhr: Sternenklar und Vollmond. SOLVEIG gleitet über die leicht gekräuselte See. Wir schnurren.

30. 1. 1991
Dieser Südatlantik gefällt mir immer besser. Das ist ja das reinste Sanatoriumssegeln! Jede Minute, jede Stunde davon genieße ich in vollen Zügen. Ein Landaufenthalt könnte kaum entspannender sein. Auch unser Bordalltag verläuft wunderbar harmonisch. Immer wieder ertappen wir uns dabei, daß einer ausspricht, was der andere gerade denkt.

Für mich bedeuten derart häufige Gedankenübertragungen mehr als regelmäßige verbale Liebesbeteuerungen. Wenn zwei Menschen so intensiv miteinander leben und nach Jahren seelisch ineinander aufgehen, dann sind Themen wie Altersunterschied, Selbstfindung oder Gleichberechtigung in der Partnerschaft geradezu lächerlich. Wenn ich täglich meinen „Platz" in einer Lebensbeziehung neu erkämpfen müßte, würde ich diese Beziehung mit Sicherheit aufgeben.

Gelegentlich werden wir gefragt, ob wir uns nicht manchmal streiten, denn schließlich gehörten Auseinandersetzungen doch zu jeder guten Beziehung. Dies mag bei dem einen oder anderen zutreffen. Aber zum Streit braucht es mindestens eine Person, die sich weigert, die eigenen Argumente auch mal in Frage zu stellen, und die das Gesagte grundsätzlich auf sich bezieht. R. käme niemals auf die Idee, beim Diskutieren sachliche und persönliche Aussagen zu mischen; er fühlt sich auch nicht selbst betroffen, wenn ich eine andere Meinung habe. Vielleicht besitzt er einfach genügend Selbstbewußtsein, um andere Ansichten als gleichberechtigt gelten zu lassen. Ihm macht es auch nichts aus, Fehler zuzugeben oder Pläne zu ändern: eine Eigenschaft, die meiner Freude an spontanen Entschlüssen sehr entgegenkommt.

Unser Glück ist, daß wir nach ähnlichen Zielen und Idealen streben. Deshalb ist ein ernsthafter Streit mit Rollo für mich kaum vorstellbar.

31. 1. 1991
Flautenwetter. Die Nachrichten vom Golfkrieg sind niederschmetternd. Hussein läßt tonnenweise Öl ins Meer fließen, droht mit dem Einsatz chemischer Waffen. Ein Wahnsinniger macht Weltpolitik, schreckt vor nichts, aber auch gar nichts zurück!

1. 2. 1991
Nachts Schauer und Winddrehungen. Ich sitze fast ununterbrochen am Kartentisch, korrigiere immer wieder den Kurs, bis es mir um drei Uhr früh zu dumm wird. Ich wecke R. und schlage vor, die Fock zu bergen und das Boot unter dichtgeholtem Groß treiben zu lassen.

R. ist viel zu verschlafen, um zu widersprechen. Außerdem haben wir es zur Zeit nicht eilig, denn vor dem 1. April wollen wir auf keinen Fall nördlich von Madeira sein. Zur Begründung reicht ein Blick auf die Wetterkarte des Nordatlantiks.

2. 2. 1991
Heute nacht hat der Käpt'n den Kurs überwacht und seiner dankbaren Crew zehn Stunden Schlaf geschenkt. Sie revanchiert sich mit einem fürstlichen Frühstück: Salami, Dosenkäse, Marmelade, Schokoladenaufstrich, heiß aufgebrühter schwarzer Tee für R. und Nescafé für mich. Das kann sich sehen lassen, oder?

Seit unserem Start in Australien vor rund drei Monaten haben wir über 9000 Seemeilen auf den Ozeanen segelnd zurückgelegt, das ist schon weit mehr als die Hälfte der Gesamtstrecke. Für manchen mag die Vorstellung, sechs Monate lang praktisch nichts anderes als Himmel und Wasser zu sehen, einem Alptraum gleichkommen. Für mich aber bedeutet diese scheinbar eintönige Umgebung einen großartigen Freiraum für die eigene Gedanken- und Phantasiewelt.

An Tagen wie heute, nach einer durchschlafenen Nacht, fühle ich mich wie losgelöst von der Welt. Fast körperlos. Dieses Sich-eins-Fühlen mit Himmel und Meer ist schwer zu beschreiben. Man kann das Gefühl auch nicht festhalten. Es sind Augenblicke, in denen ich glaube, von der Unendlichkeit des Universums gestreift zu werden: Momente, die mir meine eigene Bedeutungslosigkeit, aber auch Zugehörigkeit zu dem für uns Menschen nicht erfaßbaren System des Entstehens und Vergehens auf dieser Welt bewußt machen.

Im Alltag des Lebens sind wie im Film die Rollen fest verteilt – von wem auch immer. Je nach Kulturkreis, in den man sich eingebunden fühlt, wird die persönliche Existenzbegründung von der sogenannten Gesellschaft oder von religiösen Glaubensrichtungen definiert. Auch unsere Wahrnehmungsfähigkeit beschränkt sich fast ausschließlich auf die Dinge, die für unser persönliches Leben wichtig sind. Wir sind ja nicht einmal fähig, uns wirklich in einen anderen Menschen hineinzuversetzen.

So nehmen wir also nur einen ganz kleinen Bruchteil dessen wahr, was uns in Wirklichkeit umgibt. Dieser Ausschnitt im menschlichen Wahrnehmungsspektrum sorgt wohl dafür, daß der Einzelne das glaubt, was er von Kindheit an und später in seiner Umgebung erlebt. Das gibt ihm normalerweise Sicherheit und das Gefühl, daß er eine Aufgabe und einen bestimmten Platz hat auf der Welt.

Auf unserer Reise ohne Hafen stellen sich mir mehr Fragen, als ich Antworten finde. Warum, zum Beispiel, verkümmern die menschlichen Sinne im Lauf der Menschheitsgeschichte immer mehr, statt sich weiterzuentwickeln? Warum hinken wir in unserem Denken hinter den tatsächlichen Entwicklungen auf der Erde hinterher? Natürlich gibt es dafür wissenschaftliche, biologisch begründete Erklärungen. Aber die interessieren mich nicht wirklich. Ich möchte wissen, worauf sich mein Handeln, meine Existenz gründet. Was sich hinter dem sogenannten „Schicksal" eines Menschen oder aller Menschen verbirgt. Ich möchte mein Dasein begreifen. Ich will verstehen, warum es beispielsweise sinnvoll ist, daß es unterschiedliche Völker mit verschiedenen Glaubensrichtungen gibt, die einander bekämpfen.

4. 2. 1991
Leichte Südostwinde. Ich habe einen Teil der Lebensmittel umgeschichtet, weil sich die Freiräume inzwischen erheblich vergrößert haben. R. hat die Batterien überprüft und sicherer befestigt.

5. 2. 1991
Rollo nimmt sich heute der losen Kabel am Besanmast an. Eine halbe Stunde hängt er oben im Bootmannsstuhl: dreißig Minuten, die für mich unten am Mastfuß nicht zu Ende gehen wollen. Was ist, wenn ihm plötzlich bei den ständigen Bewegungen des Bootes schlecht wird? Wenn das Fall reißt?

Ich flehe SOLVEIG förmlich an, ruhig zu segeln, sich von den Wellen nicht zu sehr herumwerfen zu lassen. Ja, ich versuche sogar, mit Neptun zu handeln: „Wenn du jetzt nur kleine Wellen schickst, dann dürfen sie später auch wieder ganz groß werden ..."

Ich bin auf mich wütend, weil ich nicht selbst hinaufgestiegen bin, dann müßte ich jetzt nicht solche Angst ausstehen. Wie der Mast vor dem Himmel schwankt! Ich kann nicht mehr hinsehen. Und doch verfolge ich jeden kleinsten Handgriff von Rollo, keine Sekunde lasse ich ihn aus den Augen. Während der ganzen Zeit sprechen wir kein Wort, das würde uns nur abgelenken.

Als er oben fertig ist und ich das Fall des Bootsmannstuhls langsam über die Winsch abrollen lasse, sehe ich, wie Rollos Fuß ins Leere tritt. „Paß auf!" rufe ich. „Die Stufe ist ein Stück weiter unten!" Wie in Trance tastet sich Rollo fast zentimeterweise abwärts, sich mit den Händen am schwankenden Mast festhaltend. Als er endlich wieder feste Planken unter den Füßen hat, hole ich ganz tief Luft. An seinen Händen und am Kopf hat er sich Schrammen zugezogen. In Minuten wie diesen sehne ich das Ende der Reise herbei.

9. 2. 1991
Die zehntausendste Meile ist geschafft!

R. glaubt inzwischen, daß ihm die Umstellung auf das Landleben, sprich auf Menschen, schwerfallen wird. Um wieder „normal" zu reagieren, meint er, braucht er sicherlich Monate. Für ihn als „Krebs" ist das Bordleben geradezu ideal.

Und wie sieht es bei mir aus? Sehr, sehr wechselhaft. Einerseits genieße ich Tage wie heute, mit leichtem Passatwind, in vollen Zügen. Auf der anderen Seite nimmt aber meine Angst zu, daß zuguterletzt doch noch etwas passieren könnte. Der April im Nordatlantik macht mir Sorgen. Wenn ich daran denke, wäre mir im Austausch dafür jeder Streß, der mich an Land möglicherweise erwartet, höchst willkommen.

Außerdem hängt es ja auch von mir ab, wieviel Streß ich zulasse. Auf See liegt alles, aber auch alles, in der Hand der Natur. Zumindest erlebe ich es so. Trotzdem glaube ich auch an ein persönliches Schicksal, dem ich weder auf See noch an Land entfliehen kann. Mein ganzes Leben ist wohl ein „So-tun-als-ob". So tun, als ob ich frei entscheide – so tun, als ob es an mir selbst liegt, die Dinge zu verändern.

11. 2. 1991
Seit heute nachmittag begleiten Pilotfische und Doraden die SOLVEIG. Niemals brächte ich es übers Herz, Rollo zu bitten, uns eine zu angeln, selbst wenn mir die Dosennahrung zu den Nasenlöchern herauskäme ... Ich würde ja auch nicht eine Katze oder einen Hund,

In den tropischen Meeren finden wir jeden Morgen
Fliegende Fische an Deck.

der mir zuläuft, töten und dann als Braten servieren. Die Fische und Vögel, die uns gelegentlich besuchen, sind unsere Freunde, die einzigen Lebewesen, die wir auf dieser unendlichen Wasserfläche treffen.

So lassen wir die Angel gut verpackt in unserem Mayday-Seesack. Dort wird sie bis zu unserer Ankunft in Deutschland hoffentlich auch bleiben.

12. 2. 1991
Im Kalender steht „Fastnacht". Über die Deutsche Welle hören wir, daß dieses Jahr der Straßenkarneval ausfällt. Offensichtlich ist man in der Heimat vom Golfkrieg ebenso betroffen wie wir. Zunächst war ich der Meinung, daß ich vielleicht überreagiert habe, bedingt durch fehlende Ablenkung von außen. Aber jetzt glaube ich doch, daß ich mit meinem Entsetzen nicht allein dastehe. Bei jeder Nachrichtensendung hoffe ich, daß Hussein Kuweit endlich freigibt.

13. 2. 1991
Immer noch begleiten uns Pilotfische. Fast könnte man meinen, sie ziehen uns, so eifrig schwimmen sie voraus. Der wahre Grund ist aber wohl, daß sie sich von unseren Muscheln am Schiffsboden ernähren. Auch suchen sie ständig den Schatten unter dem Boot.

Wir segeln zur Zeit so langsam wie möglich, denn wir wollen nicht vor Anfang April nördlich von Madeira kreuzen. Laut Wetterkarte ist es außerdem bei den Azoren wesentlich stürmischer als weiter im Osten, deshalb werden wir, auch wenn wir nördlich des Äquators hoch am Wind segeln müssen, möglichst weit östlich steuern. Unser Motto derzeit: Genieße den Südatlantik – der Norden wird fürchterlich!

Bei Flaute über den Äquator

14. 2. 1991
In Deutschland hat der Winter wieder Einzug gehalten mit Stürmen, Kälte und Schnee. Für uns wächst mit dieser Nachricht die Hoffnung auf ein schönes Frühjahr im April. Unsere Position: 9 Grad Süd und 9 Grad West. Bis zum Äquator fehlen also nur noch

rund 540 Meilen. Und dann kommt der feierliche Moment, wenn wir die letzte große Ozeankarte eröffnen: das Blatt vom Nordatlantik mit dem Eingang zum Englischen Kanal.

Ich bin neugierig, ob wir im Äquatorbereich unseren Wassertank werden auffüllen können. Normalerweise müßten dort Dutzende von Regenschauern auf uns warten. Im Augenblick gehen wir jedenfalls sehr vorsichtig mit unserem Vorrat um. Meine und Rollos letzte Kopfwäsche ist schon über einen Monat her.

15. 2. 1991
Wenn ich schlafe, träume ich viel von zu Hause. Übrigens sind alle meine Träume „Landträume", und so manches Mal fällt es mir schwer, beim Aufwachen die Orientierung wiederzufinden.

Nahestehende Menschen, die gestorben sind, begegnen mir ganz selbstverständlich in meinen Träumen. Aber auch am Tag sind diese Menschen für mich gegenwärtig, ebenso wie Freunde und Familienangehörige. Erst durch die Weltumsegelung ist mir bewußt geworden, wie sehr ich Familie und Freunde brauche und wie stark meine innere Bindung an die Heimat ist. Vor dem Start in Travemünde war ich sicher, daß ich mich überall auf der Welt niederlassen könnte, aber inzwischen habe ich an mir selbst erfahren, daß Heimat auch eine Menge mit Menschen und Landschaft zu tun hat.

Doch um das zu begreifen, mußte ich meine Nase weit hinausstecken.

Auch andere Zusammenhänge sind mir inzwischen klarer geworden. Wenn ich zum Beispiel den Mut gehabt hätte, nach dem Abitur erst einmal mit irgendeinem Job auf eigenen Füßen zu stehen, statt sofort zu studieren und dann zu heiraten, hätte ich sicher Jahre vorher gewußt, was ich vom Leben will - und vor allem, was ich nicht will. Stattdessen war ich immer eifrig damit beschäftigt herauszufinden, was andere von mir wollten. Und am schlimmsten für mich war das Gefühl, andere Menschen zu enttäuschen.

Ich bin überzeugt, daß neben der finanziellen Unabhängigkeit vor allem die selbstgesteckten Ziele und Aufgaben einen Menschen zufriedener werden lassen. Was immer man anpackt, sollte man mit dem Herzen und dem Einsatz aller Kräfte tun. Es ist nicht entscheidend, Ungewöhnliches zu leisten, sondern vielmehr bei der gestellten Aufgabe die ganze Person einzubringen.

17. 2. 1991
Japanische Schiffe gesehen und treibende Bojen mit Sender. Wir befinden uns etwa 300 Meilen nordöstlich der Insel Ascension.

19. 2. 1991
Nur noch 180 Meilen bis zum Äquator. Inzwischen haben wir die Zone der Regenschauer erreicht und sammeln mit unserem Segeltuchtrichter fleißig Wasser. Doch der ganz große Wolkenbruch, der den Tank vollmachen würde, ist bisher ausgeblieben.

Nachrichten: Gorbatschow hat dem Irak einen neuen Friedensplan angeboten. Reaktion der Allierten geteilt.

20. 2. 1991
Langes Gespräch mit R. über unsere Pläne zur Rettung der Delphine. Er befürchtet, daß wir nicht genug Mitstreiter und Spender motivieren können. Ein mögliches Argument, nicht für die Delphine einzutreten, könnte sein: Wir haben jetzt in Deutschland andere Probleme, wir müssen nach der Wiedervereinigung erst einmal im eigenen Land für den Aufbau sorgen.

Ich bin da wesentlich optimistischer, außerdem würde es mir nichts ausmachen, bescheiden anzufangen. Auch kleine Gruppen können eine Menge bewirken, wenn sie sich mit ihrer ganzen Kraft einsetzen.

21. 2. 1991
Regenschauer, bedeckter Himmel. Ob das Segeln über Ozeane einen Menschen verändert? Ich glaube es eigentlich nicht. Auch wenn ich auf See Probleme oder Lebensfragen aus einer anderen Perspektive sehe, so habe ich mich doch nicht wirklich verändert. Es sind wohl eher die Freunde, die eine Veränderung an mir bemerken würden.

Vielleicht bin ich in meinen Entscheidungen für oder gegen etwas sicherer geworden. Es fällt mir leichter zwischen wichtig und unwichtig zu unterscheiden. Aber das hängt bestimmt auch mit dem fortschreitenden Alter zusammen. Und doch ist da ein Gefühl, das mich nicht losläßt: In unserer Nußschale spüre ich immer wieder, wie klein ich innerhalb des Universums bin.

22. 2. 1991
SOLVEIG fehlen nur noch 50 Meilen bis zum Äquator. Der Wind ist schwach, die Sonne brennt heiß. Heute muß ich wieder Segel flikken, die Naht an der Fock ist erneut aufgerissen.

An Bord gedrückte Stimmung. Der Golfkrieg wird ab morgen in eine neue Phase eintreten, die Bodenoffensive ist nun nicht mehr aufzuhalten.

Es ist ein eigenartiges Gefühl, in einem Boot mitten im Ozean Weltgeschichte zu erleben. Ich frage mich, ob ich nicht eines Morgens aufwache und mir sagen muß: „Das hast du alles nur geträumt."

23. 2. 1991
Heiß. Flaute, gelegentlich Schauer.

Wir bewegen uns im Zeitlupentempo, um nicht zuviel Schweiß zu verlieren. In der Kajüte mißt R. 30 Grad. Auch SOLVEIGS Tempo ist den Hitzegraden angepaßt: nur 50 bis 60 Meilen im Etmal der vergangenen Tage.

Heute sind wir vorwiegend nach Westen gesegelt, deshalb werden wir wohl erst morgen die ersehnte Linie kreuzen.

24. 2. 1991
Welch ein Tag! Um 11.30 Uhr haben wir den Äquator gekreuzt. Die Südhalbkugel liegt nun hinter und die heimatliche Nordhalbkugel endlich vor uns.

26. 2. 1991
R. ist in den letzten Tagen ziemlich deprimiert. Er denkt nicht mehr mit Freude, sondern mit Angst an unsere Ankunft.

Der Golfkrieg und vor allem die verfehlte Rolle Deutschlands in diesem Krieg haben ihn aus der Fassung gebracht. Am liebsten würde er jetzt unseren Kurs ändern, aber wohin? Vorsichtshalber habe ich ihn nicht danach gefragt.

Immerhin kenne ich Rollo inzwischen gut genug um zu wissen, daß diese Stimmungen bei ihm auch wieder vergehen. Bei uns wachsen die Sorgen, was sich ereignen wird, nachdem wir in Emden angekommen sind. Wie wird es meiner Mutter, wie wird es unseren Freunden gehen? Wie wird die Stimmung dort sein?

Ich habe das Gefühl, seit unserem Start in Australien bereits Jahre unterwegs zu sein. Mein Zeitempfinden scheint mir da einen schönen Streich zu spielen. Noch im Indischen Ozean glaubte ich, zu wenig Zeit zu haben. Damals schossen wir auch mit sieben bis acht Knoten durchs Wasser, während wir jetzt immer wieder mit Flauten zu kämpfen haben. Die unzähligen Muscheln an der Bordwand behindern unsere Fahrt erheblich. Aber weder Rollo noch ich haben Lust, hier mitten auf dem Ozean ins Wasser zu springen und sie abzukratzen.

28. 2. 1991
Seit heute morgen um fünf Uhr ruhen im Irak die Waffen. Der sinnlose Krieg ist vorbei!

1. 3. bis 5. 3. 1991
Geht diese Flaute denn nie zu Ende? Nein, sie hält mich für immer fest, ich werde niemals ankommen.

Die Hitze ist so unerträglich geworden, daß ich nur noch vor mich hindöse. Meine Kraftreserven drohen unter der glühenden Äquatorsonne wegzuschmelzen.

Wir scheinen uns in einer Art Niemandsland zu bewegen, Himmel und Wasser verschwimmen zu einem unendlichen Nichts, Zeit und Raum gehen ineinander über. Bin ich eigentlich noch da? Oder hat sich eine andere Existenz meiner bemächtigt, stehe ich neben mir und beobachte alles wie aus weiter Ferne?

Wenn wir nur die Idee eines Windhauchs verspüren, setzen wir Segel, obwohl wir bald nicht mehr wissen, wie wir sie hochziehen sollen. Wahrscheinlich ist es egal, ob wir sie setzen oder bergen, denn wir kommen sowieso niemals an. Wir werden immer weitertreiben – jahrelang.

Grüße aus dem Heimathafen

7. 3. 1991
Seit heute nachmittag haben wir endlich brauchbaren Wind mit 15 Knoten Stärke. Trotzdem klebt SOLVEIG mehr am Wasser, als daß sie segelt, so stark ist der Bewuchs am Schiffsboden. R. schmiert die Gangschaltung, ergänzt Getriebeöl und zieht die Schrauben des Wellengenerators nach. Auch am Propeller müssen sich Muscheln angesetzt haben, weil er kaum noch lädt.

8. 3. 1991
SOLVEIGS Bewuchs könnte noch zu einem wirklichen Problem für uns werden, denn der Wasserpumpeneinlaß der Toilette beginnt offensichtlich zuzuwachsen. Die Pumpe läßt sich nur noch mit einiger Kraftanstrengung bewegen.

9. 3. 1991
Mit einem Mal ist Deutschland wieder sehr nahe gerückt. Ich bin noch ganz benommen, kann fast nicht glauben, was ich eben gehört habe.

Zufällig drehe ich am Radio und erwische die letzten zehn Minuten der Sendung *Grüße aus dem Heimathafen*. Wir trauen unseren Ohren kaum: Unser Freund Herbert Fricke, der Moderator, schickt uns liebe Grüße auf unserem „langen, einsamen Weg in die Heimat..."

Rollo und ich stehen völlig überrascht vor dem Lautsprecher, unsere Augen werden feucht, wir halten einander fest. Es ist ein ganz eigenartiges Gefühl, plötzlich zu wissen: Da denkt einer an dich und drückt dir die Daumen. Ob er wohl ahnt, wie intensiv wir seine Grüße erleben? Für mich sind sie der einzige Beweis, daß es noch Freunde in Deutschland gibt, die an mich denken – trotz der Jahre, die wir schon unterwegs sind.

Andererseits erlebt wohl jeder Mensch den Ablauf der Zeit unterschiedlich. In der Alltagshektik vergeht sie unglaublich schnell, und so mancher Bekannter, den wir damals nach drei Jahren Seefahrt in Deutschland trafen, fragte erstaunt: „Was, ihr seid schon wieder da?"

11. 3. 1991
Seit einigen Tagen segeln wir extrem hoch am Wind und können dennoch unseren erhofften Kurs nicht halten, weil der Nordostpassat eine sehr nördliche Komponente hat. Er bläst mit 25 Knoten, deshalb stampft das Boot hart in den Wellen. Die Temperaturen sind wieder gefallen: statt 31 Grad lese ich nur ganze 24 Grad auf dem Thermometer.

12. 3. 1991
Stürmischer Wind bis 30 Knoten. Das Boot knallt in die Wellentäler, aber wenigstens können wir einen besseren Kurs nach Norden steuern. Normalerweise würden wir nie versuchen, bei so stürmischem Wind gegenan zu segeln, aber wir müssen ja.

Mittags große Aufregung: ein Tanker nur wenige Meilen entfernt! Wir bekommen Funkkontakt und können endlich ein Telegramm nach Hause loswerden. Ich bin sehr froh darüber. OLYMPUS heißt er, vor zwei Wochen war er noch im Golf, und jetzt ist er auf dem Weg nach Brasilien.

Am Nachmittag haben wir wieder gefilmt und fotografiert. Das kostete viel Energie, von der sowieso nicht mehr viel übrig ist. Wir schwören einander, morgen den ganzen Tag keine Kamera mehr anzurühren. Außerdem ist morgen sowieso der Dreizehnte!

13. 3. 1991
Der Wind hat nachgelassen, und wir erholen uns von der gestrigen Anstrengung. Zur Erholung gehört auch die Kassette mit *La Traviata*. Das baut mächtig auf – es ist die beste Aufführung, die ich je gehört habe, eine Steigerung kann ich mir nicht mehr vorstellen. Schade, daß wir auf dem Boot nicht öfter Musik hören können, aber die körperlichen und seelischen Belastungen sind derart, daß ich nur selten die Muße finde, mich auf Musik zu konzentrieren.

Außerdem stören die bootseigenen Geräusche den Genuß. Heute habe ich mir Kopfhörer aufgesetzt, trotzdem waren meine Augen immer wieder bei den Anzeigen der Instrumente. Wirkliche Entspannung ist einfach auf einem Boot, das mit voller Fahrt durch die Wellen schießt, nicht möglich.

14. 3. 1991
Erneut 30 Knoten Wind. Wir bergen den Besan, lassen aber Fock und Groß stehen. Immer wieder bauen wir uns gegenseitig auf mit positiv gefärbten Hochrechnungen: „Nur noch so und so viele Meilen bis ... Nur noch sechs Wochen auf See ... Zu Hause werden wir ..."

Auch die Einrichtung unseres kleinen Münchner Appartements ist ein Thema geworden und beschäftigt unsere Phantasie. Mein Bedürfnis nach intensiver Körper- und Gesichtspflege ist schmerzlich gestiegen, vor allem wenn ich in alten Modezeitschriften blättere und die Fotos der gestylten Models betrachte. Beim Kämmen verliere ich büschelweise Haare, sie kleben vom Salz der See. Eine Woche Schönheitsfarm würde sicherlich nicht reichen, um mich wieder „herzustellen". Aber im Augenblick wäre ich schon dankbar dafür, eine Stunde in einer vollgelaufenen Badewanne liegen zu können ...

20.00 Uhr: Dieser Vierzehnte wäre dem gestrigen Dreizehnten voll gerecht geworden: Zuerst schlage ich mit meinem Kinn an eine Ecke des Schotts, heute mittag fällt mir Rollo, als er mich beim Mittagessen filmt, in den Schoß, so daß sich die Schüssel mit Milch und Cornflakes auf T-Shirt, Shorts und Beine ergießt. Und zuguterletzt ruiniert noch ein Brecher die Videokamera, als ich die wilde See aufnehme.

15. 3. 1991
Sowohl der Passat als auch Rollos und meine Nerven haben sich wieder ein wenig beruhigt.

Gemeinsam nähen wir notdürftig die aufgerissene Persenning. Eine gewaltige See war über das Cockpit gerauscht und hat sie zerrissen. Bis zur Ankunft wird unser Werk hoffentlich halten. Außerdem verpaßt R. dem Solarpaneel einen neuen Stecker, nachdem der alte kurz davor ist, wegen Korrosion auseinanderzufallen. Viereinhalb Monate auf See – das merken eben auch die Geräte.

Mittags feiern wir unser hervorragendes Etmal: 120 Meilen, davon 100 Meilen nach Norden! Es gibt Krabbenrisotto und Bambussprossen. Beim Essen können wir zu meiner größten Freude sogar im Cockpit sitzen.

16. 3. 1991
Seit Tagen kommen wir nicht aus unserem Ölzeug heraus. Ständig müssen wir bereit sein, jederzeit an Deck zu springen. Das letzte Fünftel dieser Reise wird noch viel Kraft kosten. Dennoch sind wir beide glücklich, daß wir jetzt 13 000 Seemeilen hinter uns gebracht haben.

17. 3. 1991
Ich habe rasende Kopfschmerzen, der ständige Schlafmangel rächt sich. Die Wetterkarte vom Nordatlantik kann ich inzwischen runterbeten, ich denke nur noch in Planquadraten. Wir nähern uns jetzt 20 Grad Nord. Nach weiteren 10 Grad wird sicher der härteste Teil der Fahrt beginnen, es sei denn, in diesem Jahr wird uns ein echter Frühling beschert.

18. 3. 1991
Beide sind wir ziemlich deprimiert, denn wieder ist ein Gerät ausgefallen: der Hauptgenerator vom Motor! Das bedeutet nur noch sehr eingeschränkte Batterieladung. Diese Pannen sind bedrückend und machen Angst. Was kommt als nächstes dran?

19. 3. 1991
R. ist psychisch so parterre, daß er nicht einmal mehr Radio hören mag. Der Lärm im Boot und außen von der See tut ihm körperlich weh. Zum Frühstücken muß er sich regelrecht zwingen, anschließend bekommt er heftige Magenbeschwerden. Auch ich bin am Rand der Erschöpfung und weiß nicht, ob ich es durchhalte, weiterhin Tagebuch zu führen.

20. 3. 1991
Wieder eine ganze Nacht ohne Schlaf. Der Wind wird zum Sturm und treibt uns noch dazu immer weiter nach Westen ab. Ständige Kurskorrekturen sind notwendig, bis wir schließlich um 06.30 Uhr wenden, um nach Osten zu segeln. Aber nach zwei weiteren Stunden wird daraus Südost, es geht also fast zurück. Trotzdem behalten wir diesen Kurs bis 17.00 Uhr bei.

Danach erneut Kurs Nordwest, zähneknirschend. Aber leider, leider ist der Wind unbestechlich. Offensichtlich will uns der Passat noch einmal zeigen, was er alles an Richtungen und an Stärke zu bieten hat, bevor er sich von uns verabschiedet.

Das Boot hat zur Zeit soviel Lage, daß der Gang zur Toilette Überwindung kostet, zumal die „Aktion" selbst geradezu an Artistik grenzt. Das Becken befindet sich auf der Luvseite des Bootes. Das bedeutet: mit der rechten Hand festhalten und dabei gleichzeitig mit der linken pumpen. Schnelles Pumpen ist wichtig, sonst schwappt das Wasser im Becken über. Eine dritte Hand schließlich würde ich brauchen, um den Klodeckel daran zu hindern, mir regelmäßig ins Kreuz zu schlagen.

21. 3. 1991
Das gleiche Wetterbild wie gestern, also fast 30 Knoten Wind. Auch am miesen Kurs hat sich nichts geändert. Kochen kaum mehr möglich, ich wärme Ravioli aus der Dose. Wir müssen bei Kräften bleiben. Ich habe auf nichts mehr Lust, was die Bordküche bietet. Gäbe einiges für frisches Brot. Aber noch mehr gäbe ich darum, das Windheulen und Wasserrauschen wenigstens für fünf Minuten abstellen zu können.

22. 3. 1991
Bin so erschöpft, daß ich die zweite Hälfte der Nacht trotz 7 bis 8 Windstärken geschlafen habe, neben R. auf der Leekoje. Wir tragen ununterbrochen unser Ölzeug und schlafen auch darin. Wenigstens wurden wir mit einem guten Etmal belohnt: 130 Meilen. Das ist gegen den Wind und mit unserem starken Bewuchs eine ganze Menge.

Heute können wir direkt nach Norden segeln, da der Wind etwas gedreht hat. Deshalb läßt R. auch die Segel stehen, obwohl es für einen Kurs am Wind viel zu stark weht. Er riskiert dabei einen Bruch in der Takelage. Innentemperatur 21 Grad, Position 27 Grad Nord, 29 Grad West.

23. 3. 1991
Der Wind dreht weiter zu unseren Gunsten und ist schwächer geworden. Rollo hat bis 10.30 Uhr geschlafen, nachdem wir nachts abwechselnd auf waren. Wir gönnen uns ein langes, kräftiges Frühstück mit Corned beef als Zugabe.
 Die Temperatur ist auf 19 Grad gefallen. Es wird Zeit, daß ich unsere warmen Pullis und Socken heraushole. Beim Eintragen der Mittagsposition verkündet Rollo: „13 300 Meilen sind wir seit Cairns gesegelt!" Und wie viele Wellen sind seitdem unter der SOLVEIG durchgelaufen oder haben sich an ihr mit Getöse gebrochen? Eine Zahl jenseits meines Vorstellungsvermögens...

24. 3. 1991
Wind und Seegang meinen es heute sehr, sehr gut mit uns. Wir können endlich einmal direkt nach Osten segeln. Vormittags mit Kopfhörern *Nabucco* gehört. Zum Mittagessen öffne ich die vorletzte Flasche australischen Weißweins. Kurzum, wir genießen das günstige Wetter.
 Nachmittags machen wir uns an kleinere Reparaturen und erneuern einen Süßwasserfilter. SOLVEIGS Crew erwacht zu neuem Leben und hofft, daß der günstige Wind noch ein paar Tage anhält. Dann könnten wir nämlich über die Küstenfunkstelle Madeira mit daheim telefonieren. Die Insel liegt 570 Meilen östlich unserer gegenwärtigen Position.

25. 3. 1991
Regen und kräftiger Wind aus wechselnden Richtungen. Madeira ist noch 490 Meilen entfernt, aber wir segeln weiter nach Osten.

26. 3. 1991
Leider wieder sehr stürmisch mit sieben bis acht Windstärken. Der Wassereinlaß der Toilette funktioniert nicht mehr. Improvisation ist gefragt. Außerdem ist der Klodeckel nun doch auf meine Hand gefallen, als ich eine Schüssel Salzwasser ins Becken goß und gleichzeitig die Pumpe zum Ausspülen betätigte. Der Handrücken tut ziemlich weh und ist geschwollen.

27. 3. 1991
Wind unverändert sieben bis acht. Bis Madeira 290 Meilen. Inzwischen haben sich so viele Reparaturen angehäuft, daß wir inständig hoffen, in der Nähe der Insel ruhigeres Wasser zu finden, um wenigstens die wichtigsten ausführen zu können. Wahrscheinlich werde ich nach unserer Ankunft in Emden in einen mehrwöchigen Erschöpfungsschlaf verfallen.

28. 3. 1991
Gestern abend mußten wir das Groß bergen und segeln seitdem nur unter kleiner Fock und Besan. Der Seegang ist für volle Besegelung zu grob geworden, denn die Böen erreichen immer noch 35 Knoten.

Nachts hatte ich Wache, dafür habe ich heute vormittag eineinhalb Stunden Schlaf nachgeholt. Leider können wir nicht nach Norden segeln, da der Wind weiter dreht. Essen bereitet einige Probleme, mehr als das Kochen, aber auf unseren Jeans fällt sowieso kein Fleck mehr auf.

14.00 Uhr: Wind läßt nach. R. schlägt vor, bis 16 Uhr zu warten und dann das Groß wieder zu setzen.

16.30 Uhr: Groß gesetzt, wir machen flotte Fahrt. Der Wind hat zurückgedreht, nun knüppeln wir in die alte Dünung hinein. Ganz schwach kann ich einen UKW-Sender aus Madeira hören.

29. 3. 1991
Sonne, blauer Himmel, 18 Grad, 20 Knoten Wind – kurz: herrliches Osterwetter.

R. brütet bereits über den Seekarten der Deutschen Bucht und der Einfahrt nach Emden. Es ist ja „nur" noch ein Monat bis zur erhofften Ankunft. Ähnlich wie am Kap der Guten Hoffnung bin ich dankbar für jeden Tag, den wir so unbeschwert wie heute segeln können. Ich freue mich am Sender von Madeira, der jetzt ganz klar zu empfangen ist.

30. 3. 1991
Ruhiges Wetter. Welch ein Segen! Wir können bereits die Küstenfunkstelle von Madeira empfangen. Auch der Seegang ist merklich zurückgegangen. Seit dem Äquator haben wir mittags zum ersten Mal wieder am Tisch gegessen.

Und es gibt noch eine gute Nachricht: Die Bordtoilette arbeitet wieder! Als wir auf Steuerbordbug segelten, war durch das extrem starke Überliegen des Bootes nur noch Luft ins Ansaugrohr gekommen, deshalb konnte die Pumpe kein Wasser mehr ziehen. Seit heute morgen nun haben wir den Bug gewechselt – und siehe da, sie funktioniert wieder.

31. 3. 1991
Ostern. Leichte Brise. Noch vierzig Seemeilen bis Madeira. Von der Insel ist im starken Dunst nichts zu sehen. Wir gönnen uns konservierten Rosinenkuchen aus Australien, dazu eine Kassette der Don-Kosaken, und mit *Kalinka* und *Abendglocken* kehrt österliche Stimmung auf der SOLVEIG ein.

1. 4. 1991
Nach wochenlanger Aussicht auf Himmel und Wellen ist der Anblick einer Insel schon etwas Schönes – vor allem aber genieße ich das geschützte Wasser, auf dem wir das Boot treiben lassen. Eigenartigerweise fühle ich jetzt, da ich Madeira nur wenige Meilen entfernt sehe, überhaupt kein Bedürfnis mehr, meine Füße an Land zu setzen. Im Gegenteil, ich hätte sogar Angst davor.

Einen menschlichen Kontakt hatten wir heute: Wir wollten einem Fischer ein paar Briefe für zu Hause mitgeben. Leider verstand er kein Englisch. Stattdessen zeigte er mit dem Finger auf unsere Bordwand und fing an, schallend zu lachen. SOLVEIGS Bewuchs scheint inzwischen enorme Ausmaße angenommen zu haben. Als Rollo ihm zu erklären versuchte, daß wir aus Australien kommen, lachte er noch mehr. Wahrscheinlich hätten wir auch „Mond" oder „Jupiter" sagen können, das Ergebnis wäre das gleiche gewesen. Aber immerhin verstand er am Ende unser Anliegen mit den Briefen, und mit zehn Dollar fürs Porto wurden wir unsere Nachrichten schließlich los.

2. 4. 1991
Jetzt trennen uns tatsächlich nur noch 1500 Meilen Wasser von Deutschland. Vorläufig nützen wir die ruhige See im Lee von Madeira für allerlei Tätigkeiten. Rollo erledigt Wartungsarbeiten und

Reparaturen, auch Öl- und Filterwechsel ist angesagt; ich hole die restlichen Vorräte und Konserven aus ihren Verstecken und putze noch einmal gründlich die Pantry und den kardanisch aufgehängten Herd. Wenn uns Schlechtwetter beuteln sollte, dann ist größtmögliche Ordnung und Sauberkeit an Bord eine nicht zu unterschätzende moralische Hilfe. Es ist unsere zwei mal zwei Meter kleine, heile Welt, die uns hohe Wellen und Stürme leichter ertragen läßt.

Abgesehen von der moralischen Wirkung bedeutet aber ein aufgeräumtes Boot in erster Linie Sicherheit, denn wie will man zum Beispiel ein kleines Leck bemerken, wenn sich Gegenstände bewegen und dabei soviel Lärm verursachen, daß das Tropfen von Leckwasser gar nicht mehr wahrnehmbar ist?

Inzwischen habe ich eine Art absolutes Gehör entwickelt, was die Geräusche auf unserem Boot betrifft. Und es macht mich fast krank, etwas zu hören, dessen Quelle ich nicht herausfinden kann. Bis jetzt konnte ich noch jedes verdächtige Geräusch identifizieren, und jedesmal suchten wir so lange nach der Ursache, bis wir eine Erklärung fanden.

3. 4. 1991

Wenig Wind und starke Dünung uns entgegen: die typische See in Nähe einer Insel. Trotz Fock, Groß und Besan kommen wir kaum vorwärts.

Fast einen halben Tag lang begleiten Delphine das Boot, springen übermütig aus dem Wasser und lassen sich mit einem großen Platsch wieder hineinfallen. Ich stehe am Bug, beobachte ihr Treiben voller Freude und würde am liebsten mit ihnen spielen. Im Bootsrumpf kann ich ganz deutlich ihr Pfeifen hören. Das sind Töne, die mich anrühren und immer wieder mahnen, mich später in Deutschland für meine Meeresfreunde einzusetzen.

Ist es nicht merkwürdig, daß wir Delphine, wenn überhaupt, nur noch in Küstennähe beobachten? Dort nämlich können Treibnetze nicht ausgeworfen werden. Das war so in Alaska, vor der Küste Südafrikas und jetzt hier bei Madeira. Diese Beobachtung läßt uns fürchten, daß die vielen Delphine, die Rollo früher auf hoher See beobachtet hat, schon ausgerottet sind.

4. 4. 1991
Heute in einem Monat will der Käpt'n in Emden festmachen. Diesen Termin auch einzuhalten, daran setzt er seinen ganzen Ehrgeiz, weil er vor dem Start in Australien unserem Freund Hermann versprochen hat, am 4. Mai anzukommen. Zuerst war es noch eine nicht ganz ernst gemeinte Hoffnung, doch dann hatte Hermann plötzlich eine Idee: Wenn wir ihm einen Monat vorher den endgültigen Termin bestätigen können, dann wird er ein ganz tolles Willkommensfest für uns veranstalten. Und bei Madeira haben wir ihn nun bestätigt!

6. 4. 1991
Wind kaum spürbar, trotzdem sind wir ein kleines Stück weitergekommen. Rollo wirkt besorgt. Ob er Angst um seinen geplanten Ankunftstermin hat?

7. 4. 1991
Eine Nacht ohne Schlaf liegt hinter mir, und trotzdem war es die schönste Nacht dieser langen Reise! Um 21.15 Uhr höre ich Deutsche Welle – Rollo schläft bereits –, und wieder läuft die Sendung *Grüße aus dem Heimathafen*. Herbert Fricke kündigt an: „Diese Sendung wollen wir einem ganz außerordentlichen Paar widmen ..." Unsere Namen fallen, Musik wird eingeblendet, und wie im Film laufen unsere Erlebnisse der vergangenen sieben Jahre in der einstündigen Sendung ab. Herbert hat aus den Interviews, die er damals in Schweden und Tahiti bei seinen Besuchen an Bord aufnahm, eine eigene Sendung zusammengestellt.

Doch dann kommt die Riesenüberraschung – ich kann es immer noch nicht ganz glauben: Illes Stimme! Am Telefon über den Sender! Seit dem Kap der Guten Hoffnung ist es die erste Nachricht von zu Hause. Sie ist gesund und voller Vorfreude auf unser Wiedersehen in Emden.

Noch immer zittern meine Hände beim Niederschreiben des Erlebten in der vergangenen Nacht. Die Situation ist völlig irreal: Mitten auf dem Ozean, nach monatelanger Einsamkeit und dem Gefühl, gar nicht mehr so richtig auf dieser Welt zu sein, höre ich im Radio unsere eigenen Stimmen. Fast wie ein Nachruf. Aber nein, wir sind da und sehr lebendig! Seit heute weiß ich, daß ich jetzt jeden einzelnen Tag bis zur Ankunft in Deutschland zählen werde.

8. 4. 1991
Ich bin noch immer übervoll von dem gestern Erlebten. Auch das Wetter paßt zur guten Stimmung an Bord: hoher Barographenstand, leichter Wind aus nördlichen bis östlichen Richtungen, Sonne und blauer Himmel. Wir befinden uns auf etwa 36 Grad Nord, das ist die Breite von Gibraltar. Damit haben wir die europäischen Gewässer erreicht. Bis zum Eingang des Englischen Kanals fehlen nur noch 950 Meilen. Hoffentlich hält die stabile Wetterlage noch eine Zeit an!

Mittags setzen wir zum ersten Mal seit vier Monaten wieder die Genua.

9. 4. 1991
Flaute. Einige Male sehen wir Schildkröten, die sich scheinbar träge an der Wasseroberfläche treiben lassen. Welch eine Freude, dieser Anblick, und wohl ein sicheres Zeichen dafür, daß die Überwachung der Fischerei und das Kaufverbot für Schildkröten-Erzeugnisse Wirkung zeigen. Im Pazifik, im Hauptfischfanggebiet der Japaner, haben wir keine Schildkröten mehr gefunden.

10. 4. 1991
Über die Deutsche Welle für Europa kann ich jetzt regelmäßig den Seewetterbericht hören, immer um 17.50 Uhr. Demnach bleibt der Wind auch morgen schwach. Wir machen nur zwei bis drei Knoten Fahrt im Schnitt. So erholsam dieses Segeln einerseits ist, so fragen wir uns doch ernsthaft, ob wir es bis zum 4. Mai überhaupt noch schaffen können.

11. 4. 1991
Rollo empfing heute nacht auf Langwelle den Wetterbericht der BBC. Im Englischen Kanal Sturmwarnung. Gut, daß wir noch so weit im Süden sind. Noch 800 Meilen bis zur Einfahrt in den Kanal. Heute morgen hat der Wind etwas zugenommen. Barometerkurve verläuft ruhig: 1020 Millibar.

12. 4. 1991
Und wieder Gegenwind! Seit heute nacht. Laut Vorhersage ist dieser Nordnordost in einem breiten Umkreis anzutreffen. Genua und Besan geborgen. Segeln mit kleiner Fock und Groß. Stimmung geht rapide in den Keller.

13. 4. 1991
Gegenwind hält an. R. sieht unseren Ankunftstermin dahinschwinden. Dabei hatte er bei seinen Berechnungen drei Wochen „Luft" einkalkuliert. Nun macht er sich Gedanken um sein Versprechen an Hermann. Das Wetter ist nach den Windkarten sowohl für das Seegebiet als auch für die Jahreszeit völlig untypisch.

20.00 Uhr: Wind legt kräftig zu. Immer weiter werden wir nach Nordwesten versetzt, dabei müßten wir nach Osten auf den Kanal einschwenken.

14. 4. 1991
Dieses Nichtvorankommen ist zermürbend. Trotz stolzer 120 Meilen Etmal sind wir dem Eingang zum Englischen Kanal nicht eine Meile nähergerückt. Das läßt sich mit dem Zirkel unschwer feststellen. Außerdem ist es kalt geworden. Nur noch 13 Grad in der Kajüte.

An den 4. Mai glaube ich nicht mehr, aber viel entscheidender ist für mich, durch diese unfreundlichen Breiten ohne harte Stürme und ohne Schaden am Boot durchzukommen. Noch 750 Meilen zum Kanal. Vielleicht bringt uns ja der Neumond heute nacht anderen Wind.

15. 4. 1991
Der Neumond brachte statt besseren Wind leider einen ausgewachsenen Sturm aus Norden. Baro fällt in wenigen Stunden um zehn Millibar. Abwechselnd und nur mit kleiner Besegelung steuern wir das Boot von Hand, um wenigstens nicht zurückgetrieben zu werden.

Nach der ersten halben Stunde ist mein Ölzeug bereits völlig durchnäßt, so viele Brecher kommen über. Meine Augen brennen vom Salzwasser, zeitweilig steuere ich mit fast geschlossenen Augen. Rollo geht es kaum besser. Am Spätnachmittag läßt der

Sturm nach, und gegen 18 Uhr können wir zum ersten Mal essen. Doch wir sind beide so erschöpft, daß wir kaum einen Bissen herunterbringen. Auch Tagebuchschreiben fällt schwer, meine Finger sind klamm, die Arme tun weh. Wir können kaum die Kajüte wärmen, da die Heizung nur arbeitet, wenn das Boot nicht mehr als 20 Grad Lage hat.

16. 4. 1991
Abgesehen von den Schmerzen im Oberarm — verursacht durch das schwere Steuern gestern —, fühle ich mich nach ein paar Stunden Schlaf richtig gestärkt.

Nach wie vor bläst uns der Nordost entgegen, und es besteht keine Aussicht auf baldige Wetteränderung. Aber ich bin schon dankbar für jeden einzelnen Tag ohne Sturm. So kreuzen wir eben zwölf Stunden nach Nordwesten und zwölf Stunden nach Osten. Das heißt unter dem Strich, daß wir uns täglich etwa 30 bis 40 Meilen unserem Ziel nähern.

17. 4. 1991
10.00 Uhr: Das Großsegel ist gerissen! Auf seiner vollen Breite!

Rollo entdeckt das Unglück, als er von der Kajüte aus durch das Fenster blickt und statt des weißen Segels auf einmal dunkelgrauen Himmel sieht. Es ist ja auch kein Wunder, bei dieser harten Segelei mit sieben bis acht Windstärken Gegenwind. Wir vermuten, daß einer der bis zu zehn Meter hohen Brecher das Segel in halber Höhe des Mastes getroffen hat. Das hielt der verwitterte Stoff nicht mehr aus.

Da der Riß unterhalb des ersten Reffs verläuft, werden wir zunächst mit verkürztem Tuch weitersegeln. Immer noch 590 Meilen bis zum Kanal, aber der Wetterbericht der Deutschen Welle läßt für morgen auf eine Winddrehung hoffen.

In Deutschland gab es einen Kälteeinbruch mit Schnee und Frost, und auch bei uns sind die Temperaturen weiter gesunken. Nur noch zehn Grad, dazu die Feuchtigkeit im Boot. An den Wänden fließt das Wasser in kleinen Rinnsalen herunter.

18. 4. 1991
Immer noch Nordost! Dreht der Wind denn niemals? Wir wollen endlich direkt unser Ziel ansteuern, statt wie die Blöden hin und her zu kreuzen! Es ist, als hielte uns Neptun mit Gewalt hier fest, als wolle er sagen: „Nein, nein, Freundchen, ihr habt es noch nicht geschafft!"

Was Rollo schier verzweifeln läßt, ist das völlig Anormale dieser Wetterlage. Die Windkarten verzeichnen hier 80 bis 90 Prozent Westwinde, und er hat mir seinerzeit eine schnelle Fahrt in den Englischen Kanal angekündigt.

20. 4. 1991
Heute vormittag war ein Containerschiff in der Nähe, die EVERGREEN. So können wir ein Telegramm für daheim übermitteln, in dem wir ankündigen, daß wir möglicherweise eine Woche später als geplant in Deutschland ankommen werden.

Bis zum Kanal sind es immer noch rund 500 Meilen, und der Wind ist jetzt wieder sehr schwach geworden. Doch ein großer Lichtblick: Es weht uns nicht mehr entgegen. Auch die Voraussage läßt hoffen: Nordwest vier. Zu schön, um wahr zu sein!

Ich bin an einem Punkt angekommen, an dem ich mich innerlich auf nichts mehr fest einstelle oder freue. Es fordert zuviel Kraft, eine mögliche Enttäuschung zu verarbeiten. Wir sind sowohl körperlich als auch seelisch sehr labil geworden.

17. April 1991: Das Großsegel ist gerissen, wir müssen mit verkürztem Tuch weitersegeln.

21. 4. 1991
Nach zehn Tagen zermürbenden Gegenansegelns, ohne dabei dem Ziel wirklich näher zu kommen, hat sich endlich das Blatt gewendet. Mit einer frischen Brise aus Nordwest fliegen wir nun förmlich dem Kanal entgegen. Mit Genua, Groß und Besan. Entfernung zum Kanal heute nur noch 390 Meilen.

Mit einem Mal scheint Emden erreichbar – und am Ende vielleicht auch noch der 4. Mai. Vor Aufregung kann ich nachts kaum schlafen, im Halbtraum sehe ich unsere Familie, Freunde und Bekannte in einem Eckcafé mit großen Glasfenstern sitzen und auf uns warten. Und wir kommen nicht mit dem Boot, sondern laufen auf dem Bürgersteig zu dem verabredeten Treffpunkt.

22. 4. 1991
Noch 280 Meilen zum Kanal, und die englische Wettervorhersage läßt weiter hoffen: Nordwest bis Südwest. Der Schiffsverkehr nimmt bereits zu: drei Containerfrachter und zwei Fischdampfer gesichtet. Und Möwen! Ja, es scheint nun wirklich ernst zu werden, aber ich bin noch viel zu verwirrt, um daran zu glauben, daß der europäische Kontinent nach über fünf Monaten einsamer Fahrt nur noch ein paar Meilen von uns entfernt liegt. Es ist so kalt geworden, daß ich mehrere Schichten Kleidung trage und Angora-Unterwäsche. Trotz der Kälte sitze ich immer wieder im Cockpit, den Blick nach vorne gerichtet zu noch unsichtbaren Küsten. Ich versuche, mich durch Lesen abzulenken, doch es fällt schwer.

23. 4. 1991
Langer Funkkontakt mit dem Käpt'n eines Massengutfrachters. Er ist Inder, stammt aus Bombay und ist im Augenblick auf dem Weg nach Aarhus in Dänemark. Er bietet an, von dort aus meine Mutter anzurufen und ihr über das Zusammentreffen mit uns zu berichten.

Zweite Überraschung heute vormittag: Ein Flugzeug des englischen Fischereischutzes fliegt zweimal ganz tief über die SOLVEIG hinweg, kurz darauf rufen sie uns über Kanal 16 an. Wo wir denn herkommen, wollen sie wissen. Unsere Antwort wird zunächst mit längerem Schweigen quittiert – wahrscheinlich überlegen sie, ob wir es ernst gemeint haben. Nach weiterem Hin- und Herfragen sind sie offensichtlich von der Wahrheit unserer Antworten überzeugt und bieten an, Fotos von unserem Boot zu machen und sie uns später zu schicken. Begeistert stimmen wir zu.

Europa oder England zeigt sich bereits 150 Meilen vor seinem „Eingang" von seiner nettesten Seite.

Der zur Zeit leichte Wind weht aus Südwest.

24. 4. 1991

SOLVEIG hat seit heute nacht ein geradezu atemberaubendes Tempo angenommen, als dächte sie: „Jetzt nichts wie nach Hause!"

Wir haben bereits mittags den Eingang zum Englischen Kanal erreicht, halten jetzt mehr auf die englische Küste bei Land's End zu, um möglicherweise mit Deutschland telefonieren zu können.

17.00 Uhr: Böen bis fast Sturmstärke. Müssen die Genua bergen. Bei 30 Knoten Wind ist das alles andere als gemütlich. Und leider hat das schöne große Segel dabei eine Menge Risse an den Nähten abbekommen.

20.00 Uhr: Können über Land's End Radio mit Rollos Bruder, der in London lebt, telefonieren. Ille erreichen wir leider nicht. Trotzdem ein unglaublich schönes Gefühl: Wir haben wieder Kontakt mit der Außenwelt!

28. 4. 1991

Wo sind die Zeiten geblieben, als wir bei halbem bis achterlichem Wind mit sieben Knoten Fahrt durchs tiefblaue Wasser des Indischen Ozeans pflügten? Damals war der Wind so recht Musik in meinen Ohren. Er war auf unserer Seite, half uns vorwärtskommen. Doch seit dem Äquator, seit über zwei Monaten also, bläst uns dieser Nordost in die Nase, macht das Leben und Segeln auf dem Boot zur Qual.

29. 4. 1991

Ich bewundere die Segler, die freiwillig und zum Vergnügen hier unterwegs sind. Für mich ist dieses Gewässer ein einziger Alptraum! Warum?

1. Ständiges Wachehalten, nicht nur in der Kajüte, sondern draußen im Cockpit, wegen des starken Schiffsverkehrs.

2. Trotz Tidentafel und Strömungsatlas werde ich das Gefühl nicht los, daß uns der Gegenstrom alle sechs Stunden mehr zurückversetzt, als der Strom, der dann mit uns läuft, wieder Meilen gutmacht.

3. Nebel, schlechte Sicht und Kälte – na ja, um die Zeit segelt hier ja auch kein vernünftiger Mensch.

30. 4. 1991
160 Meilen sind es noch bis Emden – eigentlich lächerlich wenig und ein Grund zum Jubeln. Doch bei sieben bis acht Beaufort Gegenwind ist es zum Verzweifeln. Ob es in europäischen Gewässern noch etwas anderes gibt als Nordostwind?

12.00 Uhr: Inzwischen segeln – nein, kämpfen – wir gegen Sturm von Stärke acht bis neun. Wir sind restlos erschöpft und deprimiert. Außerdem ist es bitter kalt.

MIR REICHT'S!

1. 5. 1991
Den „Tag der Arbeit" hat Neptun wohl allzu wörtlich genommen. Mit unverminderter Stärke pfeift uns der Sturm entgegen. Und nachdem wir unseren Freunden in Emden versprochen haben, alles, aber auch alles daranzusetzen, am 4. Mai anzukommen, reffen wir zweimal das Groß und setzen die kleine Fock.

SOLVEIGS wildester Ritt der gesamten Reise und der Wettlauf gegen die Zeit beginnt. Diese Stunden könnten mir das Segeln ein für allemal verleiden ...

An dieser Stelle brechen die Aufzeichnungen meines Bordtagebuchs ab. Ich hatte keine Kraft mehr.

Endlich: die Heimkehr

Die letzten Tage auf See werden zu den härtesten der ganzen Non-Stop-Fahrt, abgesehen vom Kap der Guten Hoffnung. Normalerweise dreht man bei Sturm bei und wartet auf abnehmenden Wind. Doch Rollo und ich haben nur noch einen Gedanken: Wir wollen nach Emden!

In diesen Stunden kann ich mir nichts Schöneres vorstellen, als endlich einen Hafen zu erreichen, endlich diesen Marathonlauf zu beenden.

Mit Sturmbesegelung arbeiten wir uns Meile für Meile nach Osten. Abwechselnd steuern wir von Hand, sehen aber kaum wohin, weil uns peitschender Regen und Wind die Sicht nehmen. Eine Grundsee erfaßt das Boot noch vor Borkum, und mit unvorstellbarer Wucht ergießt sich ein regelrechter Wasserfall über das Cockpit und zerreißt die schützende Persenning.

Alles scheint sich gegen uns verschworen zu haben. Jede Bewegung schmerzt und zehrt an der Kraft.

Als wir am 4. Mai tatsächlich in den inneren Hafen von Emden einlaufen, gefolgt von Seglern, die uns zur Begrüßung entgegengefahren sind, als ich all die fröhlich winkenden Menschen an der

4. Mai 1991: glückliche Ankunft in Emden

Kaimauer stehen sehe, glaube ich, von einem anderen Stern zurückzukommen.

Ich sehe die Stufen am Kai, an dem wir unsere SOLVEIG festmachen, noch heute vor mir. Und ich spüre noch immer die Berührung meiner Füße mit dem festen Stein. Wie im Traum finde ich meine Mutter und unsere Freunde wieder und wundere mich, daß sie nicht älter geworden sind. Für mich aber sind diese sechs Monate unserer Non-Stop-Fahrt wie ein in sich abgeschlossenes Leben.

Aufregend und spannend ist der Neubeginn in Deutschland. Ich komme mir vor wie ein Kind, das erst lernen muß, wie man die Straße überquert, was die vielen Schilder bedeuten, warum es die Menschen so eilig haben.

Zu der Rückkehr an Land gehört auch die Gründung unserer „Gesellschaft zur Rettung der Delphine". Mit Hilfe ihrer Mitglieder kämpfen wir seitdem für den Schutz der Meere. Das haben wir den Delphinen vor der Küste Alaskas versprochen.

Nachwort

von Rollo Gebhard

Unsere Gefühle bei der Ankunft in Emden ließen sich am ehesten mit einem tiefen Seufzer der Erleichterung beschreiben. „Wir haben es geschafft!" riefen wir uns gegenseitig zu, um das begreifen zu können, was wir noch nicht als Realität erfaßt hatten. Zu groß war die Anstrengung gewesen, vor allem während der letzten Wochen, zu groß das Bangen, daß noch in den allerletzten Tagen ein Unglück geschehen könnte, zu groß auch unsere Ermüdung, als daß wir überschwengliche Freude oder gar Triumph hätten empfinden können

Angelika hatte eine unglaubliche Leistung vollbracht, denn niemals, auch nicht in den kritischen Stunden am Kap der Guten Hoffnung, hatte sie die Möglichkeit angedeutet, unsere Non-Stop-Fahrt abzubrechen, um Instandsetzungen an Boot und Ausrüstung durchzuführen.

Der letzte Monat war besonders belastend gewesen. Zu unserer wachsenden körperlichen und seelischen Erschöpfung kam die Enttäuschung hinzu, völlig unerwartete Wetter- und Windverhältnisse anzutreffen. Von Anfang an hatte ich Angelika darauf vorbereitet, daß wir nördlich des Äquators gegen den dort kräftig wehenden Nordostpassat ansegeln müßten, und zwar auf die gewaltige Distanz von 2500 Seemeilen! Danach allerdings, so glaubte ich aus eigener Erfahrung und aufgrund der sehr guten Wetterkarten zu wissen, sollten wir mit 90 Prozent westlichen Winden rechnen dürfen.

Diesen günstigen Wind fanden wir aber fast nie und hatten weiter gegenan zu kämpfen, was durch den dichten Bewuchs am Schiffsboden noch besonders erschwert wurde. Die nur kleinen Etmale von 30 bis 50 Seemeilen, einmal war es sogar ein Rückschritt, stellten unsere Moral auf eine harte Probe.

Erst als uns zwischen Borkum und Emden die ersten Yachten zur Begrüßung entgegenkamen, gerieten wir in eine Art Freudenrausch und verzehrten mit gierigem Appetit die frischen Brötchen, Butter und Wurst, die uns mitfühlende Segler an einem langen Bootshaken herübergereicht hatten. Schier grenzenlose Erleichterung und Dankbarkeit empfand ich schließlich, als uns das Empfangsboot mit Angelikas Mutter an Bord entgegenkam und ich ihr zurufen konnte: „Hier ist deine Tochter zurück!"

Unser Wunsch nach einer sehr langen Seefahrt ohne Unterbrechung durch Landgänge, Behördenärger und Zivilisationsgetümmel war zweifellos erfüllt worden. Die von vielen unserer Bekannten befürchteten Zwistigkeiten zwischen Angelika und mir hatte es nie gegeben. Weder hatte ich versucht, monatelang den „Kapitän" zu spielen, noch hatte sie jemals Einwände erhoben oder gar Widerstand geleistet gegen Entscheidungen, die ich fällen mußte und die ich ihr entsprechend erklärt und begründet hatte.

Wir kannten uns schließlich lange genug, auch in unserem Verhalten an Bord, um sicher zu sein, daß unsere Fahrt, die wir uns beide von ganzem Herzen gewünscht hatten, ohne Streit verlaufen würde. Wir hätten uns sonst wohl kaum in ein Abenteuer gestürzt, dessen Ausgang bis zuletzt ungewiß blieb. Letzten Endes mußten wir beide bereit sein, sehr bittere Tage und Wochen zu erleben, vielleicht gar Stunden höchster Not.

Dies ist uns erspart geblieben.

Aber wir waren doch einem Mißerfolg näher, als ich anfangs vermutet hatte. Ich war nicht darauf gefaßt gewesen, daß sich die neuartige Antifouling als so unwirksam erweisen würde. Dies empfand ich als ein kaum erträgliches Opfer für die Reinheit der Meere, zumal die Zahl der Yachten doch sehr gering ist, gemessen an der Oberfläche der Ozeane.

Ein unerwarteter Schreck war natürlich der Ausfall des GPS-Satellitengeräts schon in den ersten Tagen, noch vor der Küste Australiens. Tatsächlich war dann die Navigation im Englischen Kanal und später vor der Küste der Niederlande ohne dieses Gerät zu einer besonderen Nervenbelastung geworden und hatte uns manche

Stunde dringend nötigen Schlafs gekostet. Wir waren so gut wie unberechenbaren Gezeitenströmungen auf flachem Wasser ausgesetzt und hatten dazu noch die Zwangswege der Großschiffahrt, unzählige Bohrinseln und sowohl feste als auch schwimmende Seezeichen zu beachten. Bis in die letzten Stunden, etwa bei der Ansteuerung von Borkum, blieb die Navigation deshalb schwierig und schmälerte unsere Begeisterung über die vollbrachte gemeinsame Leistung.

Gewiß hatte ich die gleiche Strecke durch den Kanal und nach Cuxhaven bei früheren Fahrten ohne ein Gerät bewältigt. Aber es ist eben so, daß die Forderungen an die Schiffahrt, bestimmte Fahrwasser einzuhalten, in dem Augenblick steigen, da entsprechende Navigationsgeräte zur Verfügung stehen. Überhaupt war die Gefahr, durch den Ausfall wichtiger Geräte – etwa des Autopiloten – in Bedrängnis zu kommen, von mir unterschätzt worden. Um so größer war meine Erleichterung, daß die waghalsige Unternehmung zu einem glücklichen Ende kam.

Sind nun die Erwartungen und Wünsche, die wir an unsere Fahrt um die halbe Welt geknüpft hatten, in Erfüllung gegangen? Wir können diese Frage, die wir uns selbst öfter gestellt haben, sicher mit „Ja" beantworten. Gewisse Einschränkungen habe ich schon erwähnt. Wesentlich war, daß Boot und Besatzung an Leib und Seele unverletzt die Heimat erreichten und unsere Weltumsegelung damit einen glücklichen Abschluß fand.

Wir wollten uns einer harten Prüfung unterziehen, wollten die Grenzen unserer Leistungsfähigkeit abtasten. Am Ende einer langen Reise hatten wir den großen Sprung gewagt, um eine bestimmte Zeit ohne die Einflüsse anderer Menschen, nur auf uns selbst gestellt, die Einsamkeit der Ozeane zu erleben. Derartige Prüfungen haben Menschen zu allen Zeiten freiwillig auf sich genommen, um ihre Kraft und Belastbarkeit auf die Probe zu stellen. Es war, in gewissem Sinne, unser gemeinsamer Sprung durch ein offenes Feuer, wie ihn Paare zur Feier der Sonnenwende nach altem Brauch wagen.